T0122737

Emmanuel Cattin est professeur à l'Université Blaise Pascal de Clermont-Ferrand, où il enseigne la philosophie allemande. Il est l'auteur de *Transformations de la métaphysique* (Paris, Vrin, 2001) et de *La Décision de philosopher* (Hildesheim, Olms, 2005).

VERS LA SIMPLICITÉ

Phénoménologie hégélienne

DANS LA MÊME COLLECTION

BARBARAS R., *La perception. Essai sur le sensible*, 120 pages, 2009.

GODDARD J.-Ch., *Violence et subjectivité. Derrida, Deleuze, Maldiney*, 180 pages, 2008.

LAUGIER S., *Wittgenstein. Les sens de l'usage*, 360 pages, 2009.

MOMENTS PHILOSOPHIQUES

Emmanuel CATTIN

VERS LA SIMPLICITÉ
Phénoménologie hégélienne

PARIS
LIBRAIRIE PHILOSOPHIQUE J. VRIN
6, place de la Sorbonne, V^e

2010

© *Librairie Philosophique J. VRIN*, 2010
Imprimé en France

ISSN 1968-1178
ISBN 978-2-7116-2293-1

www.vrin.fr

AVANT-PROPOS

Les recherches qui composent ce livre furent réunies lorsqu'il est apparu, avec une sorte de clarté, qu'elles se tournaient vers un unique point de mire, la simplicité, dont Hegel fut le penseur. Dans cette mesure, elles se sont concentrées, pour l'essentiel, autour du livre de 1807, la *Phénoménologie de l'esprit*, qui aura cherché à penser, en un allemand jamais jusqu'à lui écrit, la venue en présence de la simplicité, la perfection de son accomplissement pur. Le livre est lui-même entièrement le chemin vers la simplicité. Il prend son départ dans la seule *Zweideutigkeit*, l'ambiguïté qui s'appelle conscience[1], et accomplit alors, dans le recueillement du concept, le chemin de la simplification qui conduit le Rapport, de métamorphose en métamorphose, à la simplicité du savoir absolu : il va d'un tel *Zwei*, celui de l'*Entzweiung*, au recueillement dans l'*Einfachheit*, du Deux initial, celui de l'expérience, à l'Un rassemblant, l'Unifiant qui en est la fin. Fin unifiante

---

1. *Damit tritt die Zweideutigkeit dieses Wahren ein* (« Par là s'introduit l'ambiguïté de ce vrai »), *Phänomenologie des Geistes*, « Einleitung », Hambourg, Meiner, 1988, p. 66 ; *Phénoménologie de l'esprit*, « Introduction », trad. fr. B. Bourgeois, Paris, Vrin, 2006, p. 127, désormais cités respectivement *Ph.G.* et *Ph.E.*

d'un chemin qui reconduit à son commencement nu, l'être, puisque l'être est le nom hégélien du commencement[1]. L'être pour une conscience, l'« il y a quelque chose pour elle »[2], est alors devenu l'être tout court, celui de l'affirmation logique pure, où la différence de la conscience s'est elle-même supprimée dans l'être qui est tout autant la pensée, l'essentialité pure qui est la pensée pure, celle que Platon avait nommée audacieusement εἶδος, et d'abord l'« être, autrement rien » ouvrant la Logique[3]. Mais la *Phénoménologie* n'est pas seulement le chemin vers la *Science de la logique*. Elle n'est pas seulement le chemin vers le cercle encyclopédique, le jaillissement, à partir du sourd et riche travail d'Iéna, du système lui-même en sa singularité déjà presque finale : ainsi pourra la considérer, selon la rigueur et la nécessité de son regard absolument libre, attentif aux déplacements les plus subtils, l'historien de la philosophie. Formant cependant elle-même un cercle, cette œuvre si déconcertante, dont l'étrangeté et la radicalité ne se sont pas évanouies, est le chemin vers la philosophie, qui s'est

---

1. *Überhaupt kann auch die bisher als Anfang angenommene Bestimmung des Seins ganz weggelassen werden; es wird nur gefordert, daβ ein reiner Anfang gemacht werde; es ist somit nichts vorhanden als der Anfang selbst, und es ist zu sehen, was er ist* (« Après tout, la détermination *de l'être* acceptée jusque-là en tant que commencement peut aussi être abandonnée; il est seulement requis que soit accompli un commencement pur; il n'y a alors rien de présent que le *commencement* même, et il faut voir ce qu'il est »), *Wissenschaft der Logik, Das Sein* (1812), « Womit muß der Anfang der Wissenshaft gemacht werden? », Hambourg, Meiner, 1999, p. 39, désormais cité *W.L.*

2. *Es ist etwas* für dasselbe (« Il y a quelque chose *pour elle* »), *Ph.G.*, p. 64; *Ph.E.*, p. 125.

3. Sein, *sonst nichts, ohne alle weitere Bestimmung und Erfüllung* (« *Être*, autrement rien, sans aucune autre détermination et aucun autre remplissement »), *W.L.*, p. 35.

déjà ouverte lorsqu'elle commence, pour qu'elle commence, mais qui, à travers le livre, intériorise son propre commencement, le pense, *se pense*. Vers la philosophie, elle est ainsi le chemin de toute inquiétude vers elle-même, son intensification, son approfondissement, à travers la grande plaine de la culture, dont Hegel avait déjà pensé la puissance de neutralisation de tout, de toute prétention au plus haut, une prétention que pour sa part il avait nommée « absolue » et à laquelle la philosophie, assurément, appartient. Une telle profondeur est aussi le dénouement de l'inquiétude, dans la sérénité. L'accomplissement phénoménologique de la simplicité est aussi celui de la sérénité en laquelle la conscience est savoir absolu, c'est-à-dire absolument réconciliée. Absolument réconciliée veut dire absolument détachée, puisque tout ce qu'un tel savoir rencontre, il le laisse désormais aller, le déployant en son sens, autrement dit laisse en lui le sens, à chaque fois le plus propre, aller lui-même le chemin de son accomplissement, à chaque fois le plus libre. *Lassen* apparaît alors comme le seul acte du concept, son acte le plus vrai : rien d'autre qu'un tel laisser être, en lequel il se retient lui-même. Pour un tel acte cependant, il faut une résolution extraordinaire de la conscience, qui est la décision pour la philosophie. On aura trop rarement remarqué peut-être un tel laisser être, quand on aura obstinément pensé le concept hégélien sur le mode impérial, celui de la « personne absolue », autrement dit celui de la domination, alors qu'il est la « personnalité pure »[1], la simplicité de celui

---

1. On comparera tel passage de la *Phénoménologie : Dieser Herr der Welt ist sich auf diese Weise die absolute zugleich alles Dasein in sich befassende Person, für deren Bewußtsein kein höherer Geist existiert* (« Ce maître du monde est, de cette manière, à ses propres yeux, la personne absolue, comprenant en même temps en elle tout être-là, pour la conscience de laquelle n'existe

qui est purement, universellement *quelqu'un*, et pense ce qui est, accueille en lui-même tout ce qui se présente, dans une retenue essentielle de lui-même. Toute la *Phénoménologie* porte la marque de cette retenue avec laquelle elle s'ouvre, le concept s'effaçant derrière l'apparition, et la conscience entrant seule sur la scène de son destin[1]. Le concept est une telle retenue essentielle, qui laisse être, n'existant pourtant qu'en la volonté énergique de penser, autrement dit de se penser. Plus rien ne tombe hors de sa liberté pure, en vertu, non pas de sa maîtrise, mais de son infinité.

Les contributions qui suivent cherchent à comprendre ce regard hégélien, le regard du détachement, non seulement dans le livre de 1807, mais dans l'œuvre entière qui en déploie le rayon. La phénoménologie hégélienne, recueillant dans le λόγος tout apparaître, qui est l'esprit même, est une phénoménologie de la simplicité. Or un tel détachement, celui de la simplicité s'accomplissant, traverse le domaine de la scission

---

aucun esprit plus élevé »), *Ph.G.*, p. 318 ; *Ph.E.*, p. 417, et cet autre, à la fin de la *Science de la logique* : *Die höchste, zugeschärfteste Spitze ist die* reine Persönlichkeit, *die allein durch die absolute Dialektik, die ihre Natur ist, ebensosehr alles in sich befaßt und hält, weil sie sich zum Freisten macht – zur Einfachheit, welche die erste Unmittelbarkeit und Allgemeinheit ist* (« La pointe la plus haute, la plus acérée, est la *personnalité pure*, qui cependant, par la dialectique absolue qui est sa nature, tout autant *saisit tout dans soi* et l'y tient, parce qu'elle fait de soi le plus libre – la simplicité, qui est l'immédiateté et universalité première »), *W.L.*, *Die Lehre vom Begriff* (1816), Hambourg, Meiner, 1994, p. 302-303.

1. *Wir haben uns ebenso unmittelbar oder aufnehmend zu verhalten, also nichts an ihm, wie es sich darbietet, zu verändern, und von dem Auffassen das Begreifen abzuhalten* (« Nous avons à nous comporter sur le même mode de l'*immédiateté* et de l'*accueil*, donc sans rien changer en lui tel qu'il s'offre, et en tenant à l'écart du fait d'appréhender l'acte de concevoir »), *Ph.G.*, « Die sinnliche Gewißheit », p. 69 ; *Ph.E.*, « La certitude sensible », p. 130.

en deux, le domaine du déchirement. La simplicité hégélienne n'est atteinte qu'à travers la négativité de la *Verzweiflung*. Son chemin sera celui du sacrifice, nécessairement. Celui dans lequel la conscience s'avance, sur son chemin d'accomplissement, n'est plus grec. L'accomplissement du regard grec que demeure la philosophie – même si, dès son apparition, un tel regard était, pour les Grecs, crépusculaire – n'advient que par-delà un tournant qui, selon la loi même de l'expérience, concerna d'abord l'histoire, et se recueille désormais dans la pensée venant sereinement à son propre soir. Ce tournant, celui de la Manifestation, est le tournant du sacrifice, qui fut représenté dans le christianisme. Le concept en est l'Intériorisation, l'*Er-Innerung* pensante.

L'unique question qui oriente ces recherches est de savoir si nous appartenons encore à cet accomplissement hégélien, ou plutôt à ce qu'il a vu, si par conséquent il pense encore, autrement dit : s'il pensait déjà ce que pourtant nous sommes devenus après lui. Non pas assurément que nous lui donnions à présent, à partir de nous-mêmes, la mesure de son sens. Tout au contraire. Mais pouvons-nous encore nous mesurer à lui, et recevoir de lui la mesure de notre être ? Ou bien serions-nous entrés dans une expérience qui nous l'aurait en un sens rendu inaccessible, comme si une distance presque invisible nous séparait de lui, nous en voilant la clarté ? En quel sens Hegel est-il présent, en quel sens est-il en nous, en quel sens sommes-nous ce qu'il fut, et ce qu'il avait déjà pensé ? La question ne concerne pas seulement Hegel. Mais l'ampleur de ce qui est en question n'est pas aisée à mesurer. La réponse dont nous sommes capables, comment ne resterait-elle pas ambiguë ?

Clermont, le 24 décembre 2009

ABRÉVIATIONS

On trouvera ici l'éclaircissement des abréviations utilisées dans le présent volume.

C.E.	*Cours d'esthétique*, t. 1-3, trad. fr. J.-P. Lefebvre et V. von Schenck, Paris, Aubier-Flammarion, 1995-1997.
E.	*Encyclopédie des sciences philosophiques*, trad. fr. B. Bourgeois, Paris, Vrin, 1970-2004.
E., Ph.Es.	*Encyclopédie, Philosophie de l'esprit.*
E., Ph.N.	*Encyclopédie, Philosophie de la nature.*
E., S.L.	*Encyclopédie, Science de la logique.*
Enz.	*Enzyklopädie der philosophischen Wissenschaften im Grundrisse* (1830), *Gesammelte Werke*, Bd. 20, Hambourg, Meiner, 1992.
Enz., Ph.G.	*Enzyklopädie, Philosophie des Geistes.*
Enz., Ph.N.	*Enzyklopädie, Philosophie der Natur.*
Enz., W.L.	*Enzyklopädie, Wissenschaft der Logik.*
Gr.	*Grundlinien der Philosophie des Rechts*, *Gesammelte Werke*, Bd. 14, 1, Hambourg, Meiner, 2009.
H.Ph.	*Leçons sur l'histoire de la philosophie*, t. 4, trad. fr. P. Garniron, Paris, Vrin, 1975.
Ph.E.	*Phénoménologie de l'esprit*, trad. fr. B. Bourgeois, Paris, Vrin, 2006.
Ph.G.	*Phänomenologie des Geistes*, Hambourg, Meiner, 1988.

Ph.R.   *Leçons sur la philosophie de la religion*, t. 1, trad. fr.
               P. Garniron, t. 1, Paris, PUF, 1996.
Pr.Ph.Dr.   *Principes de la philosophie du droit*, trad. fr.
               J.-F. Kervégan, Paris, PUF, 1998.
S.L.   *Science de la logique*, t. 1-3, trad. fr. G. Jarczyk et
               P.-J. Labarrière, Paris, Aubier-Montaigne, 1972-1981.
W.L.   *Wissenschaft der Logik*, Bd. 1-3, Hambourg, Meiner,
               1994-1999.

CHAPITRE PREMIER

SIMPLICITÉ

Les livres nous sont toujours envoyés. Leur provenance, pour n'être jamais sans visage, ne se laisse cerner de nuls traits. Maîtres ou amis, ceux qui nous les ont transmis ont laissé intact, avec le livre sur la table, le mystère de sa présence, d'une présence infiniment personnelle qui s'est un jour rassemblée dans un morceau d'être sans vie. Il ne deviendra plus rien si nous-mêmes ne nous sentons pas visés par lui.

Tout est alors absolument personnel. Ce qui nous est envoyé, ce qui nous est laissé, nous avons encore à le *rencontrer*, à le rencontrer *seuls*. Une telle rencontre, fulgurante ou la plus lente, s'appelle dans la langue de Hegel *Erfahrung*, bien que la rencontre, dont il s'agit aussi constamment dans le livre même, soit très loin d'épuiser le sens d'une telle « expérience », et n'en soit plutôt en vérité que l'un des moments, le moment, comme rencontre d'un *être*, à chaque fois initial, se prolongeant, s'enrichissant, s'intensifiant. Que s'est-il passé, que se passe-t-il sans cesse, dans la rencontre de la *Phénoménologie de l'esprit*, le grand livre des rencontres de la conscience? Comme tout livre, tout ce qui se donne sur le mode unique d'un livre, autrement dit dans la figure d'une sorte d'attente très singulière, nous rencontrons celui-ci dans l'étude, dans la solitude de l'étude, lorsque nous nous tournons vers lui, qui attendait fermé quelque part – si tout livre en plus d'un sens nous attend. Solitude d'un rassemblement qui seul est l'ouverture vraie du livre, l'ouverture en laquelle s'accomplira l'*expérience*. Quelle expérience au juste? Il faudra commencer par la décrire en ce qu'elle a de singulier. Nous ouvrons la *Phénoménologie de l'esprit*, et commençons à lire : que se passe-t-il alors? Ce qui commence est l'expérience d'un Acte. Un tel Acte en un sens fut déjà accompli, il est venu se recueillir, fut lui-même un tel recueillement dans la langue, telle qu'elle se donne aujourd'hui, en sa présence originaire ou dans le visage nouveau, fidèle et recréé, que lui a donné la traduction[1]. Se donnant en une telle rencontre, il n'y aura rien de ce que Hegel aura voulu faire, qui n'a plus aucune importance, seulement ce qu'il aura fait. Quelle est la présence qui s'est alors ouverte? Hegel l'appelle : *die Sache*, la Chose. Rejetant loin de lui-même tout ce qui tournerait autour de la Chose, la devancerait, et au fond en bloquerait l'accès, le livre commence avec l'Acte de la présence de la Chose. Acte veut dire la présence énergique de ce qui se manifeste sans réserve. Cet Acte, qui l'accomplit? S'il n'est pas d'acte qui ne soit celui d'un sujet, non seulement celui qu'il accomplit mais celui par lequel il est lui-même, s'accomplissant lui-même, si agir provient toujours de la dimension de la subjectivité, est l'ouverture même d'une telle dimension, quel est le sujet de la *Phénoménologie de l'esprit*? Qui est là dans la figure du livre, et s'il s'appelle Hegel, qui est-il, Hegel, celui que nous lisons, en tant que nous le lisons? Toujours en effet lorsque nous ouvrons un livre il s'agira de *quelqu'un*, même s'il est très

---

1. Celle de B. Bourgeois, Paris, Vrin, 2006.

difficile de penser qui il est, celui-là que nous lisons, *en tant que tel*. La Chose n'est *jamais*, selon Hegel, la puissance impersonnelle du Penser, mais le Penser est au contraire, d'une expression difficile et décisive, la «personnalité pure». La Chose est *die reine Persönlichkeit*[1]. *Qui est* la personnalité pure? À la fin de la *Doctrine du concept*, elle se réunit en tant que Soi, la pointe pure du Sujet, qui est le tout, la richesse même, et ainsi « la profondeur la plus simple » – à la fois le plus étendu et le plus intense : elle est la Simplicité, *die Einfachheit*. Or c'est elle qui apparaît déjà, en 1807, pour la conscience qui lit le livre, au fur et à mesure qu'elle s'y engage plus profondément, comme livre de l'accomplissement de la Simplicité. Il y a quelqu'un : non pas seulement la conscience disparue, finie, qui un jour écrivit ce livre, non pas seulement la conscience, non moins finie, disparaissante, qui à présent le lit, mais la conscience allant son chemin de simplification et d'approfondissement, son chemin le plus propre, le chemin de la personnalité pure, le chemin du savoir absolu. Ce chemin, la conscience qui l'écrivit l'avait déjà accompli, et la conscience qui le lit est celle qui aujourd'hui prend sur elle, résolument, l'acte à chaque fois nouveau de son réaccomplissement. Dès la « Vorrede », ainsi, la conscience est appelée à écarter tout ce qui n'est pas *die Sache*, dans la résolution de se tenir sur ce chemin-là. *Résolution infiniment personnelle, sans laquelle le chemin ne s'ouvrira jamais nulle part*. La résolution rencontre cependant tout d'abord un appel : la « Préface » est entièrement un tel appel à une Chose qui n'en est qu'à son commencement,

---

1. *W.L., Die Lehre vom Begriff*, p. 302; *La Science de la logique, La Logique subjective ou Doctrine du concept*, trad. fr. G. Jarczyk et P.-J. Labarrière, Paris, Aubier-Montaigne, 1981, p. 389, désormais cité *S.L.*

qui est, ainsi, future, ou plutôt imminente, dont la « Préface » est elle-même le seuil, mais dont tout le livre sera encore une sorte de seuil, en même temps qu'il entrera déjà dans cette imminence, selon l'ambiguïté d'un commencement qui s'efface devant la Chose même entrant avec lui déjà en présence. Hegel en effet l'écrira plus loin : quelque chose se prépare, *sich bereitet*, dans le livre, ou plutôt : *quelqu'un* se prépare quelque chose. « Ce que l'esprit se prépare en elle, c'est l'élément du savoir »[1]. La dimension d'un tel élément est la dimension de la Simplicité, en laquelle la substance, sur le chemin phénoménologique, « se montre être essentiellement sujet » : la Simplicité s'ouvre « en tant qu'elle l'a parfaitement montré », *indem sie dies vollkommen gezeigt*. Ce qu'elle a ainsi parfaitement montré, c'est qu'il n'est plus de séparation, *Trennung* : du savoir et de la vérité, de l'être et du *Ich*. Alors se découvre « la forme de la simplicité », « la simplicité du savoir », alors commence la Logique, qui elle-même à la fin se rassemblera dans la pointe de la personnalité pure.

Ainsi, ouvrant un jour, dans la solitude de l'étude, la *Phénoménologie de l'esprit*, ce livre qui nous fut laissé, nous entrons dans l'expérience de la Simplicité, nous nous engageons sur la voie de la Simplicité. *Mais l'expérience de la Simplicité est, nécessairement, l'expérience de la négativité.* Le livre de la Simplicité est le livre du désespoir, le livre du néant, le livre du vide, mais, pour Hegel, du vide toujours en tant qu'il est un Soi, ou de la subjectivité s'avançant toujours plus loin dans le vide qu'elle est elle-même. Le chemin de la Simplicité, comme chemin du négatif, est celui de l'*Überwindung*, autrement dit : celui du sacrifice. En ce sens, *tout* le livre

---

1. *Ph.G.*, p. 29 ; *Ph.E.*, p. 83.

de 1807 se place sous le signe de la négativité, avec laquelle l'appel initial de la « Préface » aura par conséquent à s'expliquer. La rencontre que la conscience lisant le livre accomplira à chaque pas comme son expérience la plus propre est celle-là même dont il s'agit d'abord *dans* le livre, celle de toute conscience, en tant que conscience, avec le *nicht*, avec le *ne pas*, avec le *Nichts*, avec le rien, en une expérience radicale de simplification d'elle-même où elle abandonnera toute sa richesse initiale, sensible, dans une intensification, une idéalisation de soi, dont le chemin n'ira à la restitution absolue que pour autant qu'il sera la voie du sacrifice absolu, l'approfondissement du détachement de tout.

Negativität : qu'est-ce qui se montre dans ce mot très singulier, qu'il convient d'abord, brisant avec toute familiarité, de considérer en son étrangeté radicale ? Autrement demandé, qu'arrive-t-il à la négation lorsqu'elle apparaît dans un mouvement auquel, à travers le « négatif », le « non » ou le « ne pas » en elle, elle va même donner son nom ? De quelle sorte de mouvement s'agit-il, à quoi au juste le mouvement du « ne pas » arrive-t-il, que veut dire le *nicht* ou le *Nichts*, et surtout – car c'est là sans doute la question essentielle, celle que Heidegger ne cessera de poser à Hegel – *d'où* vient-il ? Regardons de plus près quelques-unes des apparitions de la « négativité » dans le livre, parmi les premières, trop connues, à peine accessibles. Au seuil de « l'élément de la simplicité », qu'elle doit ouvrir, elle surgira lorsque, le concept même de la science appelant des éclaircissements, il s'agira de la vérité. La négativité est le devenir de la vérité, son effectuation : dans la négativité il s'agira du vrai, de son *auffassen* et de son *ausdrücken*, de son « appréhension », de sa rencontre ou de son approche, et de son « expression », de son déploiement. Apparemment il y aura pour la « présentation » du vrai les deux voies, celle qui le présentera *als Substanz* et celle qui le présentera *als Subjekt*. Mais les deux voies ne donnent lieu à aucune bifurcation, elles doivent plutôt être suivies, accomplies (toute *Darstellung* dans Hegel est une *Ausführung*, une « exécution », au sens musical, ou une « représentation », au sens théâtral) l'une tout autant, *eben so sehr*, que l'autre : autrement dit, puisque, comme il faudra toujours y insister, c'est la substance elle-même qui est le sujet, *il n'y aura qu'une seule voie*, la voie sur laquelle la substance s'avancera, autrement dit aussi s'accomplira en tant que sujet : comme il apparaîtra plus loin, un tel chemin est celui de « la véritable substance »[1]. *Le livre du sujet est aussi, est d'abord le livre de la substance vraie*. Le vrai « en tant que sujet » est aussi « le vrai en tant que système » ou « le vrai en tant qu'effectif », qui interviennent plus loin[2]. La vérité *en tant que sujet*, voilà ce qui projette le vrai dans la négativité, c'est-à-dire la réalisation, *Ausführung*, de cet *als*, de cette rencontre, de cette approche, de ce développement. Mais que voudra dire sujet ? Sujet est avant tout : *die Bewegung des sich selbst Setzens*. Le « mouvement » dont il s'agit est celui d'un soi, d'un soi qui se constitue comme tel en se posant, qui n'est lui-même rien d'autre que cet acte de se poser. C'est bien la substance, donc l'être, qui « est » un tel mouvement, mais en tant que substance vivante, autrement dit en tant qu'elle entre dans le mouvement d'une activité négative (l'un des traits qui distinguent l'activité de la vie, ou plutôt le *Lebensprozeß*, est de « s'effectuer comme la puissance et l'unité négative » de l'objectivité, par où elle « fait de soi l'uni-

---

1. *Ph.G.*, p. 26; *Ph.E.*, p. 80.
2. *Ph.G.*, p. 13-14 et 18; *Ph.E.*, p. 68 et 73.

SIMPLICITÉ   21

versel qui est l'unité de soi-même et de son autre » [1]). L'être du
sujet est son activité, et ce mouvement ou cette activité sont ici
même appelés, d'une expression plus difficile, *die Vermitt-*
lung des sich anders Werdens mit sich selbst, « la médiation
avec soi-même du devenir autre par rapport à soi ». Posons
une première question, qui aura égard à la langue de Hegel.
Comment comprendre un tel génitif, et l'écho de la *Vermitt-*
lung dans le *mit sich selbst* (où l'« avec », *mit*, répond au
« centre », *Mittel*, de la « médiation »)? La médiation est le
mouvement, l'activité et le chemin qui unifie (*mit*) « soi-
même » et le « devenir autre par rapport à soi », soi-même et cet
Anderswerden qui est le chemin par lequel se pose, et sera
traversé, un *Anderssein* : soi-même se posant à travers le devenir autre, et l'être-autre à soi-même de l'être-autre, et unifiant
celui-ci avec soi, le soi s'unifiant avec soi-même par le *Mittel*
d'un tel devenir autre. C'est alors, dans la constellation de la
vie, du mouvement, du sujet, de la médiation, que la négativité
entre pour la première fois elle-même en scène : « Elle (la
substance vivante) est, en tant que sujet, la négativité simple en
sa pureté » : *die reine einfache Negativität*. À nouveau, concernant la langue hégélienne, demandons seulement : que veut
dire *rein*, que veut dire *einfach*? Hegel l'éclaircira plus loin,
lorsqu'il considèrera le sens de ce qu'il a fait intervenir il y a un
instant, la *Vermittlung* [2]. La médiation est égalité ou identité à
soi-même (*Sichselbstgleichheit*) se mouvant. C'est lorsqu'elle
est ainsi rassemblée dans un même identique, égal à soi, que la
négativité est « pure » et « simple », autrement dit lorsqu'elle
est un immédiat qui a en lui la médiation. Le « simple » et

1. *W.L.*, *Die Lehre vom Begriff*, p. 215; *S.L.*, p. 287.
2. *Ph.G.*, p. 16; *Ph.E.*, p. 70.

« pur » est le Soi, ou, dans le texte hégélien, « le moment du Moi qui est pour lui-même, la négativité pure ». Et c'est elle qui, « rabaissée à sa pure abstraction », comme le précise l'édition de 1832 où Johannes Schulze, son ami, aurait suivi les notes de Hegel, pourrait aussi être appelée « le devenir simple ». Hegel écrit : *Das Ich, oder das Werden überhaupt, dieses Vermitteln ist um seiner Einfachheit willen eben die werdende Unmittelbarkeit und das Unmittelbare selbst*[1]. « Simple » et « pur » sont alors les noms d'un immédiat assez singulier puisqu'il rassemble, recueille en soi, en tant que Soi, le mouvement de la *Vermittlung*. La négativité simple en sa pureté est celle du Moi ou du sujet comme devenir simple. Mais si elle est un tel devenir simple, c'est qu'elle n'est pas seulement le *ne pas* ou le *non*, le *nicht*, mais le non comme mouvement total, ou le non qui s'accomplit totalement, c'est-à-dire scinde le simple *et* retourne dans le simple. Dans le premier passage, Hegel explicitait ainsi la *reine einfache Negativität : ebendadurch die Entzweiung des Einfachen*. Ainsi advient d'abord le dédoublement du simple, la scission : *Entzweiung* est le jaillissement du deux, non pas comme répétition, mais comme scission du simple. Mais la scission en deux du simple est aussi le « redoublement opposant », *oder die entgegensetzende Verdopplung*. Que se passe-t-il au juste en cet *oder*, la traduction de l'*Entzweiung* en *Verdopplung* ? *Oder* ici, comme il arrive souvent dans Hegel, ne prépare pas seulement une autre façon de nommer l'*Entzweiung*, il indique tout autant le mouvement qui continue de s'accomplir dans la

---

1. « Le Moi ou le devenir en général, cette médiatisation, est, en raison de sa simplicité, précisément l'immédiateté qui devient et l'immédiat lui-même » (*Ph.G.*, p. 16 ; *Ph.E.*, p. 70).

langue – *le mouvement qui, dans Hegel, ne s'arrête jamais*. La
scission, « l'éclatement en deux », est le mouvement de « départ
où quelque chose quitte quelque chose », comme l'avait commenté Heidegger selon le protocole du séminaire du Thor sur
la *Differenzschrift*[1]. L'*Ent-* porte ce départ par lequel le simple
sombre, la simplicité est perdue. Comment comprendre exactement la *Verdopplung*, le « redoublement » ou la « duplication », comme traduisait Jean Hyppolite ? Qu'est-ce qui est
alors redoublé, dupliqué ? Dans l'*Entzweiung* il y a un départ,
un éclatement dont le Second provient. Dans le « départ » en
tant que « redoublement » les deux se font face, et ils ne sont
que deux, le Second déposant le Premier. *Avec le Second se
déploie le duel*, la dimension du *Zwei*, la « duplication » en tant
qu'opposition, contradiction des Deux, dans la dimension une
où ils s'excluent mais à laquelle ils appartiennent. Le Second
en tant que Second (en un sens dans la dialectique hégélienne il
n'y aura jamais de Troisième) appartient au plan d'une *Entgegensetzung* qui ne le pose, ne l'élève pas seulement contre le
Premier, c'est-à-dire sa propre provenance, celle qu'il a quittée,
mais va finir par s'emporter, se nier elle-même. L'*Entgegensetzung* ne laissera justement pas le Premier et le Second l'un
en dehors de l'autre, dans la séparation où elle les pose
pourtant nécessairement d'abord, selon la rigueur tranchante
de la contradiction : si le Second est *une première fois* opposé,
c'est-à-dire opposé au Premier (auquel arrive, d'une provenance sur laquelle il faudra revenir, l'*Entzweiung*), une telle
« duplication opposante » est « à son tour » ou « à nouveau »,
écrit Hegel, *wieder*, négation : autrement dit une négation elle-

1. Heidegger, *Differenzschrift* (1968), dans *Questions IV*, Paris,
Gallimard, rééd. 1985, p. 217.

même seconde (il y a toujours *seulement deux termes*, là est le
sens de la *Verdopplung*, et il y aura toujours aussi *deux* négations), la négation de leur être-l'un-en-dehors-de-l'autre, « la
négation de cette diversité indifférente et de son opposition »,
*die Negation dieser gleichgültigen Verschiedenheit und ihres
Gegensatzes*. La *Verdopplung* s'étend à la négation elle-même,
et la négation porte en second lieu, ou la seconde fois, sur leur
être-isolé-l'un-de-l'autre, la seconde négation ne les reconduit
pas au même, mais nie l'opposition comme séparation ou isolement, *Vereinzelung*, dit ailleurs Hegel, lorsqu'il s'agit, justement, de l'œuvre propre de l'entendement. Dans la négativité,
il y a bien un redoublement, *wieder*, de la négation, et par celle-
ci advient à la fin, en troisième lieu ou en quatrième lieu (Hegel
reviendra sur ce rythme à la fin de la *Doctrine du concept*), la
restauration de la *Gleichheit*, identité ou égalité. « Restauration », autrement dit un *second wieder*, celui, dans le texte
hégélien, de la *Wiederherstellung*, exactement de la *sich
wiederherstellende Gleichheit*, en lequel l'identité elle-même
revient une seconde fois. Sur le chemin de la Simplicité tout est
double, et le nombre de la dialectique est décidément bien
le deux, non le trois : il y a deux affirmations, l'initiale (le
commencement pur, le commencement en tant que commencement) et la finale (l'unité en tant qu'unité restaurée), il y a
deux négations, l'opposition et la négation de l'opposition, il y
a deux *secondes fois*, la « seconde fois » de la négation et la
« seconde fois » de l'affirmation. Tout advient toujours deux
fois. La vérité en tant que sujet, ou en tant que négativité, est
le mouvement de ce Deux, la *Bewegung* totale, « la réflexion
dans l'être-autre en soi-même », comme l'écrit à présent
Hegel (*die Reflexion im Anderssein in sich selbst*). Aussi est-il
possible de reconnaître ce qui est peut-être le mot même de
la dialectique : *Zweideutigkeit*. *La négativité, le chemin vers*

la Simplicité, est entièrement le déploiement de l'ambiguïté dialectique. Ambiguïté selon laquelle le Premier se supprime lui-même, et le Second entre « à nouveau » dans un rapport négatif à soi-même, c'est-à-dire à son *Entgegensetzung.* Ambiguïté en vertu de laquelle *tout se pose toujours deux fois.* C'est une telle ambiguïté qui se recueille en une Simplicité nouvelle, seconde, *vraie*, comme Moi pur ou devenir simple, lors de la seconde apparition de la négativité dans la « Préface ». Comme négativité pure, simple, la *Vermittlung* ou le *Vermitteln* lui-même (à présent Hegel choisit le verbe[1]) est alors l'immédiat, *die werdende Unmittelbarkeit* ou encore ce que Hegel appelle *das Unmittelbare selbst.* L'« immédiat même » est toujours advenu, il est l'immédiat parvenu à lui-même, lui que son immédiateté avait d'abord posé comme ce qui est seulement trouvé, rencontré, comme s'il était lui-même sans provenance : la négativité hégélienne qui en est le développement n'est pas seulement le chemin qu'il a devant lui, comme identité immédiate ou abstraite, « unité originaire » (*ursprüngliche Einheit*), disait le premier passage, mais, puisqu'il est la vérité de ce commencement-là, le chemin qu'il a tout autant derrière lui, sur lequel il va remonter jusqu'à lui-même, comme le chemin phénoménologique est celui par lequel la certitude sensible s'atteint elle-même, comme le chemin logique est celui par lequel l'être se conquiert en tant que commencement. Aussi faudra-t-il insister : le chemin que l'immédiat va parcourir et sur lequel il va s'accomplir est constamment par Hegel pensé en tant que retour ou régression, approche en retour, *Rückannäherung* : un tel retour n'est assurément pas le retour au même, à l'identité initiale dont

---

1. *Ph.G.*, p. 16 ; *Ph.E.*, p. 70.

l'*Entzweiung* avait marqué le départ, la séparation, mais le
retour à la provenance vraie de l'immédiat, le retour de l'être,
qui en est le nom hégélien, ou de ce qui s'appelle ici l'originaire, à son foyer créateur, et à lui-même, qui en provient. Tout
ce qui va à son accomplissement retourne à sa vérité, qu'il a
devant lui. La question alors ne saurait manquer d'apparaître :
est-ce de ce foyer final que provient la négativité ? Est-ce de lui
et de son approche que provient l'inquiétude de ce qui n'est
pas encore lui, et le mouvement dans lequel il entre de son
Entzweiung sans repos ? Est-ce lui qui attire à lui-même tout
ce qui n'est pas lui ? La question majeure qu'il faut adresser
à la négativité hégélienne est celle de sa provenance, c'est-
à-dire aussi celle de sa nécessité[1]. Cette question, la question
décisive, ne fut selon Heidegger par Hegel *jamais* posée : « La
"négativité" est l'énergie de la pensée inconditionnée parce
que, dès le commencement, elle a déjà sacrifié tout négatif,
toute néantité. La question de l'origine de la négativité n'a pas
de sens ni de fondement. La négativité est soustraite à toute
question : la négativité en tant qu'essence de la subjectivité. La
négativité en tant que négation de la négation se fonde sur le
oui à la conscience de soi inconditionnée – à l'absolue certitude en tant que la vérité (c'est-à-dire l'étantité de l'étant) »[2].
Heidegger le sait : il y a bien une réponse hégélienne, qui
pourtant selon Heidegger ne se tient pas à la hauteur de la
question. La réponse de Hegel est simple, mais une telle

---

1. Ces questions ont trouvé leur déploiement dans l'article classique de
B. Bourgeois, « Dialectique et structure dans la philosophie de Hegel », dans
Études hégéliennes. Raison et décision, Paris, PUF, 1992.
2. *Hegel. La négativité. Une explication avec Hegel en prenant élan dans
la négativité*, notes des années 1938-1939 et 1941, trad. fr. A. Boutot, Paris,
Gallimard, 2007, p. 32 (*GA* III, Bd. 68, p. 14).

simplicité est aussi la plus difficile à mesurer. Il la donnera
dans l'« Introduction », lorsqu'il s'agira de penser « ce scepticisme en train de s'accomplir » qui est partout à l'œuvre dans
la *Phénoménologie* à même le savoir apparaissant et sa non-
vérité, qui ne cesse de se manifester en tant que telle[1]. Contre
le néant sceptique, le « pur néant », « l'abtraction du néant ou
de la vacuité », « l'abîme vide », Hegel, on ne le sait peut-être
que trop, pense le néant comme néant de quelque chose : *Das
Nichts ist aber nur, genommen als das Nichts, dessen woraus
es herkömmt, in der Tat das wahrhafte Resultat; es ist hiemit
selbst ein* bestimmtes *und hat einen* Inhalt[2]. La difficulté est
alors d'accéder au sens de ce Rien qui garde en lui la détermination de sa provenance. Comment le Rien emporterait-il en
lui un contenu qu'il tiendrait de ce qu'il n'est pas, de cela dont
il est le *ne pas*? Il faudra d'abord retenir que le Premier est son
unique provenance : le néant vient de lui en tant qu'il est lui-
même. Ce qui veut dire que la négation n'est pas un acte qui
aurait son foyer ailleurs, que le jugement, *Urteil*, le partage qui
s'accomplit en une telle *Entzweiung* n'a rien à voir avec le
décret sceptique de l'examen négateur. On hésitera peut-être
dans la même mesure à la caractériser, avec Dieter Henrich,
comme *die substantivierte Aussageform*, qu'il conviendrait de
discerner, avec plus de soin que n'en aurait montré Hegel,
d'avec l'*Anderssein*[3]. La pensée n'est pas l'activité qui va
juger de tout, pour le réputer vain, et si la langue « accomplit

1. *Ph.G.*, p. 61; *Ph.E.*, p. 122.

2. *Ph.G.*, p. 62; *Ph.E.*, p. 123 : « Mais c'est seulement en tant qu'il est pris
comme le néant de ce dont il provient que le néant est, en fait, le résultat
véritable; il est par là lui-même un néant *déterminé* et il a un *contenu* ».

3. D. Henrich, « Formen der Negation in Hegels Logik », *Hegel Jahrbuch*,
1974.

ce qui doit être accompli » *ausführt, was auszuführen ist*[1], elle n'a justement besoin d'aucune substantivation pour aller jusqu'au bout de son œuvre, l'œuvre de celui qui *est là* en elle, l'esprit. Elle est l'auto-comparution de ce qui s'accomplit seul, paraît devant lui-même, est confronté à lui-même. La justice qui s'accomplit dans le concept est à chaque fois la justice que le contenu exerce sur soi-même. Tout le mouvement est celui du Premier en tant que Premier, et le cours de sa réalisation ne connaîtra aucune intervention sur lui. La négativité est par conséquent la justice qu'il se rend à lui-même, comme la vérité qu'il rejoint est à chaque fois la sienne. À partir de là, la « négation déterminée » est avant tout la négation qui a une provenance elle-même déterminée, la négation issue d'une affirmation, qui est justement l'issue de celle-ci, le passage par lequel elle devient autre, « le passage (*Übergang*) moyennant lequel la progression (*Fortgang*) se produit d'elle-même »[2]. Autrement dit, pour le tenir d'abord fermement : la provenance de la négation est d'abord dans ce qui la précède. Le chemin ou le cours de la pensée n'est lui-même nécessaire que si un tel passage est à chaque fois nécessaire. Comment penser de plus près une telle nécessité ? Est-il possible de surprendre en quelque façon la négation en son jaillissement initial, ou le devenir Deux du Premier ? Pour aller plus loin, regardons comment Hegel s'en expliquera lui-même, quelques années plus tard, au lieu essentiel où la méthode se rassemblera comme « l'âme de toute objectivité »[3] ou « l'activité universelle absolue, qui est le mouvement se déterminant et se réali-

---

1. *Ph.G.*, p. 335 ; *Ph.E.*, p. 439.
2. *Ph.G.*, p. 62 ; *Ph.E.*, p. 123.
3. *W.L.*, *Die Lehre vom Begriff*, p. 285 ; *S.L.*, p. 370.

sant lui-même » [1]. Le premier est le commencement *en tant que commencement*. Hegel l'avait laissé se déployer à partir de lui-même dans la *Doctrine de l'être*, précisément en tant qu'être : *Sein* ne veut rien dire d'autre que le commencement en tant que commencement. Il l'affirme à nouveau en quelques mots en lesquels – en leur insistance – le commencement doit se montrer comme tel : *Es ist dabei* erstens *von dem Anfang anzufangen* [2]. « Il faut ici *premièrement* commencer par le commencement ». Or qu'y a-t-il au commencement, en tant qu'un tel commencement ? Le simple, ce qui est *höchst einfacher Natur*, écrit Hegel. Cette simplicité de l'initial immédiat fait de lui *ein Aufgenommenes* (quelque chose d'« accueilli »), *Vorgefundenes*, *Assertorisches* [3] : ce qui ne veut assurément pas dire qu'il est trouvé là dans l'intuition sensible. Un tel commencement est d'abord, dans la Logique, le commencement de la pensée, et lui-même par conséquent d'emblée « dans l'élément du penser » : ce qui est appelé « être » est ainsi seulement *diese abstrakte Beziehung auf sich selbst*. Abstrait ne veut jamais dire qu'il proviendrait d'un autre, mais plutôt qu'il se montre comme commencement pur, dont l'« attestation », *Beglaubigung*, n'est pas à chercher *rückwärts*, écrit Hegel, mais, en tant que concept, est un *Vorwärtsgehen* [4]. Mais si la méthode est nécessaire ou objective, si elle n'est pas seulement l'activité d'un connaître – non seulement, par conséquent, *la conscience du concept*, mais la vérité qui se sait elle-même –, un tel *Vorwärtsgehen* doit, de façon absolument nécessaire, être le mouvement immanent du Simple initial.

1. *W.L.*, p. 286 ; *S.L.*, p. 371.
2. *W.L.*, p. 287 ; *S.L.*, p. 372.
3. *W.L.*, p. 288 ; *S.L.*, p. 372.
4. *W.L.*, p. 289 ; *S.L.*, p. 374.

Autrement dit : *so muß das Unmittelbare des Anfangs* an ihm selbst *das Mangelhafte und mit dem Triebe begabt sein, sich weiterzuführen*. « L'immédiat du commencement doit nécessairement être *en lui-même* ce qui est affecté d'un manque et doté de l'impulsion à se conduire plus loin » [1]. Un tel *an ihm selbst* est décisif, comme le *müssen* qui constitue absolument la Science. Ce qui est en question est la nécessité d'un *Trieb* qui fait avancer la pensée. C'est dans le commencement même qu'il doit y avoir le manque par lequel il se supprime. Toute la difficulté est de penser ce qui lui manquerait *an ihm selbst*, par rapport à lui-même et à lui seul, et non par rapport au τέλος qui est sa vérité. Qu'est-ce que ce commencement *n'a pas*, et par conséquent qu'est-ce qu'il *n'est pas* ? Ce qui lui manque est d'être lui-même ou en lui-même sans l'être pour lui-même. Le manque qui l'affecte voudra dire que l'*Ansichsein* est *ohne Fürsichsein* [2]. Mais la question est de savoir s'il est possible de donner un sens à la nécessité du *Fürsichsein* à partir de l'*Ansichsein* lui-même. Pourquoi l'*Ansichsein* ne resterait-il pas en soi-même, fermé à soi-même ? Comment voir le *Trieb* en lui qui le jettera dans l'inquiétude de n'être pas seulement lui-même ? L'affirmation hégélienne est celle-ci : le commencement n'est pas seulement lui-même, il est déjà, avec quelque violence qu'il rejette celle-ci, tente de ne pas la voir et de la tenir loin de soi, la négation de soi. Autrement dit : le commencement est toujours le commencement d'une *différenciation*, d'une *détermination*, d'un *jugement* de soi [3]. Il y a une contra-

---

1. *W.L.*, p. 289 ; *S.L.*, p. 374.
2. *W.L.*, p. 289 ; *S.L.*, p. 375.
3. *Cf.* plus loin (*W.L.*, p. 290 ; *S.L.*, p. 375) : *Diese Reflexion ist die erste Stufe des Weitergehens – das Hervortreten der* Differenz, *das* Urteil, *das*

diction dans le commencement en tant que commencement, selon laquelle il est lui-même toujours un départ. Ce qui veut dire que l'Un est deux : la *Zweideutigkeit* de l'*Einheit* est ce qui la projette dans l'*Entzweiung*. Il n'y a pas de commencement qui ne soit le commencement d'un dédoublement. Commencer, c'est commencer à devenir un autre. Le même que soi est déjà, en tant que même, autre. Pour donner accès à un tel manque *an ihm selbst*, Hegel évoque plusieurs figures d'un tel commencement. À chaque fois il s'agira d'une impulsion, un *Trieb* : ainsi le germe du vivant, ou la fin subjective. Mais ces deux figures ne veulent pas dire que la négativité serait seulement celle de la vie ou celle de l'esprit : elles sont seulement les figures d'une nécessité intérieure qui s'accomplit aussi selon l'extériorité pure dans la sphère de la nécessité causale, où il n'est pas de « sujet qui se conserve dans sa réalisation effective »[1]. C'est par conséquent le tout qui va s'accomplir comme chemin, passant par des moments différents et même divers, tombant les uns en dehors des autres. Le commencement est l'universel se déterminant selon la nécessité d'un tel chemin. *Das Wesentliche ist, daß die absolute Methode die* Bestimmung *des Allgemeinen in ihm selbst findet und erkennt*[2]. L'universel n'est pas un abstrait dont il y aurait des cas en dehors de lui, il se différencie en lui-même, et une telle immanence, déjà platonicienne puisqu'elle était tout le sens selon Hegel de l'εἶδος et du *Betrachten* des choses *an und für sich selbst*, assure « l'objectivité absolue »

Bestimmen *überhaupt*. « Cette réflexion est le premier degré du progresser – le surgissement de la *différence*, le *jugement*, le *déterminer* en général ».

1. *W.L.*, p. 290 ; *S.L.*, p. 375.

2. *W.L.*, p. 290 ; *S.L.*, p. 375 : « L'essentiel est ceci, que la méthode absolue trouve et connaît la *détermination* de l'universel en lui-même ».

du cours de la science dialectique. *An ihm selbst* ou *in ihm selbst*, ces trois mots sont si décisifs qu'ils portent l'essence du jugement dialectique comme partage et devenir autre à soi-même. Un tel devenir est l'entrée en scène, *Hervortreten*, écrit parfois Hegel, d'un négatif, ou même plus précisément de ce qu'il appelle le premier Négatif, *das erste Negative*[1]. C'est le second Premier, et le négatif est d'abord la deuxième fois du commencement. En lui c'est le Premier qui « se montre en tant qu'autre que soi » (*sich als das Andere seiner selbst zeigt*). Le premier Négatif est le négatif du Premier, *das Negative des Ersten*, au sens où en lui c'est bien le Premier qui *se* nie, et non pas lui, le Négatif, qui nierait le Premier. *La négation ne vient pas d'elle-même.* Elle provient de l'affirmation. Mais cela veut dire que l'affirmation est toujours un commencement, et même un départ, celui d'un adieu, *Abschied*. *Tout départ est un adieu. Tout commencement est une séparation.* L'immédiat – ce qui était déjà soi-même sans être venu jusqu'à soi – se pose comme *ein Vermitteltes*. Comme le Premier, en son ambiguïté, était déjà le second, le Second *est encore* le Premier : l'immédiat s'accomplit, c'est-à-dire accède à lui-même, sur le chemin de la *Vermittlung* qui lui ouvre le *Fürsichsein*. Le *Vermitteltes* garde par conséquent en lui celui dont il est l'autre, le Premier. Il le contient, *enthält*, écrit Hegel pour traduire cet aspect de l'*Aufhebung*, ou celui-ci est gardé, *aufbewahrt*, et conservé, *erhalten*[2]. « Gardé » *wesentlich*, précise Hegel, c'est-à-dire gardé en lui comme *ce qu'il fut lui-même*. *Tout négatif fut une affirmation dont il garde le souvenir.* Nous voici devant ce qui est à la fois le plus décisif, *das Wichtigste*, et le plus simple :

1. *W.L.*, p. 294; *S.L.*, p. 378.
2. *W.L.*, p. 295; *S.L.*, p. 380.

das Positive in seinem *Negativen ... festzuhalten*[1]. La difficulté est de comprendre ce *halten*, celui de ce *festhalten*, de cet *erhalten* et de cet *enthalten*. Puisque nous avons commencé à regarder la langue de Hegel, il vaut la peine de remarquer l'insistance de ce « tenir », d'un « contenir » qui est un « retenir ». La *Phénoménologie* l'avait déjà porté à son expression la plus intense : *das Tote fest zu halten, das, was die größte Kraft erfodert*[2]. Or un tel *festhalten* est aussi ce qui va emporter le négatif plus loin que soi, car il est déjà la relation négative de celui-ci avec lui-même. Mais il faudra d'abord faire valoir la perte du Premier. Hegel écrit : *So ist nur das Zweite vorhanden*[3]. Un tel *nur* est capital : la négation est d'abord rigoureusement exclusive, contradiction d'une « détermination simple » avec une autre. Cependant le simple est aussi – là est son ambiguïté propre – *eine Beziehung oder Verhältnis*. Par là Hegel n'enlève assurément rien à la contradiction, qu'il faut au contraire penser (*in der Tat aber ist das Denken des Widerspruchs das wesentliche Moment des Begriffs*, écrira plus bas Hegel[4]), mais pense le rapport qu'elle-même est en son *Entgegensetzung* : selon ce rapport, le négatif est l'autre d'un autre face auquel il ne saurait être indifférent, *gleichgültig*, ou, dans le texte hégélien, « l'autre en soi-même », *das Andere an sich selbst. Verhältnis*, le rapport, porte par conséquent le *halten* de l'*enthalten* ou de l'*erhalten*.

---

1. *W.L.*, p. 295 ; *S.L.*, p. 381 : « Tenir fermement le positif dans *son* négatif ».

2. *Ph.G.*, p. 26 ; *Ph.E.*, p. 80 : « Retenir ferme ce qui est mort est ce qui exige la force la plus grande ».

3. *W.L.*, p. 295 ; *S.L.*, p. 381 : « Ainsi seul le second est présent ».

4. *W.L.*, p. 296 ; *S.L.*, 381 : « Mais en fait la pensée de la contradiction est le moment essentiel du concept ».

À nouveau regardons attentivement : le Second, la seconde détermination est « par conséquent, *en tant que contradiction*, la *dialectique posée d'elle-même* », *als der Widerspruch die gesetzte Dialektik ihrer selbst*[1]. C'est sur le *Wider* qu'il convient d'insister à présent : celui-ci est le souvenir de l'autre dont le Second provient, qui est bien « son autre propre », comme l'écrit Hegel, et qui, ainsi, est en lui. *Le* dialectique est donc la dialectique de lui-même. La contradiction n'est dépassée ou « supprimée » qu'au sens où elle est justement pensée *als Widerspruch*. Autrement dit le décisif est précisément, comme Hegel ne cesse de le dire, de rassembler, de tenir ensemble ses pensées, au lieu de les laisser tomber les unes en dehors des autres. Le penser décidément est bien un *festhalten*. La *Doctrine du concept* retrouve alors le nom de la négativité elle-même pour dire le *Wendungspunkt* du mouvement, c'est-à-dire le point où le mouvement de la pensée accomplit le tournant qui l'engage désormais dans un retour. Un tel point est la « relation négative à soi » qui ainsi est advenue deux fois, dans le Premier comme dans le Second, le premier Positif et le premier Négatif. Ce dernier en vertu de ce tournant se pose comme le second Négatif, le négatif du négatif ou l'être-autre de l'autre, par où, se supprimant ou supprimant la contradiction, il se libère de la perte de l'autre qu'il était d'abord lui-même, il se libère de la séparation de cet autre, qui est alors le sien : « Moment le plus intérieur et le plus objectif de la vie et de l'esprit », note Hegel[2]. Un tel se libérer est un *syllogisme* : le négatif est bien, non seulement *das Vermittelte*, mais *das Vermittelnde*. Le *mit* que nous avions entendu résonner dans la

1. *W.L.*, p. 296 ; *S.L.*, p. 380.
2. *W.L.*, p. 297 ; *S.L.*, p. 382.

Vermittlung était en vérité le σύν du syllogisme où les pensées sont tenues ensemble avec la fermeté du *Begriff*. Ainsi, l'*erhalten* et l'*enthalten* sont en vérité un *in sich schließen*. *Schließen* reste l'activité du concept hégélien, si du moins l'on se souvient que déduire c'est tenir ensemble, et *surtout ce qui ne va pas ensemble* : surtout, penser la contradiction, aller jusqu'à ce moment le plus intérieur et le plus objectif, mais aussi le plus difficile, et qui requiert la plus grande force. Il n'y aura rien d'étonnant à ce que ce moment le plus objectif soit justement l'apparition de la subjectivité, si l'on prend garde à ce que celle-ci n'est autre que la négativité pure rassemblant ses pensées dans la Simplicité, celle que Hegel appelle aussi la *personne*[1]. Être une personne, c'est rassembler ses pensées. La personne ou le sujet est ce rassemblement même qui est un retour en soi (*kehrt der Verlauf des Erkennens zugleich in sich selbst zurück*[2]), selon l'inflexion du *Wendungspunkt*. Mais alors la négativité est elle-même, en tant qu'absolue, l'avènement du Moi en tant qu'il est « l'immédiat même » qu'avait déjà fait paraître la *Phénoménologie*. Hegel écrit exactement ceci, où s'accomplit, de la façon la plus frappante, l'« approche en retour » absolument propre au *Schließen* dialectique : *Diese Negativität ist als der sich aufhebende Widerspruch*

---

1. [...] *das* innerste, objektivste Moment *des Lebens und Geistes, wodurch ein* Subjekt, Person, Freies *ist*. « ... *le moment le plus intérieur, le plus objectif, de la vie et de l'esprit, par lequel il y a un sujet, une personne, quelque chose de libre...* ». Et plus loin (*W.L.*, p. 297 ; *S.L.*, p. 382-383) : *Als die absolute Negativität aber ist das negative Moment der absoluten Vermittlung die Einheit, welche die Subjektivität und Seele ist*. « Mais en tant qu'il est la négativité absolue, le moment négatif de la médiation absolue est l'unité, qui est la subjectivité et l'âme ».

2. *W.L.*, p. 297 ; *S.L.*, p. 383 : « Le cours du connaître retourne en même temps en soi-même ».

die Herstellung der ersten Unmittelbarkeit, der einfachen
Allgemeinheit; denn unmittelbar ist das Andere des Anderen,
das Negative des Negativen das Positive, Identische, Allgemeine[1]. La relation négative de la contradiction à soi-même
est la *Herstellung* d'un Premier qui n'avait *jamais* été ainsi
« établi ». Si une telle *Herstellung* est pourtant bien *Wiederher-*
stellung, s'il s'agit bien d'un retour au-delà du *Wendungs-*
punkt, le rétablissement n'en repose pas moins le Premier
d'une façon entièrement nouvelle. L'« établissement » du
simple, l'œuvre même de la négativité, rétablit le Premier, déjà
positif, en tant que second Positif. La seconde fois est la bonne
fois, mais elle est tout autant une nouvelle première fois, une
première fois en un sens nouveau : *jamais cela n'avait vu le*
jour. Le négatif ainsi est lui-même *eine Zweiheit* : en sorte que
le mouvement total est tout autant quadruplicité, double opposition posant à chaque fois deux termes, que triplicité, double
opposition où le centre est le *Wendungspunkt*. Triplicité ou
quadruplicité d'une vie en laquelle c'est bien le Deux qui se
déploie de part en part : tel est le sens d'une négativité absolue où *tout est deux, tout devient deux* et se rétablit dans le
Simple. Il faudra alors, avec Hegel, revenir, pour finir, sur le
Troisième. Le troisième est le Simple, c'est-à-dire le Soi ou le
Sujet de la négativité « simple et pure », ce que Hegel appelle à
présent la personnalité pure. Toute la pensée hégélienne est la
pensée de la Simplicité en tant que Personnalité. Un tel Simple
est l'*Aufhebung* de la médiation, écrit à présent Hegel. Il est ce

---

1. *W.L.*, p. 297 ; *S.L.*, p. 383 : « Cette négativité est en tant que contradiction
se supprimant l'*établissement* de la *première immédiateté*, de l'universalité
simple ; car c'est immédiatement que l'autre de l'autre, le négatif du négatif, est
le *positif*, l'*identique*, l'*universel* ».

qui était déjà en question lorsque la « Préface » avait préparé de façon si dense l'entrée en scène de la négativité, il est *die Wahrheit*, comme Hegel l'écrit à présent, retrouvant de façon frappante, à la fin de la *Science de la logique*, la « Vorrede » de tout le système[1]. *La Vérité est la Personnalité*. Le « mot » de la Vérité simple est alors le mot lui-même le plus simple, le mot si décisif de la « Préface », *ebensosehr*, sur lequel Hegel à nouveau insiste : *Es* ist ebensosehr *Unmittelbarkeit als Vermittlung*[2]. La Vérité est un venir à soi-même, écrira plus loin Hegel, *nur das Zu-sich-selbst-Kommen durch die Negativität der Unmittelbarkeit*[3]. *Zu-sich-selbst-Kommen* est le chemin de la personne. Qu'est-ce que la négativité absolue aura ainsi rendu possible, lorsque la Vérité est par elle devenue effective ? Rien d'autre que le commencement lui-même, le commencement pour la seconde fois, rien d'autre que la Simplicité : *die einfache Bestimmtheit..., welche wieder ein Anfang sein kann*[4]. La négativité aura été l'acheminement vers la possibilité du commencement, ou plutôt du recommencement, qui est un commencement nouveau, à nouveau un commencement. La négativité aura été le chemin vers la Simplicité.

Hegel aura-t-il laissé sans réponse la question de Heidegger ? Il faudrait pour en décider regarder d'où vient la

1. *W.L.*, p. 298 ; *S.L.*, p. 384.

2. *W.L.*, p. 299 ; *S.L.*, p. 384 : « Il *est tout autant* immédiateté que médiation ».

3. *W.L.*, p. 302 ; *S.L.*, p. 390 : « Seulement le venir-à-soi-même par la négativité de l'immédiateté ».

4. *W.L.*, p. 299 ; *S.L.*, p. 385 : « La déterminité simple, qui peut être à nouveau un commencement... ».

question même dans la pensée de Heidegger, autrement dit ce qu'il en est du *Nicht* et du *Nichts* avant tout dans les *Beiträge*, dont les notes sur Hegel sont presque contemporaines. Mais il ne fait pas de doute qu'entre les deux penseurs de l'Allemagne du Sud se joue une adversité dont le *ne pas* pourrait bien être le centre. La radicalité de cette opposition sépare à jamais le penseur sophocléen de la *Zerklüftung*, de la « funeste fissuration de l'être », qu'avait en Heidegger reconnu, le premier avec une telle clarté, Reiner Schürmann [1], du penseur de la Simplicité, que son nom soit Concept ou amour, que fut et demeure le philosophe de la négativité absolue.

Entièrement placé sous le signe de la négativité absolue, le livre de 1807, traversant l'expérience de la conscience, la détruisant et la restituant à elle-même, est le chemin de sacrifice au long duquel, la conscience s'y engageant toujours plus loin, toujours plus profondément, toujours plus résolument, elle entrera, à la fin, dans la Simplicité. Mais ce qu'elle comprendra alors, c'est qu'elle appartenait depuis le commencement à ce règne, qu'elle en provient et n'a jamais cessé d'y marcher.

---

1. *Des Hégémonies brisées*, Mauvezin, TER, 1996. Voir tout le commentaire des *Beiträge*, particulièrement p. 721.

Chapitre II

APPARITION

Qu'est-ce qu'une phénoménologie ? Quel est, au juste, le domaine de celle-ci, le domaine des phénomènes, le domaine dans lequel quelque chose apparaît ? Hegel n'aura cessé de méditer le sens du φαίνεσθαι. Mais en méditer, précisément, le *sens*, c'était le penser dans l'Idée logique, dans la réalisation du λόγος comme un moment de son affirmation. Apparaître est un moment du concept. Apparaître appartient à l'affirmation du sens, à son chemin, à son expérience, et la doctrine du phénomène relève, ainsi, d'une logique, la logique de l'expérience du sens. Autrement dit, s'il s'agit bien de son « sens », la dimension de l'apparaître appartient à l'expérience de la pensée, car la logique est une pensée de la pensée[1]. Penser l'apparaître dans une logique, et *non pas* dans une esthétique, veut alors dire recueillir la nécessité de son avènement pur dans la pensée, celui de l'apparaître en tant qu'« abstraction pure », et la nécessité régissant le déploiement créateur de son

1. *Enzyklopädie*, *Wissenschaft der Logik*, 1827-1830, « Vorbegriff », § 19, *Gesammelte Werke*, Bd. 20, Hambourg, Meiner, 1992, p. 61 (désormais cité *Enz.*, *W.L.*); *Encyclopédie*, *Science de la logique*, trad. fr. B. Bourgeois, Paris, Vrin, 1970, « Concept préliminaire », § 19, p. 283 (désormais cité *E.*, *S.L.*).

sens : créateur, car la pensée dans la logique n'« a » rien et ne
« trouve » rien devant soi, mais se donne à elle-même ses
propres déterminations, elle est autocréatrice, ouvrant en elle-
même son propre chemin, chaque moment concentrant en lui-
même tout le chemin à chaque fois parcouru. En avant ou en
arrière, il n'y a rien, qu'elle trouverait ou laisserait. La logique
est nécessairement aussi une logique de la phénoménalité, si le
phénomène se tient sur le chemin de l'accomplissement du
sens. Or c'est même au cœur de la logique, en son centre, que
l'apparaître sera considéré : c'est là l'indication de son rang,
qui est second. Mais si apparaître est une détermination
médiane, nous obligeant à regarder sa provenance et sa résolution, cela veut dire surtout qu'il est *double*. Apparaître
appartient au règne du Deux. Ce règne est celui de l'*essence*.
(« Règne » est ici le nom pour le domaine des pensées mesuré
par une Logique, le règne ou royaume de la vérité[1]). Le règne
de l'apparaître est marqué par une scission en deux, ou plutôt
apparaître est lui-même un visage du Deux. Il n'est pas
contingent qu'un tel règne, celui de la dualité essentielle, celui
de la réflexion, soit très précisément celui qui s'étendait déjà
par avance sur le livre de 1807, qui devait déjà recueillir le
λόγος d'un tel φαίνεσθαι en tant que conscience, c'est-à-dire
très exactement en tant que Rapport, *Verhältnis*, troisième
moment de l'*Erscheinung* dans les différentes versions de la

---

1. On se rappelle l'« Introduction » de 1812 (*W.L.*, *Das Sein*, p. 17) : *Dieses
Reich ist die Wahrheit selbst, wie sie ohne Hülle an und für sich selbst; man
kann sich deswegen ausdrücken, daß dieser Inhalt die Darstellung Gottes ist,
wie er in seinem ewigen Wesen vor der Erschaffung der Natur und eines
endlichen Geistes ist.*

logique[1]. Le règne de la conscience est en un sens le règne de l'essence, il s'étend du moins quelque part en celui-ci, et c'est par conséquent la dualité du négatif qui s'étend aussi sur lui : il faudra alors penser une essentielle corrélation entre le phénomène et le *ne pas*, comme, par là même, entre celui-ci et le sens d'être du *Bewußtsein*. Si le livre de 1807 est le livre de l'apparaître, c'est qu'il est régi par la même ambiguïté, *Zweideutigkeit* qui en lui s'appelle précisément *Bewußtsein*. Toute la *Phénoménologie de l'esprit* est la simplification de l'ambiguïté de la conscience en tant que conscience.

Or c'est à ce titre que l'un comme l'autre, le livre de 1807 et tout autant celui de 1813, forment deux grandes explications avec Kant, comme le sera à nouveau, de 1817 à 1830, chacune des versions encyclopédiques de l'*Essence*. Lorsque la *Philosophie de l'esprit* de l'*Encyclopédie* ouvrira à son tour, au cœur de la Science elle-même et non plus, comme en 1807, en sa première partie, le programme d'une « Phénoménologie de l'esprit », dont le centre sera à nouveau le sens d'être du *Bewußt*sein, une telle conscience sera elle-même vue comme « le degré de la réflexion ou du *Rapport* de l'esprit, de lui-même comme *Erscheinung* »[2]. L'esprit comme conscience est l'esprit comme Rapport : or un tel Rapport donnait déjà l'orientation directrice de la philosophie kantienne, et cela va si loin que le kantisme est demeuré d'un bout à l'autre, en tout

1. Les deux premiers moments de l'*Erscheinung* sont autrement distribués dans les versions de 1813 et de 1817 de la *Doctrine de l'essence*.

2. *Enz.*, *Philosophie des Geistes* (désormais cité *Ph.G.*), 1827-1830, § 413, p. 421 ; *E.*, *Philosophie de l'esprit* (désormais cité *Ph.E.*), trad. fr. B. Bourgeois, Paris, Vrin, 1986, p. 221.

et pour tout, une phénoménologie, écrit Hegel[1]. Comment s'en expliquera-t-il alors? Tout y est pensé, commentera Hegel, selon la finitude de la relation de l'intelligence et de la volonté à un autre que soi. Autrement dit, tout – et tout autant la volonté – se tient là très précisément sous la loi de l'apparaître, même – surtout – lorsqu'est atteinte pour la première fois par Kant l'Idée de l'esprit comme réconciliation des deux, et par là simplification du Deux lui-même, alors posée comme maxime seulement subjective de la réflexion, comme Hegel le traduit en langue kantienne : autrement dit, dans la langue de Hegel, en tant qu'*Erscheinung*. Le kantisme est entièrement une phénoménologie, et il appartient en ce sens à la réflexion de l'essence.

Mais qu'en est-il, si le φαίνεσθαι y est décidément central, jusqu'à en commander tout le regard, de l'αἴσθησις? Le phénomène est-il, lorsqu'il s'agit de son sens, « esthétique » ? Dans Kant lui-même la doctrine de l'apparaître est-elle en son fond une doctrine de la sensibilité? Ou bien la question est-elle par avance déplacée vers un tout autre domaine? Il est difficile dès l'abord de rejoindre la portée d'une telle difficulté. S'agissant du sens de la sensibilité elle-même, et, par conséquent, de la *logique du sensible*, il faudra commencer par relever que l'apparaître selon Hegel se tiendra justement plus loin qu'elle, qui appartient à l'être. Qu'elle soit déjà savoir, certitude, *Gewißheit*, ou seulement *Empfindung*, sensation, ou même encore, plus loin dans l'esprit, intuition, *Anschauung*, αἴσθησις voudra dire, quel qu'en soit ainsi le plan spirituel,

_____

1. Exactement : elle « ne contient absolument que des déterminations de la phénoménologie, non de la philosophie, de l'esprit » (*Enz.*, *Ph.G.*, 1827-1830, § 415, p. 422 ; *E.*, *Ph.E.*, p. 222).

immédiateté, et un tel immédiat est l'étant même, c'est-à-dire, pour Hegel, à chaque fois le commencement en tant que tel. La logique de la sensation n'appartient pas elle-même à celle de la conscience, c'est-à-dire de la médiation, elle est la logique de l'immédiateté, la logique du commencement, et la certitude sensible sera la répétition de celle-ci sur le plan même de la conscience : l'âme qui sent rencontre l'immédiat de l'étant, fût-ce à l'intérieur d'elle-même, autrement dit ne rencontre jamais que la singularité de ce qui existe sur le mode de l'immédiateté. Sentir, c'est singulariser un contenu, quelle qu'en soit la provenance, et s'agît-il même du Plus haut, puisque, relève Hegel, en un sens « tout est dans la sensation », « la forme du sourd tissage de l'esprit dans son individualité sans conscience et sans entendement », ou même : tout y trouve sa *source*, car « source » ne veut rien dire d'autre que « la première manière d'être la plus immédiate en laquelle quelque chose apparaît »[1] – un apparaître d'avant l'apparaître, si vraiment l'essence n'est pas encore atteinte. La sensation est assurément déjà idéalisation, intériorisation de la corporéité, et se forme ainsi en elle une première sphère de l'être pour-soi, appropriation de l'immédiate nature. Idéalité, toutefois, non subjective encore, que double une autre sphère, celle du redoublement corporel de l'esprit, celle de ce que Hegel appelle la « traduction corporelle », *Verleiblichung*, ainsi des affects

1. *Enz., Ph.G.*, 1827-1830, § 400, R., p. 396-397 ; *E., Ph.E.*, p. 195 : *Die Empfindung ist die Form des dumpfen Webens des Geistes in seiner bewußt-und verstandlosen Individualität.* Et la R. : *Alles ist in der* Empfindung, *und wenn man will, alles, was im geistigen Bewußtseyn und in der Vernunft hervor-tritt, hat seine* Quelle *und* Ursprung *in derselben ; denn Quelle und Ursprung heißt nichts anders, als die erste unmittelbarste Weise, in der etwas erscheint.*

et de leur corporalisation[1]. Mais lorsque le Rapport aura partagé l'esprit selon la différence de la subjectivité, lorsque la conscience aura vu le jour dans « le *Mitleben* en santé de l'esprit individuel dans sa corporéité »[2] qu'est le sentir comme sentir en soi-même – *empfinden*, c'est toujours sentir en soi-même, trouver en soi-même à partir de soi-même : *Was die empfindende Seele in sich findet, ist einerseits das natürliche Unmittelbare, als in ihr ideell und ihr zueigen gemacht*[3] –, alors c'est à nouveau un tel domaine de l'être, le sentir d'un tel être, qui reviendra comme savoir, désormais *certitude* sensible, trouvant devant soi un étant qu'elle sépare désormais de soi, se séparant au fond par là d'elle-même en s'opposant son moment substantiel, d'une séparation qu'elle n'accomplissait pas encore dans le sentir de l'âme. Mais beaucoup plus loin sur le chemin du *Geist*, le dernier moment esthétique de celui-ci, dans la sphère absolue de son déploiement, celui de l'art, se tiendra encore sous la finitude de l'étant. Le sensible de l'art sera un sensible idéel, ce que Hegel appellera alors *Schein*, dans la figure, l'aspect, la résonance, où l'esprit laisse « les

---

1. En un moment très remarquable de « L'esprit subjectif », § 401. La sensation selon Hegel n'est pas seulement le commencement d'une spiritualisation qui s'accomplira encore dans l'art, mais tout autant celui d'une corporalisation de l'esprit : dans les émotions, ainsi, l'esprit *se fait sentir*. Mais dans l'art il en sera bien de même : « Le sensible est ainsi *spiritualisé* dans l'art, puisque le *spirituel* apparaît dans l'art comme ayant été rendu sensible » (*Cours d'esthétique*, I, « Introduction », trad. fr. J.-P. Lefebvre et V. Von Schenck, Paris, Aubier, 1995, p. 57, désormais cité *C.E.*).

2. *Enz.*, *Ph.G.*, 1827-1830, § 401, R., p. 399; *E.*, *Ph.E.*, p. 197 (*das gesunde Mitleben des individuellen Geistes in seiner Leiblichkeit*).

3. *Enz.*, *Ph.G.*, 1827-1830, § 401, p. 398; *E.*, *Ph.E.*, p. 196 : « Ce que l'âme en tant que sentir trouve en elle est, d'une part, l'immédiateté naturelle, en tant que rendue en elle idéelle et appropriée à elle ».

objets être librement», sans pour autant, précise Hegel, «descendre en leur intérieur essentiel»[1] : la limite de l'art sera celle d'un apparaître qui n'est pas descendu dans une telle profondeur essentielle, un «briller» qui n'est pas encore un «révéler». L'absolu proprement phénoménologique, le «phénomène absolu», sera par conséquent à chercher encore plus loin que l'art, dans la religion.

L'αἴσθησις n'est pas le domaine du phénomène. Apparaître ne dit pas le déploiement propre du sensible, qui n'appartient pas à l'essence, mais à l'être. La phénoménologie, dont le projet commande toute la pensée kantienne, y compris l'esthétique, n'est pas et ne peut pas être fondamentalement une doctrine de la sensibilité, qu'elle a déjà au contraire dépassée. Pour rejoindre un tel domaine phénoménologique, nous commencerons par recueillir quelques traits de l'*Erscheinung*, du φαίνεσθαι, en son sens, par conséquent, logique, puis nous regarderons un instant le livre du φαίνεσθαι, le livre de 1807, et sa répétition encyclopédique, autrement dit la conscience qui se tient entièrement sous l'empire de l'essence. En son amplitude logique ou dans son redoublement conscientiel (la *Phénoménologie*, c'est la logique, ou plutôt toute l'*Encyclopédie*, dans le rayon, le regard qui s'appelle conscience), le domaine du phénomène se dévoilera alors à partir de la puissance qui y est hégémonique, inconditionnellement souveraine, autrement dit l'entendement.

Partons de l'*Erscheinung*. Dans la dernière version de la *Lehre vom Wesen*, celle de 1827-1830, elle aura pour provenance la chose. Que voudra dire alors *erscheinen*? La chose est

1. *C.E.*, p. 56.

une contradiction : celle d'être *elle-même* en tant qu'elle *a* des
propriétés (avec la chose l'avoir prend le pas sur l'être, note
Hegel : la grammaire de l'essence est la grammaire de l'avoir,
elle privilégiera le *passé*, le *gewesen* et, ainsi, l'auxiliaire que
nombre de langues ont réservé au passé[1]), dont elle est l'unité
négative, en tant qu'elle est leur lien, d'un côté – et, de l'autre,
une seconde fois *elle-même* en tant qu'elle consiste, *besteht*,
en elles, qui subsistent par elles-mêmes comme autant de
matières : la contradiction, ainsi, d'être l'identique différent de
ses différences – et ses différences elles-mêmes. La chose est à
la fois un « se tenir en elle-même » et un « se tenir hors d'elle-
même », unité négative de la forme et consistance des
matières. Un tel sens d'être de la chose va ouvrir sur le sens de
l'apparaître, qui sera, à partir de là, d'« *être l'existence essentielle comme une existence se supprimant dans elle-même* »[2].
L'apparition est ce qui recueille la contradiction entre le poser
et le nier joints dans l'être de la chose, autrement dit, au fond, la
vue métaphysique posée par un entendement différenciant
et isolant, analysant et expliquant, un entendement chimiste
(par lui ainsi la chose sera à chaque fois reconduite à des
matières subsistantes par soi)[3]. Apparaître, *erscheinen*, est

---

1. *Enz.*, *W.L.*, 1817, § 76, R.; *E.*, *S.L.*, p. 223-224, et *Enz.*, *W.L.*, 1827-1830,
§ 125, R., p. 154; *E.*, *S.L.*, p. 382.
    2. *Enz.*, *W.L.*, 1827-1830, § 130, p. 156; *E.*, *S.L.*, p. 384.
    3. Cf. *E.*, *S.L.*, 1827-1830, § 126, Add., p. 561-562, et § 130, R., *Enz.*, *W.L.*,
p. 157; *E.*, *S.L.*, p. 385. On se souviendra aussi que la *Doctrine de l'essence*
« contient principalement les catégories de la métaphysique et des sciences en
général ; – en tant qu'elles sont des productions de l'entendement réfléchissant
qui tout à la fois admet les différences comme *subsistantes-par-soi* et pose *aussi*
leur relativité ; – mais qui relie seulement ces deux démarches par un *aussi* en les
plaçant l'une à côté de l'autre ou l'une à la suite de l'autre, et ne rassemble pas

alors l'accomplissement, le développement du paraître par
lequel l'être était essence, c'est-à-dire paraître en soi-même,
scheinen in sich selbst : avec le commencement de l'essence,
« être », en son immédiateté, devenait alors seulement *Schein*,
autrement dit l'essence était la différence de l'être avec soi,
devenu autre à soi, « allé dans lui-même » : « paraître dans soi-
même » était l'autre nom de la réflexion [1], pour laquelle Hegel
trouvera l'image simple de la réflexion dans le miroir (en elle
tout ce qui est est médiatisé, posé à travers un autre) [2]. Or dans
l'apparaître, précisément, le paraître s'accomplissant devient
suppression de l'essence dans l'immédiat, « l'immédiateté de
l'existence » (1817, § 81), la consistance de la matière dont la
chose est faite, et la suppression d'une telle consistance, d'une
telle existence. C'est ce mouvement qui se déploie d'abord en
un monde, *Welt der Erscheinung*, dans la version de 1827-
1830 : « C'est l'essence qui existe », écrit encore Hegel, et cela
veut dire, comme il s'en expliquait en 1817 de façon plus
détaillée, se déploie, selon le sens propre de l'existence, *dans
un autre que dans elle-même* (« quelque chose en tant qu'existant existe plutôt dans un autre que dans lui-même » [3]). Exister,
c'est exister dans un autre, ou exister comme médiation. Être
une médiation, tel est le destin du phénomène, qui sera ou était
déjà tout autant le destin de la conscience, le destin phénoménologique même. La doctrine de l'essence est aussi un traité de
l'existence, puisqu'elle montre d'abord que l'essence est être,
et que l'existence est justement alors « cet être que l'essence

ces pensées, ne les réunit pas pour former le concept » (*Enz.*, *W.L.*, 1827-1830,
§ 114, R., p. 145 ; *E.*, *S.L.*, p. 374).

1. *Enz.*, *W.L.*, 1827-1830, § 112, p. 143 ; *E.*, *S.L.*, p. 371-372.
2. *E.*, *S.L.*, 1827-1830, § 112, Add., p. 547.
3. *E.*, *S.L.*, 1817, § 81, p. 225.

fait de soi »[1]. Plus loin que le *Schein*, ainsi, mais accomplissant
au fond la même éclosion de l'être, l'essence en son apparaître,
en tant qu'apparition, n'en reste pas à la simplicité fermée en
elle-même, mais « se produit au-dehors »[2]. *Erscheinung* est le
nom de cette existence, de cet exister hors de soi de ce qui n'a
pas son fondement en soi. Nous entrons alors dans la présence
étrangement double du phénomène, aux abords d'un monde
dont l'ambiguïté est tout à fait troublante : présence d'une
existence qui n'est que médiation, qui ne repose pas sur soi, ne
se tient pas « seule », dit parfois simplement Hegel, mais qui
n'a, pour autant, rien en arrière ou au-delà d'elle, car c'est
l'essence elle-même qui existe. Règne du multiple, d'une
multiplicité des existences à laquelle l'essence accorde « la
joie de l'être-là », à elles qui n'ont cependant pas leur être en
elle-même. « Monde », écrit bien Hegel, qui se déploie d'une
existence empruntée (mais toute existence, en tant qu'existence, est empruntée), l'apparition « ne se tient pas toute
seule »[3]. Elle se laissera alors peut-être atteindre dans l'image
hégélienne d'une « infinie bonté » de l'essence laissant aller
son apparence comme apparition. Car une telle « bonté »
représentative de l'essence a dans la *Science de la logique* un
sens très précis, qui éclairera peut-être de façon décisive le
sens d'être du phénomène : elle tient lieu, en l'élément de la
représentation, du sens même de l'entendement. *Le sens de
l'entendement est le même que celui de la bonté qui accorde.*
Ce sens fut très précisément fixé par Hegel à la fin du « Concept
préliminaire » : « La pensée en tant qu'entendement s'en tient
à la déterminité fixe et à son caractère différentiel par rapport à

1. *W.L.*, p. 104 ; *S.L.*, p. 145.
2. *E.*, *S.L.*, 1827-1830, § 131, Add., p. 563.
3. *E.*, *S.L.*, 1827-1830, § 131, Add., p. 564.

d'autres ; un tel abstrait borné vaut pour elle comme subsistant et étant pour lui-même »[1]. L'entendement n'est rien d'autre que cette exigence que tout soit déployé, différencié, reconnu, et se voie par conséquent *accorder son droit d'être*. *Demander être et accorder être, voilà l'acte du Verstand.* Mais accorder être et consistance au fini, telle est aussi la bonté de celui qui donne, le Dieu lorsqu'il est appréhendé selon ce qui est précisément *la profondeur de son essence* : si les choses apparaissent, c'est que l'essence les laisse ainsi aller, en ce qui est sa bonté. Mais la vérité d'une telle bonté – qui n'est assurément pas le concept achevé du Dieu – sera encore dans la puissance et la justice, comme celle de l'entendement est dans la dialectique, ou même, plus précisément, dans *le* dialectique de la dialectique, « devant laquelle rien, quelque sûr et ferme qu'il puisse paraître, n'a le pouvoir de subsister » : tout fini passe en jugement, tout fini va à sa perte[2]. Celui qui accorde « la joie de l'être-là » donne par là aussi ce qui de soi-même va à son propre effacement. L'Éternel a donné, l'Éternel a repris : il n'y a là, vu selon la représentation, qu'un seul don, celui de l'apparaître. Le phénomène se tient dans cette ambiguïté du fini : il a être et consistance, mais ne repose pas sur lui-même, et il va, en tant qu'il est lui-même, à son disparaître. Apparaître est aller dans le règne de la finitude, par conséquent tout autant dans la *Vergänglichkeit*. C'est en cette mesure que l'apparition est, en son sens d'être, toujours « simple apparition », *bloße Erscheinung* : la différence du regard philosophique est entièrement en un tel *bloß*, dont la profondeur est la plus difficile à

1. *Enz.*, *W.L.*, 1827-1830, § 80, p. 118 ; *E.*, *S.L.*, p. 343.
2. *E.*, *S.L.*, 1827-1830, § 81, Add., p. 514-515. Le § 81 pensait le dialectique comme « l'autosuppression de telles déterminations finies » (*Enz.*, *W.L.*, p. 119 ; *E.*, *S.L.*, p. 343).

mesurer. Car là où la sensibilité, l'αἴσθησις considère tout ce qu'elle rencontre comme un étant, la philosophie de son côté le prendra en vue comme un simple phénomène – c'est-à-dire pourtant non pas *moins*, mais *plus* que l'être, précise Hegel[1]. Et non pas davantage simple apparence, mais apparence qui s'est développée jusqu'à la consistance d'une existence qui n'a cependant pas son fondement en elle-même. Mais alors quel est au juste ce regard, quel est ce monde qui se déploie au cœur de l'Essence? Ce fut bien déjà le regard de Kant: du moins le regard kantien appartenait-il à ce règne qu'il n'aura pourtant pas entièrement mesuré, car il ne l'aura pas non plus accompli jusqu'au bout de son expérience, il sera resté, commente Hegel, « à la moitié du chemin »[2]. Cet inachèvement de la phénoménalité kantienne, dans la phénoménologie qu'est de part en part le kantisme, aura tenu l'essence elle-même en-dehors de l'apparaître, retenant l'essence dans l'abstraction de la chose en soi[3]. Mais la « simple apparition » selon la nécessité de son accomplissement logique ne maintient justement pas l'essence hors d'elle, au-delà d'elle ou en arrière d'elle: l'essence, développe Hegel devant ses étudiants, « se manifeste comme essence précisément en ce qu'elle rabaisse ce monde à la simple apparition »[4]. Elle existe elle-même dans cet abaissement, en aucun autre lieu, aucune autre scène ni aucune autre figure. Le *bloß* de la *bloße Erscheinung* est l'exacte empreinte de l'essence sur cet appa-

---

1. *E.*, *S.L.*, 1827-1830, § 131, Add., p. 564.

2. *E.*, *S.L.*, 1827-1830, § 131, Add., p. 564.

3. Dans la version de 1817, le moment de la chose, donc celui de l'abstraite réflexion-en-soi qu'est le *Ding an sich* kantien, appartenait encore à celui de l'apparition, sous le chef de l'existence.

4. *E.*, *S.L.*, 1827-1830, § 131, Add., p. 565.

raître : l'essence est apparition, en tant que celle-ci est « simple apparition ». C'est bien l'essence qui existe dans la simple apparition avérée comme telle, c'est là sa manifestation la plus propre. Le sens du *monde* qui se déploie alors [1] est celui de la finitude réfléchie, monde traversé par ce que Hegel appelle *das Außereinander*, l'extériorité réciproque, l'existence se constituant elle-même en monde du phénomène, un monde que l'*Essence* de 1813, après « Force et entendement », avait déjà développé en son renversement, sa réflexion ou son élévation jusqu'à un « règne de lois », c'est-à-dire jusqu'au « monde renversé », *die verkehrte Welt* [2]. Voici par conséquent le décisif : l'apparition est l'existence essentielle (*die wesentliche Existenz*), dont les deux côtés, son essentialité et elle-même comme inessentielle, « entrent en relation réciproque », écrivait Hegel en 1813, dans la position de l'identité de la loi dans le changement phénoménal, l'opposition du monde de l'*Erscheinung* et du monde étant en soi, et son accomplissement comme l'identité des deux en tant que Rapport, *Verhältnis*, qui est à chaque fois un comportement, *Verhalten*,

---

1. Dans les versions de 1827 et 1830, *die Welt der Erscheinung* est le premier moment de l'« Erscheinung ».

2. *W.L.*, *Die Lehre vom Wesen*, respectivement p. 133 (*Die existierende Welt erhebt sich ruhig zu einem Reiche von Gesetzen*. « Le monde existant s'élève calmement jusqu'à un royaume de lois ») et p. 138 (*Die Beziehung ist also bestimmt diese, daß die an und für sich seiende Welt die* verkehrte *der erscheinenden ist*. « La relation est donc ainsi déterminée que le monde qui est en et pour soi est le monde *renversé* par rapport au monde qui apparaît »). Mais cette méditation de *Welt* était autrement située dans le mouvement de l'*Erscheinung* (deuxième moment du *chapitre* de l'« Erscheinung », qui est lui-même le moment central de la *section* de l'« Erscheinung », entre les moments de l'existence (la chose) et du Rapport essentiel).

de l'un en face de l'autre[1]. En 1827-1830, le monde du
phénomène sera le monde de l'être-en-dehors-l'un-de-l'autre
formant le tout d'une relation-à-soi, ou de la finitude réfléchie
comme médiation infinie. Un tel monde est celui que régit
le renversement infini de ses dédoublements réflexifs, à
commencer par celui de la forme et du contenu. Renversement
qui est le sens du *Verhältnis* refermant et accomplissant le
moment de l'*Erscheinung* : en un tel Rapport vient au fond en
question l'entendement réfléchissant et le domaine où Kant de
son côté avait repéré l'émergence d'une amphibologie fondamentale, c'est-à-dire la « confusion », dans la comparaison des
concepts, « de l'objet pur de l'entendement avec le phénomène »[2]. C'est dans le renversement que se recueille le
Rapport en chacun de ses moments : Rapport du tout et des
parties, où chacun est à son tour *das Bestehende*, Rapport de la
force et de son extériorisation, Rapport de l'intérieur et de
l'extérieur. Selon la vérité portée par le Rapport, « l'apparition
ne montre rien qui ne soit dans l'essence, et dans l'essence, il
n'y a rien qui ne soit manifesté »[3]. C'est pourtant seulement
au-delà de l'*Erscheinung*, du renversement de la réflexion-en-
soi et de la réflexion-en-un-autre, dans l'immédiateté nouvelle
de l'effectivité (troisième immédiateté, après celles de l'être et
de l'existence), que l'identité de l'intérieur et de l'extérieur
sera accomplie.

   Selon cette dialectique difficile, dont le cours fut plusieurs
fois modifié par Hegel depuis « Kraft und Verstand », l'apparaître est pensé comme le déploiement d'un dédoublement

1. *W.L.*, *Die Lehre vom Wesen*, p. 127.

2. *Kritik der reinen Vernunft/Critique de la raison pure*, A 270/B 326,
Hambourg, Meiner, *Jubiläumsausgabe*, 1993.

3. *Enz.*, *W.L.*, 1827-1830, § 139, p. 162 ; *E.*, *S.L.*, p. 391.

essentiel et abstrait se supprimant infiniment, et s'accomplissant dans la simplification ultime de la *Wirklichkeit*. Toutes les différenciations de l'apparaître se manifesteront à la fin comme la médiation finalement disparaissante d'une immédiateté nouvelle. Il ne serait alors pas impossible d'appliquer à toute la dialectique de l'apparition l'extraordinaire expression qui devait en 1813 penser la réflexion du phénomène existant à travers la médiation de son fondement essentiel : *die Rückkehr des Nichts durch Nichts zu sich selbst zurück*, « le retour du rien par rien jusqu'à soi-même »[1]. Ce qui veut dire que le règne phénoménal est en vérité le règne des abstractions vides (*leeren Abstraktionen*), selon l'expression qui en clôt la dialectique en 1827-1830[2], accomplissant l'unité de l'être et de la réflexion jusqu'à l'effectivité où elles disparaissent. Le règne fantomatique de l'*Erscheinung* se dissipe dans l'avènement de l'effectif, dont il aura cependant été le chemin nécessaire, en sorte que l'effectivité aura le néant, désormais, en elle, qui aura ainsi conjuré tous les fantômes de la réflexion. La simple apparition aura alors atteint, traversant son propre néant, l'effectivité de la présence énergique : « Son extériorité est son énergie », écrira Hegel de l'effectif, et « son être-là est seulement la *manifestation de lui-même*, non d'un Autre »[3]. C'est à une telle manifestation qu'aura conduit le déploiement du phénomène : l'apparition, la « simple apparition » aura accompli la manifestation comme manifestation de soi.

Que ce règne fût celui de l'expérience de la conscience, Hegel, lorsqu'il retrouvera le déploiement phénoménolo-

---

1. *W.L.*, *Lehre vom Wesen*, p. 129.
2. *Enz.*, *W.L.*, 1827-1830, § 141, p. 163 ; *E.*, *S.L.*, p. 393.
3. *Enz.*, *W.L.*, 1827-1830, § 142, p. 164 ; *E.*, *S.L.*, p. 393.

gique au cœur de la *Philosophie de l'esprit* ne manquera pas,
ainsi, de le rappeler. *Erscheinung, erscheinendes Wissen*, la
conscience n'est rien d'autre que la scission en deux d'un
savoir qui laisse aller hors de lui-même son objet, se laisse lui-
même aller au-dehors en son moment substantiel. Le *Moi* en ce
sens est bien le Rapport lui-même, à la fois « l'un des côtés du
rapport et le tout du Rapport », écrit Hegel, réflexion-en-soi
subjective faisant face à l'Obscur qui est son négatif[1]. Lumière
qui illumine elle-même et ce qui n'est pas elle, voilà la
conscience et son étrange faisceau, voilà l'apparaître de
l'esprit. La *Phénoménologie de l'esprit* se tenait par conséquent entièrement et par avance dans le règne de l'essence, qui
lui donnera bientôt son plan d'intelligibilité : la conscience
est en quelque sorte, au sens le plus rigoureux, l'*essence* de
la *subjectivité*, comme apparaître de l'esprit[2]. Ce plan de
l'essence, dans « L'esprit subjectif », éclaire en retour le plan
du *pour nous* en lequel se recueillait déjà en 1807 l'expérience d'une conscience qui était alors fermée à elle-même en
sa progression, l'expérience de son objet-phénix renaissant
toujours nouveau des cendres de son expérience consumante,
dans la dissociation de l'activité de la conscience et du mouvement du concept qui s'accomplissait à travers elle, mais dans
son dos : c'est l'essence, l'apparition, qui allait alors déjà
accomplissant la nécessité de son chemin – mais alors sur un
tout autre plan, puisqu'elle était l'essence dans l'esprit. Le
λόγος de la *Wissenschaft der Logik* irradie nature et esprit,
il est le foyer d'un sens incandescent en tout ce qui est réel,
qu'il lui soit seulement intérieur, dans une nature hégélienne
frappée par une extériorité indépassable du moins par elle-

---

1. *Enz.*, *W.L.*, 1827-1830, § 413, p. 422 ; *E.*, *S.L.*, p. 221.
2. *Enz.*, *W.L.*, 1827-1830, § 414, p. 422 ; *E.*, *S.L.*, p. 222.

même, et ainsi elle-même de part en part régie par la phénoménalité, ou qu'il revienne à soi, de plus en plus libre, dans
l'esprit où il se sait soi-même. Mais, en ce sens aussi, si l'on
ne considère plus le plan logique *sur lequel* cette expérience
s'accomplit, mais que l'on cherche inversement *en elle, dans
l'expérience phénoménologique même* – resserrant pour ainsi
dire le regard – le moment qui en concentre le principe, c'est la
dernière figure du *Bewußtsein* qui recueillera en elle-même
tout le sens de son *Fortgang* phénoménologique : dans la
dialectique du phénomène et du monde suprasensible, dans la
section « Force et entendement », ainsi, se trouve comme le
secret – l'un des secrets, l'un des miroirs et l'un des reflets que
l'on y rencontre – de la *Phénoménologie* elle-même, répétant
en elle, en l'une de ses expériences, le plan sur lequel s'accomplit son expérience totale. Il y a *dans* l'expérience phénoménologique la figure qui indique le plan *sur lequel* cette expérience
s'accomplit elle-même entièrement, comme expérience de
l'esprit en tant qu'*Erscheinung*. Mais du même coup est aussi
livré le cœur du kantisme phénoménologique et de son esthétique, qui, en tant que doctrine du phénomène, n'est décidément pas une doctrine de la sensibilité, mais, réflexion de
l'entendement *sur lui-même* déjà, se tient de part en part dans
les limites de l'expérience du sens que Hegel pense sous le titre
du *Verstand*. Il n'y a de phénomène, il n'y a d'apparaître que
pour autant que s'est déjà ouvert le domaine de l'entendement.
Le phénomène est ainsi par excellence un νοητόν, et si l'esthétique kantienne se déployait au fil conducteur de l'opposition
de la forme et de la matière immédiatement appliquée au
concept du phénomène [1], c'est qu'elle était entièrement régie,

1. *KrV* A 20/B 34.

précisément en son concept de phénomène, par la logique des
abstractions vides de l'entendement, et en ce sens déjà la
doctrine, demeurée cependant inachevée, de ce retour du rien
par le rien à soi-même. Si par conséquent la doctrine kantienne
de la sensibilité était bien une doctrine du phénomène, la
pensée de la donation y était déjà commandée par la pensée de
la réflexion : car, selon leur sens logique propre, le phénomène
n'est pas sensible, et le sensible *n'est pas* phénoménal. En tout
ceci il ne s'agit pas seulement de la réflexion *sur* la sensibilité,
mais de la réflexion de l'être lui-même : l'abstraction vide est
celle par laquelle l'être s'essentialise, se phénoménalise, par
laquelle l'être apparaît, et c'est ce mouvement de l'être lui-
même qui se recueille dans l'esthétique transcendantale et son
concept du phénomène. La réflexion transcendantale appartient en ce sens pleinement à ce qui est en question en elle : la
phénoménologie kantienne est le recueil de la phénoménalité
de l'être, de sa venue à l'apparaître dans les abstractions de
l'entendement. Il n'y a pas là cependant l'indication d'une
limite : la limitation du regard kantien est bien plutôt de n'être
pas allé jusqu'au bout de la phénoménalité du phénomène,
jusqu'au « phénomène en tant que phénomène » qui est, dans
« Force et entendement », la vérité du suprasensible[1]. Par
conséquent, même élevée au plan de l'esprit, la pensée du
phénomène sera régie dans son principe, comme tout ce qui est
réel, tout ce qui relève d'une *Realphilosophie*, par une logique
qui n'est plus, de son côté, logique transcendantale, la doctrine
du phénomène renvoyant originairement à la réflexion en
laquelle elle a son lieu logique natal : elle devait déjà renvoyer
à ce plan logique, à vrai dire, en vertu de l'étant dont

---

1. *Ph.G.*, p. 103 ; *Ph.E.*, p. 172.

l'*Empfindung*, dans l'esprit, est encore à chaque fois l'affirmation, elle y renvoie nécessairement encore lorsqu'une telle
Empfindung est pensée comme *Erscheinung*. Il n'y a plus de
partage entre « esthétique » et « logique », car le plan transcen-
dantal de leur répartition a lui-même disparu : logique est désormais le nom du domaine originaire du sens à partir duquel
le sentir, dans l'être, comme l'apparaître, dans l'essence, se
laisseront encore penser selon la nécessité de l'expérience à
chaque fois conduite, même lorsque celle-ci aura lieu comme
expérience de l'esprit, expérience, alors, de la subjectivité, comme âme, comme conscience, comme intelligence :
la *Philosophie de l'esprit* ne sera pas davantage traversée par
un tel partage. « Esprit » sera le nom de l'accomplissement
du Sens logique comme subjectivité, comme savoir de soi,
comme savoir absolu.

Or, sur le plan *phénoménologique* de l'esprit, et ainsi en
tant qu'il est lui-même apparition, le déploiement de l'essence
de la subjectivité comme entendement trouvera sa résolution
dans la dissolution de la conscience proprement dite (qui ne
mettra pourtant pas fin à la loi de la conscience ou à son plan,
au règne du Rapport, qui s'étend aussi loin que la phénoménologie elle-même), ou du Rapport à un autre qui serait de l'être,
et son élévation, son intensification jusqu'à la conscience de
soi, au Rapport (puisque la conscience de soi demeure bien
conscience, et donc *Verhältnis* : appartient encore, par conséquent aussi, à l'*Erscheinung*) à un autre qui est un Soi : de
l'autre côté du phénomène, en son intérieur, l'entendement ne
fera l'expérience que de lui-même. On se rappelle ce qu'il
advient de toute cette scène du phénomène à la fin de « Force et
entendement » : « Il se révèle que, derrière le prétendu rideau
censé recouvrir l'intérieur, il n'y a rien à voir si nous, nous
n'allons pas nous-mêmes nous mettre par derrière, tout autant

pour que l'on voie que pour que, derrière, il y ait quelque chose qui puisse être vu »[1]. De l'autre côté en un sens il n'y a rien, comme la scène elle-même était au fond restée vide, d'un vide essentiel, la scène du rien et de son retour au rien. Mais dans le théâtre du φαίνεσθαι celui qui voit finit toujours par se voir. La dissolution de l'entendement voudra dire que rien n'apparaît sinon dans et pour une conscience de soi, dans et pour une subjectivité qui est déjà le Rapport à soi[2]. *Rien n'apparaît sinon pour une conscience qui s'apparaît à elle-même.* Les modes de cet apparaître à soi-même, *Selbstbewußtsein*, qui demeure un *Selbsterscheinen*, vont sans doute donner lieu à une nouvelle expérience : mais le règne de l'essence, autrement dit le règne phénoménologique, n'est pas pour autant clos. Il s'étendra *au moins* jusqu'à la religion, jusqu'à la conscience de soi de l'essence absolue elle-même, où l'essence absolue sera elle-même, dans la religion de la religion ou la religion manifeste, posée comme conscience de soi. Mais au fond le savoir absolu lui-même, qui en un sens mettra bien fin à l'*Entzweiung* de l'*Erscheinung*, aura pourtant pour sens – celui, non pas de sa limite, mais de son absoluité elle-même – de se donner lui-même à l'apparaître. Tout se donne à l'apparaître, tout s'accomplit en entrant sur la scène de la conscience. *Tout apparaît.* Le règne phénoménologique *ne se refermera jamais.*

1. *Ph.G.*, p. 118 ; *Ph.E.*, p. 190.
2. « La *progression nécessaire* à partir des figures précédentes de la conscience pour lesquelles leur vrai était une chose, un Autre qu'elles-mêmes, exprime précisément ceci, à savoir que, non seulement la conscience de la chose n'est possible que pour une conscience de soi, mais que celle-ci seule est la vérité de ces figures précédentes » (*Ph.G.*, p. 118 ; *Ph.E.*, p. 189).

Chapitre III

NATURE

Hegel écrit dans la Remarque du § 248 de l'*Encyclopédie* : « La nature est divine *en soi*, dans l'Idée, mais, telle qu'elle *est*, son être ne correspond pas à son concept ; elle est, bien plutôt, la *contradiction non-résolue*. Son caractère propre est l'*être-posé*, le négatif, à la manière dont les Anciens ont saisi la matière en général comme le *non-ens* » [1].

Plaçant ainsi lui-même son concept de nature dans la descendance du concept en vérité grec de ὕλη, Hegel réactivait librement, à l'intérieur du système, les difficultés, en effet initialement grecques, qui avaient entouré la considération de la négation, qu'il s'agisse du faux, du non-être, de l'être-autre. La question débattue dans les Écoles grecques est celle,

---

[1]. *Encyclopédie*, *Philosophie de la nature*, « Introduction », éd. 1827-1830, trad. fr. B. Bourgeois, Paris, Vrin, 2004 (désormais cité *E.*, *Ph.N.*), p. 187. Version de 1817, § 195, p. 110 : « La nature est divine *en soi*, dans l'Idée, mais, dans celle-ci, son mode d'être déterminé, moyennant lequel elle est nature, est supprimé. Telle qu'elle *est*, son être ne correspond pas à son concept ; son effectivité existante n'a, par suite, aucune *vérité* ; son essence abstraite est le négatif, à la manière dont les Anciens ont saisi la matière en général comme le *non-ens* ».

problématiquement engagée dans le *Sophiste* platonicien, du sens de l'être qu'il faudra, transgressant l'injonction parménidienne, accorder au non-être, autrement dit aussi de l'être qu'il conviendra d'attribuer à une *matière* qu'il faudra pourtant d'autre part reconnaître *en elle-même* comme non-être. On sait que la puissance aristotélicienne sera encore une réponse à cette question d'abord platonicienne du mode ou du sens d'être du non-être, et la pensée plotinienne se demandera encore quel sens ontologique il est possible d'accorder à une matière qui est la déperdition du principe, et comme la limite de son déploiement, mais en laquelle, pour autant, il faut bien que celui-ci luise encore. Si la nature hégélienne, précisément en son *être*, scindé d'avec son concept, doit être dite en un sens non-être, c'est alors avec elle le sens de la négation, du négatif, de l'être même, en tant que nature, comme négatif, comme non-être en regard de l'être-un avec le concept, autrement dit le sens d'être de la nature comme être-autre de l'Idée, le concept réalisé, un avec l'être, qui viennent en question. Mais on sait que l'*ens* dont la nature est la négation en vertu de l'être même qui est le sien n'est pas seulement l'Idée, mais, tout autant, comme Hegel le précise dans la seule édition de 1830, l'esprit. Comme l'a souligné Bernard Bourgeois, la négation s'entendra dans les deux sens, par rapport au commencement logique de la progression dialectique comme par rapport à la fin spirituelle de celle-ci, selon qu'elle est par conséquent rapportée à l'Idée logique qui, venue auprès de soi comme méthode dialectique, ou concept réalisé, se supprime en se posant comme autre que soi, c'est-à-dire dans l'élément de l'être-autre qu'elle avait d'abord en elle comme un moment d'elle-même, ou à l'esprit qui se présuppose à lui-même la nature comme se niant elle-même dans ce que Hegel appelle, dans la dernière Addition de la *Philosophie de la nature*, « le revirement qui la fait passer dans un être supérieur »[1], et qui donc, en vérité, la pose. En vertu de cette double négation qu'est la nature, vers ce qui la précède et vers ce qui la suit dialectiquement – mais la précède en un autre sens, celui du fondement vers lequel elle régresse –, la *Philosophie de la nature*, comme il apparaît déjà à seulement considérer sa place centrale dans le système encyclopédique réalisé, est le grand traité hégélien de l'être-autre, le grand livre de la négation qui est (l'« essence abstraite » de la nature, porte le texte de 1817, est le négatif). Notre recherche portera dans ce qui suit sur le sens dialectique, dans le système encyclopédique, de cet être-autre s'accomplissant en tant que nature jusqu'à devenir autre à soi-même, de cette différence s'achevant comme différence d'avec soi-même, de cette négation s'emportant elle-même comme négation de soi-même. Une telle recherche sur le sens de l'être-autre rencontrera alors nécessairement la question elle-même déjà grecque du λόγος qui se rend capable de dire un tel non-être, un tel être-autre en son sens, alors même que le λόγος est ontologiquement destiné à l'identité du sens. Comment en effet le λόγος aurait-il la puissance de dire cet être-autre, la différence inépuisable, alors qu'il est chez lui-même dans l'élément de l'identité logique à soi-même, lorsque la pensée n'a affaire qu'à elle-même ? C'est en considérant de plus près la seconde différence, non plus celle du logique et de la nature, mais celle de la nature et de l'esprit, comme seconde négation, négation de soi de la négation première, qui a sa vérité dans la libre affirmation de soi de l'esprit se présupposant son autre jusqu'au devenir-autre de cet autre par rapport à lui-même, qu'il devient possible de comprendre comment l'esprit, l'identification

1. *E.*, *Ph.N.*, 1827-1830, Add. § 376, p. 720.

spirituelle du sens, a la puissance d'accomplir son savoir de
soi-même, c'est-à-dire lui-même, à travers l'opposition absolue du sens pur et de son autre, du logique et de la nature, autrement dit comment le logique se médiatise, par l'esprit comme
esprit absolu, avec la nature. Mais alors seule la fin de la
réalisation encyclopédique du système, la réconciliation absolue du savoir absolu réalisé, fonde définitivement l'élément en
lequel il fut écrit ou dit, et par conséquent seule la philosophie
de l'esprit à sa pointe la plus avancée, la philosophie de la
philosophie, fonde la philosophie de la nature comme λόγος
capable de dire cet être-autre en sa vérité.

Considérons pour commencer la négation qu'*est* la nature.
Celle-ci n'est pas seulement, Hegel y insistera d'emblée, une
négation de l'Idée qui serait *relative* à celle-ci, négative ainsi
seulement par rapport à elle : elle est en elle-même un tel
être-autre, ou plutôt celui-ci est l'élément en lequel l'Idée est
comme nature : « L'*extériorité* constitue la détermination dans
laquelle elle est en tant que nature »[1]. La nature est donc
l'élément ou la forme en laquelle l'Idée existe, l'être-autre
est cela en quoi existe l'identité de l'Idée logique accomplie
comme Idée absolue. L'être au sens vrai est désormais dans
l'être-autre, intérieur, non à soi-même, comme intériorité
absolue, mais à son autre, qu'il a lui-même libéré, l'extériorité
absolue. La différence qu'est la nature, comme élément de la
différence, est bien la différence absolue, non médiatisée,
l'autre de l'identité en tant qu'élément logique. Pour autant,
cet être-autre, cette différence absolue, est un moment que
l'identité logique a laissé aller hors d'elle-même : un moment

1. *E.*, *Ph.N.*, 1827-1830, § 247, p. 187.

d'elle-même qui est ainsi sorti d'elle-même, en lequel elle existe à présent comme dans son élément. L'Idée logique sort de soi pour exister dans ce qui n'était qu'un moment d'elle-même, ou, ce qu'elle avait en elle, elle le pose comme cela en quoi désormais elle existe. Ce moment, la fin de la *Science de la logique* le pensait comme « le moment de sa particularité ou de la première détermination ou altérité » : comme nature, l'universalité réalisée de l'Idée, comme singularité absolue, existera dans l'élément de la particularité, et ainsi se « reflètera » seulement en lui, comme le notait Hegel, en tant que le concept est désormais un intérieur. Le reflet est alors l'irradiation du sens dans son autre même : le concept est là, en son extranéation absolue, dans la figure d'une image de lui-même. Le moment de la particularité quitte ainsi son être de moment logique pour être-posé hors de sa vérité, comme différence absolutisée, comme différence absolue, désormais comme élément non-vrai en lequel la vérité consent, non, bien plutôt *se résout* à exister : la nature, c'est le vrai librement passé dans la forme non-vraie qu'est l'être, la non-vérité des choses sensibles (en elle-même, en son « effectivité existante », dit la version de 1817, la nature n'a aucune vérité), et il ne sera pas étonnant de retrouver alors, pour la caractériser, le concept même qui avait d'abord servi à penser la pensée lorsqu'elle n'est pas encore libérée comme concept, la représentation elle-même, la *Vereinzelung* (en sorte que la représentation est en retour la pensée naturée). Mais une telle extériorisation de l'Idée logique n'est pas pensée par Hegel comme l'insurrection ou la rébellion d'un moment d'elle-même qui, en son irritation, se poserait soi-même alors comme le centre, hors de la domination de l'Idée. C'est un tel motif, celui de la volonté-propre, *Eigenwille*, qui est au contraire au centre des *Recherches* schellingiennes de 1809, lorsqu'il s'agit de

comprendre l'effectivité du mal. Dans la progression, lorsque
la nature, écrit Hegel, « *s'est produite* comme l'Idée dans la
forme de l'être-autre »[1], c'est l'Idée qui d'abord *s'est résolue* à
laisser aller hors de soi ce moment d'elle-même, c'est elle qui,
en laissant être la différence, s'est sacrifiée elle-même en son
identité à soi pour se poser dans celle-ci : le venir au jour, la
production de la nature a d'abord le sens d'une décision, d'un
laisser être, et la genèse aura sa vérité en tant que création. La
nature, en un sens non-être, ne sera pas pour autant l'émanation de l'Idée, ni même sa déperdition, mais sa création : l'Un
sort de soi dans l'autre, se sacrifie en lui, il est là dans son autre
– contrairement à l'Un plotinien, qui est tout autant le Seul,
seul avec lui-même, en sorte que l'autre, le multiple, n'est
jamais, rigoureusement, l'autre de l'Un, puisqu'ils ne sont pas
deux. En un sens, si la nature hégélienne est en elle-même non-
être, cependant l'Idée est ce qui lui donne d'être, et tout son
sens : la créature, en un sens non-être, n'est pourtant pas pur
néant. C'est très exactement la libéralité de l'Idée, accomplissant son absoluité en un tel laisser aller qui est un laisser être,
qui se montre à présent dans l'être se produisant soi-même de
la nature, autrement dit dans ce qui n'est pas seulement la
négation d'elle-même comme Idée, mais la différence absolue, l'être-autre absolu. Ainsi le moment de la particularité ne
s'évade-t-il pas hors de l'Idée, comme si celle-ci ne lui avait
pas rendu justice, mais l'avait seulement dominé ou brimé
dans un universel alors seulement abstrait, ne s'accomplissant
jamais comme singulier, sujet de soi : non, c'est l'Idée qui,
parfaitement accomplie, concrète comme Idée absolue, se
supprime librement elle-même en vertu de ce que Bernard

---

1. *E.*, *Ph.N.*, 1827-1830, § 247. Nous soulignons.

Bourgeois, qui dans un article célèbre en étudia l'acte dialectiquement exemplaire, nomme sa «bonté ontologique» : en cet *acte* absolu de l'Idée supprimant son être absolu, libre, pour se poser en ce qui est, en regard, non-être, c'est l'absolu qui se pose lui-même comme différence absolue d'avec soi, d'une différence qui n'est pas, en lui, seulement de la nature de l'être, mais bien, d'abord, l'acte même de se différencier de soi. Autrement dit, la différence n'a pas d'abord le sens de la nécessité en lui, mais celui d'une liberté qui est vraiment sienne, celui de sa souveraineté exactement absolue. L'affirmation absolue est déjà l'affirmation logique qui, dans la négation de soi en laquelle elle sort de soi, s'affirme encore elle-même par-delà soi-même, libre alors de son autre comme de soi-même.

En tant que différence absolue, la nature se tient alors, en regard de l'Idée, comme le non-être par rapport à l'être, l'être scindé de son sens en lequel se pose désormais l'identité logique de l'être et du sens, même si, Hegel s'en était expliqué à la fin de la *Science de la logique*, la libre résolution de l'Idée, qui est sujet, ne se laisse plus comprendre comme passage, tel qu'il prévalait dans la logique de l'être. Autrement dit, il faut dire qu'il n'y a pas de médiation entre l'Idée logique et son autre, la nature, et qu'ils sont l'un à l'autre deux immédiats comme l'être pur et le néant pur l'étaient au commencement de la Science. Mais le passage est à présent développement, l'Idée logique, ainsi, ne se développe pas *en elle-même*, mais bien *en tant qu'elle est elle-même*, comme nature, et la nature est bien l'autre du logique, ou l'Idée, la même parfaitement accomplie en elle-même, dans son autre. Il y a là au fond, avec le refus de l'émanatisme, la réfutation hégélienne de l'immanence spinoziste : dans la langue de l'*Éthique*, l'absolu est pour Hegel, par excellence, *transiens*, il sort de soi, il laisse, exactement, la différence sortir de lui-même, il laisse être hors de soi l'être-autre qu'il avait en soi, et même, davantage, il se résout à être lui-même dans cet être-autre : son développement est extranéation, sacrifice de soi. Alors que rien ne sort de la substance spinoziste, qui ne sort jamais d'elle-même, excluant, en son affirmation et son amour de soi, toute transitivité, en sorte que le mode, qui est pourtant bien en un *autre* que soi, et *n'est pas* la substance même, n'est pas l'autre de la substance, et ne saurait l'être, puisqu'il est en elle. Si pourtant un tel devenir-autre n'a pas le sens du passage, pas davantage que celui du paraître, et par conséquent a bien sa vérité dans le concept, et, ainsi, dans un développement, c'est que l'Idée absolue est déjà sujet, déjà libre, mais que la vérité du logique n'est décidément pas une vérité seulement logique, et que l'affirmation initiale, qui se recueille comme Idée absolue, est déjà la résolution d'aller jusqu'au bout de soi-même, autrement dit aussi, à travers le sacrifice de soi, jusqu'à l'affirmation finale, l'esprit qui est son sens vrai. La vérité de cette résolution initiale est dans la résolution finale, et l'Idée logique est en sa vérité esprit, « l'existence subjective » de l'Idée. Tout le chemin est dès lors celui d'une résolution, celle de l'Idée absolue venant à son existence subjective, celle, en vérité, de l'esprit absolu, ou d'une affirmation, celle de l'être logique s'accomplissant, à travers le non-être naturel, comme être spirituel.

Ce chemin, en son moment naturel, est celui d'une contradiction qui, en tant que nature, ne trouvera sa résolution que dans la négation de soi par soi, donc seulement au-delà de soi-même. Cette contradiction se présente elle-même dans la figure de l'extériorité où les moments, les déterminations du concept sont entre elles dans des rapports de pure nécessité, c'est-à-dire tout autant de pure contingence : c'est une telle *Vereinzelung*, la « singularisation isolante », qui caractérisait

déjà la pensée elle-même lorsqu'elle s'en tenait à des déterminations représentatives entre lesquelles l'entendement posait
des rapports comme celui de la causalité. La nature, c'est
encore l'entendement dans l'élément de l'être (« Rendue étrangère à l'Idée par sa séparation d'avec elle, la nature est seulement le cadavre de l'entendement », précise une Addition [1]), et
l'entendement, c'est déjà la pensée en quelque sorte naturée, la
pensée sensible : dans l'un comme dans l'autre, la liberté est
absente, et ce qui prévaut est le règne extérieur de la contingence et de la nécessité. Particulièrement frappant est en
effet le rapprochement entre la « subsistance indifférente » des
déterminations conceptuelles dans la nature, telle qu'elle est
présentée par Hegel au § 248 de la *Philosophie de la nature*, et
le commentaire hégélien sur la *Vereinzelung* des déterminations de la pensée « dans le vaste champ de l'universalité intérieure, abstraite de l'acte de la représentation en général », au
§ 20 du « Concept préliminaire » de la *Science de la logique* de
l'*Encyclopédie* [2]. Le sensible est en vérité l'être-l'un-hors-de-
l'autre, qui n'est un étant que pour une conscience elle-même
sensible, précise Hegel. En vertu de cette extériorité, la nature
laissera tomber toutes ses différences les unes en dehors des
autres, et la métamorphose ne devra être dite exactement que du
concept lui-même, puisque lui seul est développement (§ 249).
Il n'y a pas, rigoureusement, de développement naturel, et
Hegel insistera bien plutôt, dans cette mesure, sur l'impuissance de la nature. Le concept est bien *dans* la nature, mais il
n'est pas lui-même naturel, et celle-ci demeure décidément
l'être-autre : son développement lui-même est, en elle, d'une

1. *E.*, *Ph.N.*, 1827-1830, Add. § 247, p. 348.
2. *E.*, *S.L.*, 1827-1830, § 20, Rem., p. 286.

autre nature qu'elle-même, en tant que mouvement du concept, par lequel, allant à l'esprit comme à sa vérité, elle se réfléchit dans son fondement.

Et cependant, Hegel l'affirme : « La nature est divine *en soi*, dans l'Idée », en sorte que si son être, qui est en vérité non-être, ne rend pas justice à celle-ci, ou à son sens, n'est pas l'être adéquat à un tel sens, un tel être-autre est pourtant lui-même originairement, c'est-à-dire éternellement engendré dans l'Idée, et posé, par elle seulement, dans un acte qui est justement son être, hors de soi : tout l'être de la nature consiste alors précisément en cette séparation d'avec son Idée, ou pour mieux dire en cette scission de l'Idée avec elle-même, qui est, il faut y insister, l'être même de l'Idée, l'accomplissement de sa plénitude, et non pas son manque ou sa détresse. Dans l'impuissance de l'être naturel, la puissance de l'Idée est là, intérieure, et l'impuissance de l'être est la figure en laquelle existe l'énergie de l'Idée : c'est l'Idée, poursuit Hegel, qui, « en tant qu'elle est cette figure de l'extériorité, est dans l'ina-déquation d'elle-même par rapport à elle-même »[1]. La nature n'est pas une émanation de l'Idée, pas davantage qu'elle n'en est seulement l'apparence, elle est bien plutôt la création, l'être-posé par ce qu'il faut nommer la *sagesse* de l'Idée, et dans sa non-liberté c'est bien encore l'Idée qui se manifestera. On ne divinisera pas la nature en son être, puisque le divin est esprit, négation de la nature, mais la nature a, pour l'esprit qui la pense en son sens, un sens qui comme tout sens est divin, posé dans l'être par l'acte divin, en vérité spirituel, qui la laisse être, autrement dit la crée : la nature est divine dans l'Idée, c'est-à-dire dans son « essence abstraite » – motif hégélien

1. *E.*, *Ph.N.*, 1827-1830, § 248, Rem., p. 187.

déjà ancien : l'Autre est un moment du divin, sinon le divin
serait lui-même fini –, non dans son être qui est en vérité non-
être, ou son être lui-même sans vérité. L'Autre du divin est
lui-même d'abord l'Autre dans le divin : le monde, « saisi de
manière divine », est son Fils, porte une Addition[1]. L'Idée
divine « extrait de soi » un tel moment de soi pour le poser hors
de soi : l'Autre en elle, en soi divin, est posé hors d'elle comme
cela en quoi elle se pose. Une telle extraction, une telle décision pour l'extranéation, est, Hegel y insiste, « l'être » même
de l'Idée : « L'Idée divine a précisément pour être, de se
résoudre à extraire de soi pour le poser hors de soi cet Autre,
et à le reprendre à nouveau en soi, afin d'être subjectivité et
esprit ». En soi la nature est divine, et Hegel fait alors référence
à Philon d'Alexandrie : la différence, comme λόγος, est
« maintenue » d'abord dans l'unité éternelle de l'Idée, et posée
« en tant que la persistance dans l'être-autre – l'Idée divine en
tant que fixée, pour un instant, hors de l'amour »[2]. L'amour,
« l'infinie bonté », est l'acte de se donner, de « donner en
partage toute la plénitude qu'elle possède » : c'est là en effet
son être, son acte, où le divin demeure égal à soi-même, relève
Hegel, puisqu'il se donne tout entier, en son indivisibilité, et
qu'ainsi chaque moment est la totalité divine, l'Idée totale.
Dans une ambiguïté essentielle, Hegel affirmera ainsi que la
nature, tout autant, manifeste l'Idée divine (« Dieu se manifeste de deux manières différentes, comme nature et comme
esprit »[3]), mais cache tout autant celle-ci, ou plutôt c'est
l'unité même du concept qui se dissimule lorsqu'elle se pose

1. *E.*, *Ph.N.*, 1827-1830, Add. § 246, p. 346.
2. *E.*, *Ph.N.*, 1827-1830, Add. § 247, p. 347.
3. *E.*, *Ph.N.*, 1827-1830, Add. § 246, p. 346.

comme nature, lorsqu'elle existe et vit dans son autre [1]. L'Idée se donne et tout autant se cache, précisément elle ne se donne qu'en se cachant, *laissant être* son autre, se laissant elle-même aller hors de soi en tant qu'Autre que soi.

Ainsi la nature est-elle à la fois, en son être, sans vérité et, en son sens, un moment, qu'il pose librement hors de lui-même, de celui que Hegel n'hésite pas à nommer le « vrai Dieu ». La non-vérité est elle-même alors l'être en lequel existe le vrai, et qui va de soi-même dénoncer sa non-vérité, avérer son non-être. Le vrai Dieu se donne dans la non-vérité de l'être, c'est-à-dire de l'être-autre. Mais alors cet être-autre est lui-même en proie à la propre contradiction qu'il est. Cette contradiction, il l'*est* seulement, ou la contradiction, dans la nature, est seulement en-soi ou pour nous, remarque Hegel [2]. Mais cette contradiction fera de lui un devenir, un processus, son propre devenir-autre à soi-même, ou le processus imma-nent de suppression de soi par lequel l'esprit viendra au jour, ou plutôt, en vérité, confirmera sa libre venue au jour : la présence de l'Idée dans l'étrangeté à soi-même, où le divin reste égal à soi, est tout autant l'inégalité de la nature avec elle-même : il y a une « déraison » de la nature, « la déraison de l'extériorité », à laquelle l'Idée, même dans la vitalité animale, est abandonnée, écrit Hegel [3]. Inégalité ou déraison, la nature appelle à la réconciliation en laquelle elle se supprimera elle-même, c'est-à-dire à l'esprit, en lequel l'extériorisation aura conquis le sens, plus haut, d'une libre relation à soi-même, ce qu'elle n'atteint pas dans la nature, même dans la vie, la vita-

1. *E.*, *Ph.N.*, 1827-1830, Add. § 247, p. 348.
2. *E.*, *Ph.N.*, 1827-1830, Add. § 247, p. 347.
3. *E.*, *Ph.N.*, 1827-1830, § 248, Rem., p. 188.

lité singulière qui est son sommet. Dans la nature, le négatif est
fixé, mais un instant seulement, « hors de l'amour »[1], en Dieu
« l'Autre n'est que de façon momentanée », et il *faut* qu'il y
soit, et que cet Autre s'avance, se produise hors du divin, il
faut, remarque Hegel, que l'Idée se présente elle-même en cet
Autre. La nature elle-même en tant que telle n'est ainsi qu'un
moment. Mais en vue de la saisir pleinement en sa vérité de
moment, il convient de considérer l'autre sens du négatif,
selon lequel la nature est tout autant l'autre de l'esprit, en un
second sens *non-ens*, par conséquent. Il faut considérer le sujet
infini en lequel cet être-autre se supprime et qui s'affirme
librement lui-même, en son activité infinie, à travers cette
nécessaire négation de soi de l'être-autre. On sait que la singularité vivante s'insère en effet dans l'universel en venant mourir
à elle-même par elle-même, *aus sich selbst*, en sorte qu'en elle
c'est toute la nature qui se supprime en sa contradiction la plus
haute : la subjectivité naturelle, l'animal, n'est pas encore une
subjectivité universelle, en sorte qu'elle subit l'universalité du
genre comme un destin, qui lui donne la mort. Et c'est seulement « au-dessus de » cette mort, comme l'exprime l'ultime
Addition de la *Philosophie de la nature*, que « l'esprit vient au
jour »[2]. « Au-dessus de cette mort » que la nature se donne à
elle-même, la subjectivité vient « se joindre avec elle-même »,
à travers la négation de la négation qu'était l'extériorité
naturelle, en tant que subjectivité pensante : l'Idée de la vie ne
s'accomplit qu'au-dessus de la mort de la singularité immédiate. Mais cette négation de la négation est en vérité l'affir-

1. *E.*, *Ph.N.*, 1827-1830, Add. § 247, p. 347 : cette fixation est justement le
sens de la « persistance » dans l'être-autre.

2. *E.*, *Ph.N.*, 1827-1830, Add. § 376, p. 719.

mation de l'Idée devenue pleinement sujet, se conservant à travers celle-ci : cette conservation de soi de l'Idée est la rupture du cercle de la nature, en laquelle en vérité c'est l'Idée qui brise sa propre existence extérieure inadéquate. Le non-être se nie lui-même, mais il rechuterait aussi toujours en lui-même, dans la singularité inadéquate, le genre retombant toujours à nouveau dans l'individu qui lui est à chaque fois inadéquat, comme cycle de la vie, si ce non-être n'était pas l'être que remplit l'Idée, et si, par conséquent, ce n'était pas encore celle-ci qui s'affirmait en lui, dans l'être-autre qu'il est par rapport à elle, et le devenir-autre à soi-même d'un tel être-autre. C'est l'Idée qui se retrouve et se réconcilie avec elle-même dans la suppression de soi de l'être-autre. L'esprit est la réconciliation de la nature avec elle-même, mais il est surtout la réconciliation de l'Idée avec soi, au-dessus de la nature, sans doute, mais aussi « au-dessus » de la mort de la nature : car la nature, en tant que nature, ne va pas au-delà de cette mort. Celle-ci, le non-être du non-être, s'avérant par lui-même comme non-être, est bien le dernier moment du procès naturel : le dernier acte du processus qu'est la nature, ou de la négation qui est son essence abstraite, c'est la mort de la nature, car sa renaissance aura lieu sur tout un autre plan qu'elle-même, en un autre élément, celui où l'Idée trouvera enfin son existence subjective, l'esprit. Ce qui meurt en vérité, ce qui meurt par et dans sa vérité, parce qu'il a accédé à ses propres limites, c'est « l'élément » en lequel s'était recueillie l'Idée, l'extériorité qu'elle avait posée hors d'elle-même pour venir y exister, c'est-à-dire s'y manifester et s'y dissimuler, cet élément se résorbe ou se supprime dans la réalité spirituelle nouvelle comme existence désormais adéquate du Sens logique qui s'est sacrifié en son autre et retrouvé en elle. La nature n'est plus alors le non-être en regard d'un être qui est lui-même de lui-même allé au-devant de sa négation, elle est le non-être que l'être spirituel a laissé et laisse toujours à nouveau en dessous de lui-même comme ce qui se nie lui-même en lui.

Ainsi l'élément se brise-t-il, rompt-il son propre cercle. Cependant, là aussi, la nature que l'esprit se présuppose est en vérité, une nouvelle fois, seulement le négatif ou l'être-posé. En quel sens exactement désormais? La vérité d'une telle position apparaît alors pleinement. La présupposition par l'esprit s'affirmant lui-même d'une nature qui le confirme en se supprimant elle-même est la position de celle-ci comme position de l'être-posé par celui qui seul est pleinement, vraiment sujet, celui qui se pose soi-même, l'esprit. L'être-autre est, à nouveau, l'être-autre d'un sujet, mais d'un sujet désormais réel : il est l'être-posé par lui, en lequel il a sa vérité, lui-même en lui-même restant sans vérité, non-être. Mais cet être-autre n'a pourtant plus le même sens que celui en lequel l'Idée logique venait se supprimer, car le sujet n'a pas non plus le même sens, ou plutôt un tel Sens, l'Idée absolue, *existe* à présent comme sujet : alors que l'être-autre était l'autre absolu de l'Idée logique, comme l'immédiat différent de l'immédiat, l'être pur et le néant pur de la *Science de la logique*, l'être-autre de l'esprit est à présent seulement le *relatif*, ce que l'esprit s'est présupposé et cela dont il s'est déjà libéré, ce qu'il pose ainsi librement, souverainement, désormais sûr de lui, ce qu'il libère parce qu'il est lui-même le Libre. La liberté est par conséquent le premier et le dernier mot de la nécessité naturelle : l'esprit libère la nature et se libère toujours à nouveau de celle-ci, il est avant et après elle, ou bien plutôt elle est en lui. Il la libère, parce qu'il sait que l'Idée est immanente, en elle, à son autre, et il se reconnaît en celle-là. Il faut à nouveau donner la parole au professeur Hegel, dans la dernière Addition : «La liberté infinie de l'esprit libère la nature et représente l'agir de l'Idée à l'égard de cette nature comme une nécessité interne à même elle, de même qu'un homme libre est sûr du monde, sûr que son propre agir à lui est l'activité de ce monde »[1]. L'esprit sait désormais que cet autre est son autre, que cette contradiction est, tout autant, intensément, absolument la sienne, mais c'est aussi en tant qu'il l'a en lui-même qu'il la dépasse, la résout toujours à nouveau, qu'il en est la résolution existante. La nature est l'être-autre de l'esprit, mais l'esprit a désormais cet autre en lui-même, comme ce qu'il a déjà dépassé, il est *avant* et *après* elle. Qu'est-ce à dire, sinon que le moment d'abord intérieur de l'Idée, l'être-autre que l'Idée elle-même avait posé hors de soi pour venir y exister, c'est-à-dire s'y exiler, est à présent, en vertu de son propre développement immanent, non pas en tant qu'être-autre, c'est-à-dire non-être, mais en tant qu'être-autre *de l'Idée*, rentré dans l'Idée qui par là s'est elle-même développée comme sujet réel, réalisé, comme esprit ? La vérité de son sacrifice s'accomplit désormais comme retour auprès de soi, retour chez soi de l'Idée exilée hors de soi.

Alors deviennent intelligibles la possibilité et l'amplitude singulière d'un λόγος qui se rendra capable de dire le sens d'un tel être qui est en vérité non-être, le sens de et dans l'être-autre, le sens de l'autre du Sens. Un tel λόγος relève de l'affirmation qui est la vérité de la négation comme de la négation de soi d'une telle négation – relève, autrement dit, de l'esprit et de son œuvre la plus haute, de la libération qui s'accomplit absolument en lui. C'est lui-même qui ne *nie* pas seulement la nature, qui ne la *pose* pas seulement comme cela qu'il se présuppose, mais qui la *pense* et la *dit* en son sens, affirmant là,

1. *E.*, *Ph.N.*, 1827-1830, Add. § 376, p. 721.

une fois de plus, et le plus librement, la liberté totale du Sens s'accomplissant dans cet autre et pour la première fois se reconnaissant lui-même en lui. C'est Hegel lui-même qui soulignera en effet pour la philosophie un tel sens absolument libérateur : de même qu'en la nature l'« agir de l'Idée » pouvait se présenter ou se représenter à l'esprit comme libre nécessité immanente de la nature – « une nécessité interne à même elle », avait précisé Hegel –, et qu'en cette libération de la nature s'affirmait en vérité la liberté souveraine de l'esprit, dans cet « agir de l'esprit » qu'est la philosophie l'esprit, « qui, *tout d'abord*, provient lui-même de l'immédiat, mais, *ensuite*, se saisit abstraitement, veut se libérer lui-même en tant que façonnant la nature à partir de lui »[1]. Mais alors la philosophie de la nature apparaît elle-même clairement dans son concept propre, sur lequel Hegel s'explique à nouveau en cette ultime Addition. Bien loin de laisser la nature s'expliquer elle-même, comme l'exigeait la première philosophie de la nature schellingienne, posant celle-ci en son autonomie et, ainsi, en tant que *sujet*, la philosophie de la nature hégélienne est l'acte par lequel le Sens se reconnaît à même cet être-autre, le λόγος affirmant ainsi la confiance absolue qui le constitue en tant que raison, puisque la raison hégélienne n'est rien d'autre qu'une telle certitude, une telle confiance, une telle affirmation, celle de son identité, c'est-à-dire l'identité du sujet qu'elle est, avec tout ce qui est. La *Philosophie de la nature* est le devenir-vérité d'une telle certitude, où l'énergie de la raison se saisit de tout ce qui est, c'est-à-dire de tout ce qui est autre – de tout ce qui est d'abord « tellement indocile » à la raison, remarque Hegel – pour l'exposer en la vérité d'un sens qui tout à la fois, en tant

---

1. *E.*, *Ph.N.*, 1827-1830, Add. § 376, p. 721.

que sens, n'est pas lui-même *naturel*, et cependant est son sens
le plus intérieur, elle qui est l'extériorité. L'affirmation de la
raison n'est pas différente de l'affirmation initiale du Sens
existant dans l'être-autre, elle est cette affirmation se confirmant absolument dans la reconnaissance de soi à même la
nature, où « le concept parle au concept », où par conséquent,
dit Hegel, il faut qu'il se montre – et il se montrera. La
confiance de la raison en elle-même est la confiance selon
laquelle décidément la nature, « divine en soi », reflètera le
sens qui s'est donné en elle, qui s'est donné là, en tant qu'elle-
même. Le concept le plus haut d'une *Philosophie de la nature*
est par conséquent celui qui achève le livre, où elle est bien,
comme toute la philosophie selon Hegel, la connaissance de
Dieu, mais, comme philosophie *de la nature*, un connaître
Dieu « dans cet être-là immédiat qui est le sien »[1]. Dans la
nature Dieu est là, mais il l'est pour la considération pensante
de celle-ci, qui sait qu'il n'y a pas d'être-autre qui lui soit absolument étranger, que le non-sens n'est pas l'autre absolu du
sens, que le non-être est encore un moment de l'affirmation de
l'être en son effectivité, en son intensité absolue. En ce sens la
philosophie du réel comme nature est la plus difficile, comme
λόγος du non-être : le plus difficile en elle, relève Hegel, c'est
le multiple qui ne se laisse pas saisir dans l'unité du concept,
l'être-autre qui s'engendre toujours comme « détail ». Mais
c'est lorsqu'elle a affaire au détail, à la multiplicité protéi-
forme, indéfinie, immense, de l'être-autre, et qu'elle la
maîtrise, ou plutôt s'y reconnaît encore, autrement dit lorsque
même l'opacité de la matière est par elle rendue capable de
devenir son miroir, que la raison spéculative s'affirme dans

1. *E.*, *Ph.N.*, 1827-1830, Add. § 376, p. 722.

la puissance qui vérifie ce qui fut d'abord et demeure encore sa
sagesse. L'immense travail de la raison en son exploration de
la nature, face à laquelle l'attraction de l'esprit, comme éton-
nement, est plus forte que la répulsion par laquelle il voudrait,
contredisant alors à son essence spirituelle elle-même, s'en
préserver[1] (l'essence de l'esprit selon Hegel n'est pas dans
la timidité, mais bien plutôt dans l'audace : de sa puissance,
comme on sait, il n'est pas possible de se faire une *trop haute*
idée), est celui par lequel le concept se saisit lui-même comme
universel déterminé, comme loi, comme genre, comme ordre,
mais d'abord, comme il en va toujours, selon la *Vereinzelung*
d'un entendement qui n'est capable que des rapports de nécessité, entre lesquels la causalité est par lui privilégiée. Plus il y a
de pensée, moins il y a de naturalité, remarque Hegel[2] : la
richesse de la nature pâlit devant la grisaille, « l'opaque brume
nordique » du concept (ou : « Le bruissement de vie de la nature
fait silence dans le calme de la pensée »). En tout ce travail de
l'universel, la raison laborieuse s'approprie la nature, la
supprime, mais, par une telle négation, atteint aussi l'effectif
en elle, « tout comme les Idées platoniciennes », précise Hegel,
« qui n'existent pas quelque part au loin, mais, en tant qu'elles
sont les genres substantiels, dans les choses singulières »[3]. Un
tel « platonisme », ou, dans le texte hégélien, un tel « idéalisme » de l'universel, reconnaissant d'autre part le sensible
comme pure « apparence » et « apparition », est cependant
l'affirmation résolue d'une *philosophie* de la nature, alors que
la considération empirique, seulement physique, de celle-ci,

1. *E.*, *Ph.N.*, 1827-1830, Add. « Introduction », p. 336.
2. *E.*, *Ph.N.*, 1827-1830, Add. § 246, p. 339.
3. *E.*, *Ph.N.*, 1827-1830, Add. § 246, p. 342.

hésite (et la philosophie kantienne se tient encore elle-même, en fin de compte, lorsqu'elle en vient à la vie, ou lorsqu'il s'agit pour elle de penser, à travers la finalité, la légalité du contingent, dans une telle indécision) devant l'existence, objective ou seulement subjective, d'une telle idéalité dans la nature. Mais lorsqu'elle n'hésite plus, ou plutôt *en tant que* cette hésitation elle-même, et comme le motif de son flottement, la physique est par trop identitaire, identifiante, «par trop dans l'identique», par trop dans une universalisation formelle, abstraite, de l'expérience, à laquelle elle demandera pourtant constamment sa confirmation. La philosophie de la nature présuppose assurément un tel travail de l'entendement physicien identificateur, c'est-à-dire au fond prisonnier de la «non-identité fixe» de la *Vereinzelung* : trop d'identité, c'est trop de différence, ou plutôt, une différence elle-même morte, la différence ou la scission de l'identité et de la différence. Mais le concept ne procède pas de l'entendement, même réfléchissant sur lui-même (l'entendement est précisément celui qui est incapable de *tenir ensemble* ses pensées), c'est, tout au contraire, l'universel de l'entendement qui procède du concept rationnel, dont il est lui-même un moment : celui-ci n'est pas seulement isolé de sa détermination ou particularisation, il est aussi, par là même, la forme d'un contenu «éclaté», ou d'un contenu fini (est fini cela qui a son autre en-dehors de soi), sans nécessité, dont seul le concept, qui le présuppose, sera, dans la considération pensante, la réunification à l'infini. À cette identité formelle qui maintient sous soi un contenu divers, qui reste divers même lorsqu'il est saisi par l'entendement physicien dans l'unité extérieure de la loi, le philosophe oppose, lorsqu'il veut, à partir de la science, mais en la quittant, penser spéculativement – donc en un nécessaire dépassement de l'entendement scientifique, qui en recueille cependant fidèlement, modestement, tout le labeur –, « l'unité qui se meut dans elle-même », le « diamant » d'une identité qui a en elle la diffé-rence, d'un infini qui a repris en soi le fini. Mais alors, si la philosophie de la nature est en effet capable de présenter Dieu en son être-là le plus immédiat, dans l'une de ses manifesta-tions, en son extériorisation réelle dans la nature, la possibilité d'un tel λόγος, qui va dire le non-être et le reconnaître en son sens divin, en tant que considération authentiquement conce-vante de la nature, n'est décidément compréhensible qu'à partir du Sujet absolu vers lequel la nature elle-même régresse comme vers la vérité de son fondement, à partir de l'esprit, et n'est encyclopédiquement fondée, par conséquent, que dans la pensée ultime d'un tel Sujet en son absoluité, lorsque la philo-sophie se pense elle-même dans sa liberté absolue, absolument libératrice, en son cercle final, le cercle qui se rompt, alors seulement, dans son cercle total, le cercle des cercles, libérant le commencement en tant que commencement, le commence-ment en tant qu'être, puisque l'être n'est autre que le pur commencement – puisque toute l'*Encyclopédie*, au sens strict, commence avec le commencement. Le λόγος du non-être n'est pas celui en lequel la nature *elle-même* se recueillerait en son sens *propre*, le savoir d'une nature se produisant elle-même une seconde fois en lui, créant à nouveau la nature, comme l'exigeait la philosophie de la nature schellingienne, où la nature est *das Selbsthervorgebrachte*, « ce qui s'est de soi-même produit au jour », dans l'intuition du philosophe dès lors nécessairement réaliste. Pour Hegel la nature, l'être-posé, est nature *naturée* bien plutôt que nature naturante. Le sens qui est en elle n'est pas lui-même originairement naturel : il est celui qui s'est librement fait nature. Le λόγος qui le recueille en sa lente reconquête de soi (cette lenteur est celle, essentielle, de la manifestation : l'histoire aussi sera lente, indolente) est

alors l'acte libérateur par lequel l'esprit s'affranchit une
nouvelle fois d'une nature qu'il s'est en vérité présupposée,
qu'il a lui-même posée, et où, à présent, dans la philosophie,
il se reconnaît : l'opaque est devenu miroir, le non-être, par la
puissance du λόγος, est devenu image, la manifestation de
celui qui est.

Chapitre IV

VIE

En son moment final, au sortir d'un ébranlement total de lui-même, l'idéalisme platonicien s'était trouvé confronté, précisément en tant que doctrine des Formes, à la nécessité – qui est tout autant la difficulté – de penser, en celles-ci, ou, du moins, dans le royaume de l'être, la vie, autrement dit aussi, avec elle, l'intellect et l'âme : lorsqu'il avait, plus exactement, reconnu les embarras auxquels s'exposait l'enseignement des Amis des Formes, les « meilleurs de tous », concernant la séparation de l'être et de tout devenir ou de tout mouvement. L'identité parménidienne de la pensée et de l'être devait aussi, dans une tension considérable, entrer en conflit avec l'immutabilité éléatique impartie à celui-ci, au nom même de la possibilité d'une connaissance de l'Idée. Les Amis des Formes devaient nécessairement reculer devant ce qu'aurait d'« effrayant » une doctrine – δεινὸς λόγος, reconnaît en effet Théétète – qui refuserait, à l'être, la vie : « Nous laisserons-nous facilement persuader que mouvement, vie, âme, pensée ne sont pas authentiquement présents dans ce qui a l'absolue totalité d'existence ; que cela ne vit même pas, ne pense pas

non plus ; mais que, au contraire, auguste et saint, il est en plan
dans son immobilité ? »[1]. Quelle que soit en fin de compte la
réponse de la doctrine platonicienne à cette question, il ne
s'agit pas seulement, en celle-ci, d'admettre une « communication », un κοινωνεῖν (248b), entre les deux domaines, celui
de l'être, identique à soi, et celui du devenir, différent de soi,
mais bien d'introduire, dans l'être même, qui s'appelle alors,
dans la question de l'Étranger, « l'être total », τὸ παντελῶς ὄν,
la puissance (d'agir et de pâtir) que nos Amis impartissaient
d'abord au seul devenir, et d'agrandir, ainsi, le domaine de
l'être. Si nous accordons le νοῦς à l'être, nous devons aussi lui
reconnaître la vie, ζωή, et ces deux-là, il ne les aura que dans
une âme, ψυχή : il ne sera plus possible d'affirmer qu'il est, en
tant qu'être, immobile. Mais il ne sera pas davantage possible,
inversement, de lui refuser tout repos, autrement dit toute
identité à soi (249b : Τὸ κατὰ ταὐτὰ καὶ ὡσαύτως καὶ περὶ
τὸ αὐτὸ), faute de laquelle il n'y aurait pas davantage de νοῦς.
Identique à soi, mais non pas immobile, l'être et le tout seraient
à la fois « immobiles et en mouvement » (249d). Une telle
affirmation pourtant, celle-là même du « philosophe », précise
Platon, « qui estime au plus haut degré toutes ces choses », « la
science, la sagesse et l'intellect » (ἐπιστήμη, φρόνησις, νοῦς),
ne fera, pour l'Étranger d'Élée, que nous placer devant la difficulté même de la recherche de l'être, qui nous contraindra
bientôt, dans la suite du dialogue, à distinguer dialectiquement
des genres, l'être, le mouvement, le repos, le même et l'autre,
et à rechercher les mélanges.

1. *Sophiste*, 248e-249a, trad. fr. L. Robin, *Œuvres complètes*, Paris,
Gallimard, 1984, t. II, p. 306.

De ce commencement – moins sans doute une affirmation qu'une aporie platonicienne –, il conviendra de retenir que la vie dont l'idéalisme s'enquiert initialement dans son affirmation directrice de l'identité de la pensée et de l'être veut dire tout autant, dans l'être qu'il reconnaît comme absolu – mais selon une corrélation qui reste entièrement à comprendre –, âme, mouvement, pensée. En ce sens, penser la vie, la vie dans l'être, la différence d'avec soi dans l'identité à soi, c'est penser l'être comme pensant, l'identité dans sa différenciation de soi, c'est penser la pensée. Ce n'est jamais seulement la pensée qui serait vivante, ou la vie qui deviendrait pensante, dans une unité ainsi seulement extérieure, abstraite – donc, en vérité, une opposition de la pensée et de la vie –, c'est la pensée qui, en une identité qu'il conviendra de questionner, *est* en un sens la vie, c'est l'Idée qui *est* en elle-même vie, ou, comme il faudra y revenir, qui *a* la vie en elle comme un moment d'elle-même, en sorte que la Vie en elle-même est aussi, est d'abord « vie logique », plus originairement qu'elle n'est vie naturelle.

Notre question portera par conséquent, en ce qui suit, sur cette vie logique et le sens de la vitalité, de la ζωή, dans ce que Hegel nomme le « concept du concept » : la vie de la pensée, ainsi, à partir de la vie dans la pensée, dont elle est un moment, pour comprendre alors dans quelle mesure l'idéalisme lui-même est par excellence pensée de la Vie, comme la vie naturelle, selon Hegel, présente elle-même, en sa figure la plus haute, animale, où elle se redouble en elle-même comme subjectivité qui est-là en tant que Soi dans l'extériorité de son corps propre, supprimant tout être-autre pour le reconduire à son sens de moment seulement idéel [1], l'idéalisme absolu.

---

1. *E.*, *Ph.N.*, 1827-1830, Add. § 350, p. 637-638.

Mais c'est d'abord en un sens apparemment métaphorique ou analogique que la pensée sera dite en elle-même « vie » ou « vivante ». C'est ainsi lorsque Hegel s'expliquera sur la nature du concept, son idéalisme absolu – où tout ce qui vaut d'abord, pour la conscience, comme un étant, est su, philo-sophiquement, comme un moment idéel seulement –, qu'il rencontrera la vie comme ce qui « correspond » dans la nature au concept dans la pensée pure, considéré, exactement, en son processus dialectique, le *développement*[1]. La vie paraît être alors seulement l'*analogon* du mouvement du concept. Mais à vrai dire, à partir du sens hégélien de la nature, on comprendra qu'il ne s'agit pas seulement d'une analogie : la vie, dans la nature, est l'émergence (*Hervortreten*) même du concept, comme Hegel le relevait dès 1816, mais « en tant que concept aveugle, ne se saisissant pas soi-même, c'est-à-dire concept non pensant »[2]. La vie naturelle n'est pas seulement une « image » du concept, elle est le concept même émergeant dans son autre, l'avènement, dans la nature, du développement, très exactement conceptuel, selon lequel « est seulement posé ce qui est en soi déjà présent »[3] : l'être-posé est alors en vérité un rester auprès de soi-même, et le développement du concept, comme vie naturelle, concept non pensant, mais tout autant comme concept pensant, est toujours *développement de soi-même* : le concept est ce qui, « en son Autre, reste dans une clarté non troublée auprès de soi-même »[4]. Hegel le relèvera ailleurs : c'est la vie qui, dans la nature, présente un « se déve-

1. *E.*, *S.L.*, Add. § 161, p. 591.
2. *W.L.*, *Die Lehre vom Begriff*, « Vom Begriff im Allgemeinen », p. 16 ; *S.L.*, *Doctrine du concept*, « Du concept en général », p. 48.
3. *E.*, *S.L.*, Add. § 161, p. 591.
4. *E.*, *S.L.*, Add. § 163, p. 592.

lopper au-dehors à partir du dedans », pour le végétal, dont le
développement est un aller-hors-de-soi, et un se développer à
partir de soi-même qui est tout autant un rester en soi-même,
pour la subjectivité animale, qui demeure, en son autre, auprès
de soi[1]. Remarquons en passant qu'en ce sens le développement, dit Hegel, « peut être considéré en quelque sorte seulement comme un jeu » : « L'Autre qui est posé par lui n'est pas
en fait un Autre »[2]. Un jeu, sans doute, le jeu de la vie, mais qui
n'aura rien de léger, si le jeu du concept a le même sens, comme
Hegel le rappelle, que l'Incarnation chrétienne, ou l'être auprès
de soi de l'Esprit dans le sacrifice de soi. La vie n'est par
conséquent jamais seulement une image du concept, elle en
est bien plutôt l'existence naturelle, et le développement du
concept est ainsi originairement développement lui-même
vital : la vitalité logique est en ce sens la Vie pure, ce que
Platon visait peut-être sous le nom de ζωή. Il s'agira alors, en
vue de comprendre en quel sens le développement dialectique
lui-même, en son sens rigoureusement conceptuel, donc en sa
différence avec le passage en un autre dans la sphère de l'être
et le paraître en un autre dans la sphère de l'essence, est vie ou
vitalité pure, de considérer d'abord le moment de la vie dans le
développement logique total du concept : la vie est un moment
logique déterminé de l'Idée tout autant que l'expression naturelle du mouvement total du concept, en sorte que la pensée
dialectique, lorsque, à la fin de la *Science de la logique*, le
concept se sait soi-même en tant que méthode, est en mesure
de se penser elle-même comme vie pure de la pensée, tout en
ayant en elle, comme Idée, le moment d'une telle vie. Il y aura

1. *E.*, *Ph.E.*, Add. § 381, p. 386.
2. *E.*, *S.L.*, Add. § 161, p. 592.

trois vies : logique, naturelle, et celle qui, précise Hegel, est une avec l'esprit, mais cette triple vie est en vérité une, elle est la vie qui se pense elle-même dans sa pure affirmation logique de soi, dans son être-autre naturel, dans sa réconciliation spirituelle avec soi : la vie absolue qu'est le savoir absolu.

La *Doctrine du concept* justifiait initialement la nécessité de considérer la vie dans la logique, non seulement comme présupposition nécessaire du connaître, mais bien à partir de la nécessité immanente selon laquelle l'Idée entre premièrement en scène en son immédiateté, ou, si l'on veut, comme concept de l'Idée, ou concept du Vrai : où le concept n'est pas encore pour soi comme concept, âme, écrit Hegel, qui n'est pas « en tant qu'elle-même »[1]. Hegel donne alors la première détermination de la vie, ou de l'Idée en tant que vie, qu'il faudra d'abord chercher ici à comprendre : « Le concept qui, différent de son objectivité, simple dans soi, pénètre son objectivité et, en tant que fin à soi-même (*Selbstzweck*), a en elle son moyen et la pose comme son moyen, mais est immanent à ce moyen et en lui est la fin réalisée identique à soi »[2]. Hegel distinguera d'abord la vie logique de la vie naturelle, d'une part, de la vie qui se tient « en liaison » avec l'esprit, d'autre part. Sans doute, il s'agit bien de *la même vie*, la pure vie, ici pourtant « projetée (*hinausgeworfen* : en un sens, c'est toute la nature qui est l'Idée *hinausgeworfen*) dans l'extériorité du subsister », là présupposée, d'un côté, par l'esprit, unifiée avec lui, d'un autre côté, dans un corps, posée troisièmement par lui dans les créations idéales de son activité, autrement dit « engendrée

---

1. *W.L.*, *Die Lehre vom Begriff*, p. 210 ; *S.L.*, *Doctrine du concept*, p. 280.
2. *W.L.*, *Die Lehre vom Begriff*, p. 210 ; *S.L.*, p. 280 (modifiée).

purement par lui » [1]. Ce qui caractérise la vie naturelle comme
la vie spirituelle, c'est, de toute façon, l'extériorité : elle présuppose, se posant elle-même comme subjectivité, une objectivité, qu'elle trouve comme différence déjà là lorsqu'elle est
vie naturelle, qu'elle pose à partir de soi, comme différence
de soi, lorsqu'elle est une avec l'esprit. Qu'en est-il de la vie
logique ? « ... Dans l'Idée de la vie les moments de sa réalité
n'atteignent pas la figure de l'effectivité extérieure, mais
demeurent enfermés dans la forme du concept » [2]. Il s'agit,
autrement dit, de la vie libre de toute présupposition, autrement dit de toutes les figures de l'effectivité [3]. La vie logique
est tout entière concept, et le moment objectif en elle, Hegel y
insiste, est entièrement « pénétré par le concept ». C'est là, au
demeurant, la marque de la vie, qui la libère définitivement des
rapports de la réflexion et, dans la nature, en fait l'objet par
excellence d'une philosophie spéculative : la vie *est* le concept,
un dans le multiple, qui, en tant que concept, demeure le même,
auprès de soi, dans l'être-autre extérieur. Aussi la vie naturelle
est-elle destinée à demeurer un « mystère inconcevable » pour
toute réflexion qui n'est pas capable du concept, puisque, dans
la vie, selon l'ultime remarque de la *Philosophie de la nature*,
plus clairement encore qu'à travers le reste de la nature, qui est
à celle-ci présupposition, c'est le concept qui parle au concept
– le concept aveugle, non pensant, au concept qui voit clair,
au concept pensant [4]. C'est cette vie pure qui dans la nature

1. *W.L.*, *Die Lehre vom Begriff*, p. 213 ; *S.L.*, p. 285.

2. *W.L.*, *Die Lehre vom Begriff*, p. 213 ; *S.L.*, p. 285.

3. *W.L.*, *Die Lehre vom Begriff*, p. 213 et 214 ; *S.L.*, p. 285 et 286 : « L'idée
de la vie pour soi est libre de cette objectivité présupposée et conditionnante
comme de la relation à cette subjectivité ».

4. *E.*, *Ph.N.*, 1827-1830, Add. § 376, p. 721.

trouvera, non pas une image ou un reflet, mais la subsistance d'une figure extérieure en laquelle l'Idée viendra à se connaître, ainsi, elle-même, dans son autre, comme à présent, dans la *Science de la logique*, elle se connaît purement en elle-même. Ainsi l'Idée de la vie, ou l'Idée en tant que vie, est-elle reconstituée par Hegel en tant que partage originaire (*das ursprüngliche Urteil*) selon lequel elle se sépare, en sa singularité subjective et son unité négative, de son objectivité présupposée par elle, pour supprimer une telle présupposition, et se supprimer enfin elle-même en sa singularité (pour, comme vie naturelle, se réengendrer comme telle : c'est, avec la limite de la vie, celle de la nature tout entière, touchant en elle à sa propre finitude). Hegel, on le sait, présente le rythme de ce jugement ou syllogisme de la vie, selon les moments de l'individu vivant, du procès de la vie et du procès du genre : la division en soi-même, la suppression de l'objectivité présupposée par le vivant à partir de l'expression, en lui, de celle-ci comme manque, et la suppression d'une telle singularisation, désormais engendrée ou médiatisée, dans la mort, retour à son concept, écrit Hegel, en sorte que tout le mouvement est bien celui par lequel le concept va en soi et devient le connaître, ou la vie, le concept aveugle, devient le concept pensant : d'une vie à l'autre, par-delà la mort, la nature devient esprit. Tel est le syllogisme de la vie, syllogisme actif ou processus, commente Hegel dans l'*Encyclopédie*[1], qui est le processus même du concept, autrement dit développement, où le même, dans son autre, reste auprès de soi, car cet autre est en soi le même que lui. Si pourtant la vie est un moment limité, et l'Idée par conséquent seulement immédiate, c'est qu'elle n'est pas encore

---

1. *E.*, *S.L.*, § 217, p. 451.

libre, ou librement pour soi, ne réconciliant que dans la mort, et la répétition, l'universel qu'elle est en soi seulement et le singulier qui tombe ainsi en sa puissance, c'est-à-dire *ne se réconciliant au fond jamais* avec elle-même. Aussi la vie qui ne s'élèverait pas au-dessus d'elle-même « s'écoule-t-elle », selon le rythme de son accomplissement mortel, « dans la mauvaise infinité du progrès à l'infini » [1].

Or un tel développement, une telle vitalité pure, premier moment logique de l'Idée, revenant dans l'extériorité du subsister comme moment final de la nature, en lequel elle se nie elle-même, caractérise aussi, une, dès lors, avec l'esprit, le mouvement total de la pensée rationnelle, et, plus précisément, le mouvement du concept en tant que concept. Dans la *Science de la logique*, l'avènement dialectique du concept est celui du sujet à partir de la réflexion infinie de la substance en soi-même, ou celui de la liberté comme vérité de la nécessité. Le concept est la négation de la négation de l'être qu'est l'essence, identifiant ses différences dans la liberté du même qui a son autre désormais en soi-même. Son développement a le sens de son autodifférenciation, qui est aussi son auto-identification ou autoréalisation. C'est en sa fin que la *Science de la logique* exposera de la façon la plus déterminée le sens de cette *Entwicklung* conceptuelle, désormais en tant que méthode dialectique en laquelle le concept se sait soi-même comme Idée absolue. En quel sens un tel développement est-il vie pure ? En quel sens, finalement, l'esprit absolu est-il, comme savoir absolu, l'esprit absolument vivant, l'intensification absolue de la vie, la vie absolue ?

---

1. *E.*, *S.L.*, Add. § 221, p. 618.

Sans doute, l'Idée absolue, contenu unique de la philosophie, est le « retour à la vie » (*Rückkehr zum Leben*)[1], mais vie supprimée et ainsi advenue pour soi comme sujet qui a désormais l'autre comme objet *sien*. Hegel écrit alors : « *Die absolute Idee allein ist* Sein, *unvergängliches* Leben, sich wissende Wahrheit *und ist* alle Wahrheit »[2]. La limitation propre à la vie, selon laquelle toujours elle se posait comme vie finie, de la finitude même de son immédiateté, est tombée : en tant que vie logique, la vie s'accomplissait comme réalisation du genre dans la mort de l'individu, retour en soi de l'universel devenu pour soi comme connaître : « La mort de cette vie est la venue au jour de l'esprit », concluait Hegel dès la *Science de la logique*[3]. Dans la nature, le singulier vivant, qui se développe à partir de soi, vient tout autant à mourir *aus sich selbst*, le genre ne pouvant exister qu'à travers la mort de l'individu et la vie d'un autre individu, dans une répétition infinie. Par-delà cette autonégation de la vie prend naissance, dans le retour en soi de la vie d'abord jetée dans l'extériorité du subsister, « une autre vie » : « Au-dessus de cette mort de la nature, sortant de cette enveloppe morte, vient au jour une nature plus belle, *l'esprit vient au jour* »[4]. L'esprit est le phénix qui revient de la mort que la nature elle-même dans la vie s'est donnée, ou, plutôt, levant l'unilatéralité d'un tel advenir du pour soi à partir de l'en-soi, l'immédiateté se dévoile en sa vérité d'être-posé : l'esprit s'est ainsi librement présupposé la nature comme la nécessité dont il provient, et qui avoue à présent comme sa

1. *W.L.*, *Die Lehre vom Begriff*, p. 284, *S.L.*, p. 368.

2. « L'Idée absolue seule est *être*, *vie* qui ne passe pas, *vérité qui se sait*, et est *toute vérité* » (*ibid.*).

3. *W.L.*, *Die Lehre vom Begriff*, p. 227, *S.L.*, p. 300.

4. *E.*, *Ph.N.*, 1827-1830, Add. § 376, p. 719.

vérité la liberté de cette autre « vie », de cette plus belle nature. Car le concept de l'esprit est bien « l'absolue négativité du concept comme identité avec soi », selon laquelle il traverse la mort, se garde affirmativement, identique à soi, dans la négation de son être-là[1]. En ce séjour, immuable et absolument mobile, auprès de soi dans son autre, en cette liberté, ainsi, l'esprit accomplit ce qui était déjà « l'âme de la vie », selon une expression hégélienne, le concept et, au sens strict, son développement. Mais ce qu'il *était* seulement, dans un singulier qui renaissait toujours d'un universel qu'il échouait précisément à être, et dont il mourait – ainsi devait-il toujours à nouveau mourir, toujours à nouveau renaître –, il l'est devenu pour soi, se libérant de son être même pour venir au jour comme sens qui est-là. L'esprit est la vie, mais la vie infinie, la vie libérée de ses limitations comme vie : l'esprit est *la vie qui s'est libérée de la vie*, et, par conséquent, de la mort.

Or ce qui s'accomplit ainsi avec l'esprit, et le plus intensément avec l'esprit absolu, c'est, exactement, l'*idéalisme* de la vie. Cet idéalisme est celui par lequel la nature en son extériorité réciproque devient, avec la vitalité animale, subjectivité qui commence à devenir pour soi, reconduisant toute déterminité en sa subsistance à sa non-vérité, autrement dit à son idéalité. L'idéalisme animal est celui d'un Soi qui unifie en soi des différences qu'il pose comme idéelles seulement, à travers son corps, *Leib* où il est vraiment ζῷον, un « vivant », un « animal » (qui a la vie, *Leben*, ζωή), qui est le déploiement, en contact avec un être-autre où il est chez lui, de l'unité subjective d'un Soi qui en celui-ci se conserve et se sent, même s'il ne se sait pas. « La vie de l'animal est ainsi, en tant qu'un tel point

---

1. *E.*, *Ph.E.*, § 382, p. 178.

suprême de la nature, l'idéalisme absolu, qui consiste à avoir la déterminité de sa corporéité en même temps, d'une manière complètement fluide, dans soi-même, à incorporer et à avoir incorporé cet immédiat au subjectif »[1]. L'animal est idéaliste, car il a déjà son être-autre en lui-même, en sorte qu'il est chez soi en lui. La *Phénoménologie de l'esprit* complimentait déjà les animaux pour leur « sagesse » dialectique, « car ils ne restent pas figés devant les choses sensibles comme si elles étaient en soi, mais, désespérant de cette réalité et dans la pleine certitude du néant qui est le leur, ils se saisissent d'elles sans plus de façons et ils les consomment ; et la nature tout entière célèbre, comme eux, ces mystères manifestes qui enseignent ce qu'est la vérité des choses sensibles »[2]. Pourtant, dans la vie anéantissant sa singularité plutôt qu'elle ne la supprime en la conservant, et la réengendrant toujours à nouveau, le concept, écrit Hegel, « n'accède pas à une effectivité égale à l'essence qui est la sienne en tant qu'âme, à la victoire complète sur l'extériorité et finité de son être-là »[3]. La nature n'accomplit son idéalisme immanent, celui-ci s'intensifiant en elle jusqu'à la vie animale, qu'en se supprimant elle-même en tant que nature, confirmant en sa négation de soi la libre affirmation de soi de l'esprit se présupposant la nature. Le cercle de la nature se rompt, inadéquat à l'Idée, et désormais, écrit Hegel, « l'Idée existe, par là, dans le sujet subsistant par soi, pour lequel, en tant qu'organe du concept, tout est idéel et fluide »[4] : le sujet vivant est devenu le sujet pensant, l'animal

1. *E.*, *Ph.N.*, 1827-1830, § 350 et Add. § 350, p. 638.
2. *Ph.G.*, p. 77 ; *Ph.E.*, p. 141.
3. *E.*, *Ph.E.*, 1827-1830, Add. § 381, p. 387.
4. *E.*, *Ph.N.*, 1827-1830, Add. § 376, p. 720.

mortel est devenu la simple présupposition de l'acte immortel de la pensée. La fluidification de l'être est déjà l'œuvre de la vie, mais celle-ci s'accomplit supérieurement dans l'acte de la pensée, l'idéalisme de la vie s'achève dans l'idéalisme de l'esprit, comme la subjectivité animale ne se réconcilie pleinement avec elle-même que dans la subjectivité pensante. C'est bien pourquoi l'idéalisme qui s'engendrait dans le vivant ne s'accomplit vraiment que dans la philosophie, l'activité la plus haute de l'esprit, où il se libère, et de la nature, et de lui-même, se réconciliant avec l'une comme avec l'autre. Mais alors la vie qui est le plus intensément la vie, la vie absolue, est la philosophie qui, s'accomplissant comme savoir absolu, s'accomplit en sa vitalité la plus pure.

L'idéalité de l'esprit est la suppression de tout être-là extérieur, la puissance d'une idéalisation, d'une abstraction totale – comme l'est celle du Moi capable de faire abstraction « même de sa vie », remarque Hegel : l'esprit est la vie capable de faire abstraction de soi –, mais son idéalité est tout autant l'infinité selon laquelle il reste auprès de soi dans sa différenciation de soi : seul cet être-autre surmonté, transfiguré, l'avère en son idéalité spirituelle, en cette « clarté non troublée » qu'aime à évoquer Hegel dès lors qu'il s'agit du concept[1]. Cette clarté, l'achèvement de l'idéalisation spirituelle, n'est effectivement atteinte que dans la philosophie pensant, en toutes choses, l'Idée, l'activité de l'Idée. C'est une telle activité qui dans la philosophie se pense elle-même : « Par cette connaissance », écrit Hegel, « la nature idéaliste de l'esprit, qui se manifeste activement déjà dans l'esprit fini,

1. Pour toute cette analyse, *cf.* la même importante addition au § 381, *E.*, *Ph.E.*, p. 388.

accède à sa forme achevée, la plus concrète, (et) l'esprit fait de lui-même l'Idée effective se saisissant elle-même parfaitement et, par là, l'esprit absolu »[1].

La vitalité la plus haute, la vie élevée à son intensité absolue, est celle de l'esprit absolu s'accomplissant lui-même parfaitement dans la philosophie. Or l'*Encyclopédie* hégélienne s'achève – en grec – avec la Vie elle-même, la ζωή qui, dans le livre Lambda de la *Métaphysique* aristotélicienne, est attribuée au dieu : « Et la vie aussi lui appartient. Car l'acte (ἐνεργεία) de l'intellect (νοῦς) est vie. Or lui, il est cet acte ; l'acte du dieu, l'acte qui est par soi, est vie parfaite et éternelle. Nous appelons bien le dieu le vivant éternel parfait ; en sorte que vie et durée continue et éternelle appartiennent au dieu. Cela, en effet, c'est le dieu ». La philosophie est l'acte absolu de la pensée, et cet acte absolu, dans l'idéalisme hégélien, est Vie. C'est cet Acte-là qui, dans la *Science de la logique*, se saisit en sa pureté logique initiale, mais tout autant, dans la *Philosophie de la nature*, se reconnaît lui-même dans l'être-autre naturel où la vie s'est projetée hors de sa pure affirmation initiale, le λόγος, et, dans la *Philosophie de l'esprit*, pense enfin sa réconciliation comme vie une avec l'esprit. Cette Vie pure est celle de l'Idée de la philosophie, selon le partage originaire de l'Idée, dans le troisième et dernier syllogisme, où celle-ci se scinde en son activité subjective, l'esprit, et en son processus objectif, la nature, selon sa vie subjective et sa vie objective, ainsi, accomplissant alors en son activité, en son développement, écrit à nouveau, une dernière fois, Hegel, c'est-à-dire décidément en sa vie, l'identité du penser et de l'être, l'idéalisme absolu. Sur le chemin de la vie, l'idéalisme

1. *E.*, *Ph.E.*, Add. § 381, p. 388-389.

du philosophe est demeuré résolument, absolument fidèle à l'idéalisme de la subjectivité la plus humble que la nature avait déjà su libérer en elle : il l'a seulement, mais pleinement, libérée d'elle-même. La philosophie est *la vie même*, la vie réconciliée, la vie libérée de la vie.

CHAPITRE V

LANGUE

Dans la *Phénoménologie*, la langue ou le langage, *die Sprache*, n'est pas et ne pouvait être l'une des figures de la conscience en son expérience, comme si celle-ci, sur le chemin de son examen d'elle-même, devenait, de conscience muette qu'elle serait en son état natif, conscience parlante. Dès la première figure, celle du commencement sensible du savoir, la conscience se tient dans cet élément que Josef Simon, dans un livre devenu classique[1], avait nommé la *Sprachlichkeit*, la langue elle-même comme élément (car il ne s'agit pas exactement d'une aptitude, de même qu'il n'est pas question d'en produire la genèse) : d'emblée elle est une conscience qui parle, et même qui écrit. Elle prend part, ainsi, à un dialogue avec « nous », *wir*, elle nous répond, dans une tentative de justification de soi, ou de s'en tenir à soi, où « nous », c'est-à-dire le phénoménologue, celui qui « regarde » ce qui se passe, s'en tient, de son côté, rigoureusement, et sur un mode qu'il faut dire socratique, à la question qu'il lui adresse,

---

1. J. Simon, *Das Problem der Sprache bei Hegel*, Stuttgart, Kohlhammer, 1966.

accomplissant, en cette réserve ou en cette ironie qui sait ce qui se passe « dans le dos » de la conscience (ce qui voudra dire aussi dans le langage qu'elle tient), l'exigence phénoméno-logique, initiale et absolue, de tenir d'abord le concept « à l'écart de l'appréhender »[1], et par conséquent de ne jamais intervenir sur la σκέψις de la conscience par elle-même. Si la conscience se tient déjà dans le λόγος, c'est au sens où elle est déjà – comme l'a montré Bernard Bourgeois –, elle qui est le sujet d'une expérience qu'elle endure pourtant, non pas seule-ment une conscience parlante, mais une conscience au moins philosophante, « la conscience qui affirme l'identité à soi constitutive de la vérité, la conscience qui veut vivre selon le vrai »[2], et qui, actualisant la puissance de cette décision, à chaque fois refusera en effet la contradiction à elle manifestée de son être. La langue qui est la sienne sera à chaque fois celle d'un savoir qui, même lorsqu'il est la pure visée, le *Meinen*, ne tient pas seulement précipitamment quelque chose pour vrai, mais se tient lui-même réflexivement pour un savoir vrai, et se défend, se justifie, répond de soi. La conscience de la *Phénoménologie* est déjà, non pas seulement dans la *Sprach-lichkeit*, mais dans l'esprit, et même dans l'esprit absolu, ou l'esprit en son savoir de soi. Tout le livre de 1807 est l'*Er-*

---

1. *Ph.G.*, « Die sinnliche Gewissheit », p. 69; *Ph.E.*, p. 131.

2. « Sens et intention de la *Phénoménologie de l'esprit* », en présentation de la traduction de la « Préface » et de l'« Introduction » de la *Phénoménologie*, Paris, Vrin, 1997, ici p. 20. Il faudra même qu'elle soit déjà *hégélianisante* (*cf.* p. 22). On se reportera aussi à la contribution de B. Bourgeois au colloque de la *Société française de philosophie* pour le bicentenaire de la *Phénoménologie de l'esprit*, « La philosophie du langage dans la *Phénoménologie de l'esprit* », *Bulletin de la Société française de philosophie*, *Hegel*, Paris, Vrin, 2008, p. 65 *sq.*

Innerung de l'esprit absolu, d'un savoir absolu restituant, en les exposant en soi-même, le commencement et le chemin total de sa venue jusqu'à lui-même, dont la figure initiale n'est pas la conscience prétendument « naturelle », muette encore (lorsque la conscience en effet se taira c'est qu'elle ne voudra plus parler, ou voudra ne plus rien dire : figure, une nouvelle fois, platonicienne), mais la conscience qui prétend dire la vérité et à chaque fois se penser soi-même en son savoir. Une telle libre prétention, une telle audace ou une telle résolution, suffisent pour que le chemin, pour que l'expérience commence en sa nécessité, – et, si la décision est sérieuse, elle ne s'arrêtera jamais.

La conscience parle, elle est d'emblée dans la *Sprachlichkeit* au sens où elle tient elle-même sur elle-même ou – lorsqu'elle se dédouble ou devient elle-même un « nous » – avec elle-même, un discours, *Rede*, présenté, en un style indirect, ou indirect libre, et avec la plus grande fidélité, dans la langue phénoménologique, la langue spéculative ou pensante, la langue hégélienne comme langue de la pensée. Le discours hégélien remarquera alors nécessairement aussi, sur le chemin de la conscience dont elle notera ainsi les paroles, l'œuvre que la langue même de la conscience accomplit, autrement dit pensera aussi l'être et l'œuvre propres de toute langue, ou du langage en tant que langage, relevant d'abord qu'il s'agit, dans la *Sprache*, d'une activité dont le sujet est la conscience pour autant seulement qu'elle parle, ou plutôt, par la conscience, le Sujet en lequel, dès là qu'elle parle, se tient la conscience : un tel sujet pourtant n'est pas la langue elle-même, fût-elle pensée comme *Sprachlichkeit*. Ce qui s'accomplit à travers la langue de la conscience est en effet une activité, ou plutôt une *Ausführung*, un chemin d'accomplissement, l'« exécution » d'une œuvre, dont la conscience n'est elle-même le sujet que pour autant qu'elle se tient, dans le *Sprechen* lui-même, déjà plus haut ou plus loin qu'elle même, ou qu'elle présuppose sans le savoir, pour dire ce qu'elle est, ce qu'elle aura pourtant à rejoindre, et qu'elle commence en effet à rejoindre dans sa parole elle-même. Or, si c'est bien la langue qui, écrit Hegel, « réalise ce qui est à réaliser », *ausführt, was auszuführen ist*[1], pour autant ce n'est pas la langue elle-même qui parle : ce qui parle, celui qui parle, c'est, pour Hegel, l'esprit. Notre objectif sera ici de remonter jusqu'à lui lorsque, dans la *Phénoménologie*, il redescend en lui-même pour réaffirmer son propre commencement comme conscience parlante, et de remarquer sur ce chemin le sens que Hegel donne lui-même à ce que Josef Simon appellera la *Sprach-lichkeit*. Pour accomplir cet objectif, il convient de distinguer ce que la philosophie hégélienne en sa langue pensante enseigne concernant la langue, pour le voir alors à l'œuvre dans la *Phénoménologie* à travers la langue de la conscience, jusqu'à l'accomplissement final de celle-ci en tant que langue spéculative, où sera rejoint ce que la philosophie hégélienne accomplit et enseigne concernant sa propre langue comme langue de la pensée, langue du savoir absolu.

Sprache

Si la langue ne donne pas lieu à une figure de la conscience, en sorte qu'il serait possible d'aller « voir », seulement voir, l'expérience que la conscience ferait alors d'elle-même sur elle-même comme conscience devenant parlante, il est pourtant bien, sur le chemin phénoménologique, une figure qui non seulement s'accomplit à travers le discours qu'elle

1. *Ph.G.*, p. 335 ; *Ph.E.*, p. 439.

tient, mais pose d'elle-même la langue comme son centre, ou
se pose elle-même entièrement en tant que langage, où par
conséquent celle-ci, remarque Hegel, « entre en scène dans la
signification qui lui est propre »[1]. Allons regarder, non pas
seulement, donc, ce qui s'accomplit à travers ce moment, mais
ce que Hegel lui-même en cette occasion écrit, dans l'élément
du « pour nous », autrement dit ce que la Science elle-même
enseigne, de la langue ou du langage. C'est dans l'esprit, autrement dit dans l'effectivité éthique, où le Soi est devenu un
monde, que la langue entre en scène sur le mode qui en manifestera le plus clairement l'essence, plus précisément en ce
moment de la médiation de l'esprit avec soi-même où celui-ci
est devenu étranger à soi-même, le moment de la culture. Ce
moment est celui de l'*Entfremdung*, d'abord, par le Soi, de son
être naturel. L'esprit n'est pas seulement là comme jeté hors de
soi, hors de son être-là encore naturel, une telle *Entäußerung*,
écrit Hegel, est tout autant son but, *Zweck*, que son être-là[2].
Sans doute, le premier moment de l'esprit, la *Sittlichkeit*, en sa
constitution double, théologico-politique, s'était déjà libéré de
la nature, mais, en tant que figure immédiate de l'esprit, c'est
comme seconde nature qu'il s'accomplissait alors dans la
coutume, immémoriale et sans question sur elle-même. Dans
la culture l'esprit endure le moment de la « formation » par
laquelle il fait de lui-même, comme Soi singulier, ce qu'il est
en soi, où chaque Soi ne devient effectif que pour autant qu'il
se supprime en tant que Soi naturel. Le chemin d'une telle
Aufhebung est le chemin de l'universel, « dans ce monde où »,
écrit Hegel, « seul ce qui se déprend de soi-même en s'exté-

1. *Ph.G.*, p. 335; *Ph.E.*, p. 439.
2. *Ph.G.*, p. 324; *Ph.E.*, p. 427.

riorisant et, pour cette raison, seul ce qui est universel, obtient une réalité effective »[1]. C'est la substance universelle que le Soi singulier accomplit en son effectivité lorsque lui-même se forme, c'est-à-dire se supprime. C'est son monde qui devient effectif à travers lui se formant, alors même qu'un tel monde est pour la conscience de soi d'abord étranger, et qu'elle cherche à s'en emparer, le formant lorsqu'elle se forme et même se conforme à lui, « la violence de l'individu » lorsqu'il prend pouvoir sur la substance étant la même chose que l'effectuation (*Verwirklichung*) de celle-ci[2]. Or quel est le langage de l'esprit en sa culture, où l'« extériorisation » ou l'« aliénation » sont l'être-là et la fin de l'esprit ? La question elle-même, qu'il était possible d'adresser en cette forme à chaque figure de la conscience, ne suffit plus : il ne s'agit plus de savoir quelle est la langue d'une telle figure, car cet être-là est la langue elle-même en tant que langue. Elle ne le devient, plus exactement, qu'en ce moment de la culture où s'accomplit « le vrai sacrifice de l'être pour soi », « celui dans lequel il s'abandonne d'une façon aussi complète que dans la mort, mais, dans cette aliénation, tout autant se conserve »[3]. La langue n'est pas seulement, en tant que *Sprachlichkeit*, l'élément en lequel adviendrait un tel sacrifice, mais celui-ci est son œuvre la plus propre. Lorsqu'il l'accomplit en effet le langage, écrit Hegel, « vaut en tant que langage », *gilt als Sprache*[4]. Or, lorsque le langage vaut en tant que langage, « il reçoit pour contenu la forme même qu'il est », *hier aber erhält*

1. *Ph.G.*, p. 325 ; *Ph.E.*, p. 427.
2. *Ph.G.*, p. 325 ; *Ph.E.*, p. 428.
3. *Ph.G.*, p. 334 ; *Ph.E.*, p. 438-439.
4. *Ph.G.*, p. 335 ; *Ph.E.*, p. 439.

sie die Form, welche sie ist, selbst zum Inhalte. En ses apparitions précédentes en effet, ainsi notamment dans la loi de la *Sittlichkeit*, le langage était la forme d'un contenu essentiel qu'il disait, mais n'était pas : pour la conscience il ne valait pas là en tant que *Sprache*, mais seulement en et par ce qu'il disait, en tant qu'il le disait. Sans doute accomplissait-il déjà son œuvre, dès lors que cette essence était dite, mais à présent il ne l'accomplit plus seulement, il ne dit rien d'autre que ce qu'il est lui-même. Alors le phénoménologue hégélien note ce qui se passe, et l'œuvre de tout langage lorsqu'il vaut en tant que langage.

Ce qui se passe est un tel sacrifice (*Aufopferung*), une telle *Entäußerung*, que seule la mort présente en une figure aussi accomplie (*vollkommen*). Quelle est la perfection de ce sacrifice, non seulement *Opfer*, mais *Aufopferung*, où l'on entendra, avec l'*Aufhebung*, l'accomplissement dans un Plus haut que soi (*auf*)? C'est bien un sacrifice de l'être-là qui avait lieu, précédemment, dans le « service » de l'État, et il était bien « complet » (*vollständig*) lorsqu'il allait jusqu'à la mort. Pourtant « le danger de mort » affronté et surmonté laissait derrière lui un « être-là déterminé », un « pour soi particulier », dont le langage propre, « le conseil » (*der Rat*) que « le fier vassal » dispensait « pour le plus grand bien général », était lui-même marqué par la particularité d'une volonté, et par conséquent restait « ambigu et suspect » (*zweideutig und verdächtig*), ménageant « cette réserve retirée en soi de l'intention particulière et de la volonté propre »[1]. Il ne valait pas en tant que langage, mais comme forme d'un contenu autre que lui, dont il tenait aussi toute son ambiguïté, flottant entre l'uni-

1. *Ph.G.*, p. 335 ; *Ph.E.*, p. 439.

versel et le particulier. Et si le sacrifice allait en effet jusqu'à
son accomplissement mortel, sans doute la contradiction entre
le Soi singulier et l'universalité du pouvoir d'État était bien
supprimée avec la suppression de l'être-là qui se sacrifie, mais
l'*Entäußerung des Daseins* était alors, écrit Hegel, une «aliénation qui est», et qui ne retourne pas dans la conscience. La
conscience elle-même passait dans son contraire, mais ne se
réconciliait pas avec lui. Or le sacrifice qui s'accomplit dans la
langue est total, comme l'est celui par lequel le Soi se livre à la
mort, mais dans la langue celui qui se supprime est aussi celui
qui se conserve, c'est-à-dire devient effectif «en tant que
l'unité identique de lui-même et de lui comme de l'opposé»
(*als die identische Einheit seiner selbst und seiner als des
Entgegengesetzten*)[1]. En quel sens le langage réalise-t-il une
telle *Aufopferung*, qui est toute son *Ausführung*? Celle-ci
montre ce qu'il est en tant que *Sprache*: «Le langage est
l'être-là du pur Soi, en tant que Soi» (*Denn sie ist das Dasein
des reinen Selbsts, als Selbsts*)[2]. Le sens de ce *Dasein* est
l'existence (*die Existenz*) pour d'autres, une «extériorisation»
(*Äußerung*), ainsi, qui est une «objectivité» (*Gegenständ-
lichkeit*), un «apparaître» (*Erscheinen*) qui, on va le voir, est
aussi un «disparaître» (*Verschwinden*), en lequel s'accomplit
une «contagion» (*Ansteckung*) – et un «disparaître» qui est
aussi un «rester» (*Bleiben*). «Être-là» et «apparaître» devien-
dront, dans la *Science de la logique* de 1812-1816, des
moments différents: le *Dasein* est bien l'être-déterminé, qui
se réfléchit en tant que réalité (*Realität*), l'être un avec son
non-être, l'unité en laquelle l'un et l'autre se sont suppri-

1. *Ph.G.*, p. 334; *Ph.E.*, p. 439.
2. *Ph.G.*, p. 335; *Ph.E.*, p. 344.

més, qui a en elle la différence de l'être-en-soi (qui est aussi, dans la langue elle-même, l'un des sens de la « réalité », ainsi lorsqu'une apparence sera dite manquer de « réalité ») et de l'être pour un autre (ainsi lorsqu'une pensée, comme le paradigme platonicien de la Cité juste, sera dite n'avoir aucune « réalité »)[1]. Le langage est *Dasein* dans la mesure même où s'accomplit en lui cette unité de l'être-en-soi et de l'être pour un autre, ou l'unité de l'être et du non-être (*Das Dasein ist Sein mit einem Nichtsein*)[2]. Mais c'est bien plutôt la catégorie de l'*Erscheinung*, dans la *Doctrine de l'essence*, qui pensera adéquatement le sens de la *Sprache*. L'apparition est l'apparaître de l'intériorité dans l'extériorité, dont le rapport, comme identité de l'essence intérieure et de son apparition, aura sa vérité dans l'effectivité. Dans la *Wirklichkeit* les deux côtés du rapport s'unifient, ce qui est intérieur est aussi ce qui est extérieur, dans l'apparition n'apparaît rien d'autre que l'intérieur, et il n'est rien dans l'intérieur qui n'apparaisse extérieurement[3]. Et la Remarque du § 140 de l'*Encyclopédie* prendra un exemple que nous retrouverons, celui de l'acte, en lequel l'homme est extérieurement ce qu'il est intérieurement, ou, comme l'exprimera l'Addition : « Ce que l'homme fait, il l'est » – « À leurs fruits vous les reconnaîtrez »[4]. L'effectivité est cette unité posée, devenue immédiate, où le rapport de l'intérieur et de l'extérieur est manifesté, dans un être-là qui est la manifestation (*Manifestation*) de lui-même[5]. L'extériorisation à l'œuvre dans la langue lorsqu'elle vaut en tant que

1. *W.L.*, *Das Sein*, p. 70 *sq.* ; *S.L.*, *L'Être*, p. 89 *sq.*
2. *W.L.*, p. 67 ; *S.L.*, p. 85.
3. *E.*, *W.L.*, § 139, p. 390.
4. *E.*, *S.L.*, p. 571.
5. *E.*, *S.L.*, p. 393.

langue n'est pas, à cet égard, différente : elle est la manifestation de l'unité de l'intérieur et de l'extérieur, où, en son effectivité, s'accomplit leur rapport, dans le sacrifice de l'intérieur dans l'extérieur, où il se supprime, mais se conserve, et devient, seulement ainsi, effectif. En quel sens pourtant une telle effectivité, un tel sacrifice, en effet total, pourraient-ils advenir dans la langue aussi parfaitement que dans l'acte honorable du service qui va jusqu'à la mort, en quel sens une parole quelle qu'elle fût serait-elle capable de la même perfection que l'acte par le Soi du sacrifice de son existence ? Est-il possible, et en quel sens, de dire : « À leurs paroles vous les reconnaîtrez » ? En quel sens a-t-elle en elle la puissance que la mort ne donne pas, celle de la réconciliation ? La *Phénoménologie* s'en expliquait déjà. C'est en tant que Soi-même que le Soi est-là dans le langage, non comme un autre que soi (mais, on va le voir, justement en tant qu'il est-là comme tel Soi, il est un autre Soi), mais comme « singularité pour soi de la conscience de soi », qui, en tant même qu'elle est-là, est pour d'autres. Le pour-soi est-là dans le *Sprechen*, autrement dit est pour d'autres en tant que pour-soi. Il n'est aucun autre être-là du Soi en tant que pur « Je » (*Ich als dieses reine Ich ist sonst nicht da*)[1] : pas même l'acte ou l'« action », par conséquent. Le langage est le « dehors » (qu'il convient d'entendre dans l'*Äußerung*) où le dedans apparaît en tant que tel en la seule figure adéquate à son essence de pur « Je ». Sans doute est-il bien effectif aussi dans ses actes, et l'action, dans la pensée hégélienne, est justement en retour toujours celle d'un Soi. Mais en quel sens au juste le soi est-il ce qu'il fait ? En toute autre extériorisation, même dans la *Handlung*, note à présent Hegel, en laquelle il

---

1. *Ph.G.*, p. 335 ; *Ph.E.*, p. 439.

devient pourtant lui-même effectif, il est « enfoncé », *versenkt*,
« immergé » ou « abîmé » dans l'effectivité, et cela veut dire
qu'il peut toujours « s'en retirer » (*sich zurückziehen*) : son
acte joue alors comme un miroir, qui le reflète ou le réfléchit,
non seulement pour d'autres, mais aussi en lui-même, le dehors
renvoyant l'intérieur en lui-même, qui s'en retire. L'extériorisation n'est plus alors que la dépouille que son âme a quittée
(*entseelt*) : *unvollständiges Dasein*, écrit Hegel, « dans lequel
il y a toujours tout autant trop que trop peu ». Pour comprendre
le rapport inadéquat du Soi à toute extériorisation autre que la
langue, Hegel revient discrètement à ce que la *Phénoménologie*
avait déjà éclairci concernant l'expression du Soi, et d'abord
toute expression en tant que telle[1]. Il s'agissait alors des
manifestations corporelles en tant qu'elles rendent visibles un
intérieur, c'est-à-dire font de lui un être-pour-un-autre, en tant,
d'abord, qu'elles sont elles-mêmes organes – « la bouche qui
parle, la main qui travaille » : l'intérieur qui est présent en
elles, c'est l'activité, elles « ont en elles-mêmes l'*agir* en tant
qu'agir ». Mais cet intérieur, dans le travail ou dans le langage,
devient, non plus agir, mais acte, « en tant qu'effectivité
séparée de l'individu », effectivité libre. « Langage et travail
sont des extériorisations dans lesquelles l'individu ne se retient
plus et ne se possède plus en lui-même, mais laisse l'intérieur
venir totalement en dehors de lui-même et l'abandonne à autre
chose »[2]. C'est là que le rapport d'expression paraîtra d'abord
– même s'il va s'agir de revenir d'une telle apparence –
toujours inadéquat : l'œuvre ou la parole expriment l'intérieur,
mais paraissent bien l'exprimer toujours trop ou trop peu :

1. *Ph.G.*, p. 206 *sq.* ; *Ph.E.*, p. 291 *sq.*
2. *Ph.G.*, p. 208 ; *Ph.E.*, p. 293.

« *Trop*, parce que l'intérieur lui-même fait irruption en elles »,
en sorte que l'expression n'est plus expression de l'intérieur,
mais elle est l'intérieur lui-même. « *Trop peu* », en tant que
l'intérieur devient un autre, c'est-à-dire tombe sous la menace
de l'inversion (*Verkehrung*) de leur sens. C'est contre une
telle expression inadéquate que l'on prétendra alors trouver
l'expression de l'intérieur dans la figure au repos, « qui accueil-
lerait en tout repos dans son être-là passif l'intérieur comme
quelque chose d'étranger » : autrement dit se comporterait
comme un signe, « une expression extérieure, contingente,
dont le côté *effectif* est pour soi sans signification » (on lira le
destin dans les lignes de la main, sous la raison que la main est
« l'artisan plein d'âme de la fortune de l'homme »). On prétend
alors remonter à une expression en quelque façon plus
originaire du Soi, à son apparition ou « extériorité simple »,
dans le visage, dans la main, dans la voix, dans l'écriture, en
quelque sorte avant l'acte ou la parole qu'il libère dans le
monde. Ainsi l'expression n'est-elle plus elle-même un agir, la
main qui travaille, mais un être, « une expression ayant le caractère d'un *étant* », et « par là tombe soi-même en la détermination de l'*être*, lequel est absolument contingent pour l'essence
consciente d'elle-même »[1]. L'intérieur, l'invisible rendu
visible en son expression qui n'est que son signe, relève alors
Hegel, est aussi indifférent à lui : le visage est visage, mais
pourrait bien aussi être un masque, n'importe quel masque
pour n'importe quel Soi. Ainsi l'intérieur auquel renvoie cet
être-là n'est-il lui-même qu'un « intérieur présumé » ou « visé »
(*gemeintes Innres*). Mais qu'est-ce qui est « visé » au juste ?
Non pas, jamais, la singularité : on ne reconnaît jamais l'assas-

---

1. *Ph.G.*, p. 212; *Ph.E.*, p. 297.

sin à son visage, mais seulement « l'aptitude à l'être », jamais
« assez », en ce sens, pour connaître la conscience de soi
singulière, « inexprimable en tant qu'être visé » (*als gemeintes
Sein unaussprechlich*), précisément en tant que n'est jamais
dépassée la pure *Meinung*, mais aussi beaucoup « trop », dans
l'abstraction même de sa visée. L'effectivité de ce qu'est un
homme n'est pas son visage, mais bien plutôt son acte, et c'est
bien à lui qu'il sera reconnu, et non plus seulement « visé », un
Gemeintes ou un *Vermeintes*, et ce que supprime l'acte, c'est
précisément la *Meinung*, autrement dit : de l'acte on peut dire
ce qu'il est, son être n'est pas seulement un signe, mais la
chose même, et l'homme est bien ce qu'est son acte. Mais alors
qu'en est-il du langage ? En quel sens, de l'action elle-même
où le Soi est-là, peut-il cependant toujours se retirer ? Avant
tout, remarquons que l'« inversion » de son sens n'enlèvera
rien à son adéquation au Soi qui agit, celle qui est si parfaite
qu'elle fait de lui la Chose même et non plus seulement son
signe. Tout au contraire : « Ce qui constitue le caractère de
l'acte, c'est précisément ceci, à savoir s'il est un être effectif
qui se maintient, ou s'il n'est qu'une œuvre visée qui, étant en
elle-même du néant, va se perdre. L'ob-jectivité ne change pas
l'acte lui-même, mais montre seulement *ce qu'*il est, c'est-
à-dire s'il *est* ou s'il *n'est rien* »[1]. Au moment même où il fait
valoir l'effectivité de l'acte comme être-là de l'homme lui-
même, Hegel en marque aussi toutefois discrètement la limite :
Er ist zwar darin nicht als Geist gesetzt[2]. Pour comprendre la
portée de cette remarque incidente, il convient de revenir à la

1. *Ph.G.*, p. 216 ; *Ph.E.*, p. 301-302.
2. *Ph.G.*, p. 215 ; *Ph.E.*, p. 301 : « Il n'est certes pas, en cela, posé comme esprit ».

différence de ce qui se passe dans la langue elle-même. Si, en effet, on reconnaît bien l'homme à ses actes, le *Dasein* qu'il a en son agir lancé dans le monde est-il bien, par rapport au Soi, *vollständig*? Dans l'agir c'est bien moi, *Ich*, qui agis. Mais l'acte, auquel on reconnaît le *Ich*, ne se pose pas lui-même comme *Ich*. Dans la langue, au contraire, le *Ich* n'est pas seulement celui qui parle : la langue elle-même, ou plutôt la parole du *Ich*, dit *Ich*. Hegel écrit exactement ceci : « Tandis que le langage contient le Moi dans sa pureté, lui seule énonce le *Moi*, le Moi lui-même (*sie allein spricht Ich aus, es selbst*) »[1]. Dans la langue Je dis « Je », ou Je dis une parole qui prononce elle-même « Je », qui a en elle le Je. Autrement dit, si l'acte était la chose même, c'est-à-dire l'être de l'homme, et non pas seulement son signe, dans la parole les mots prononcés par le Soi prononcent eux-mêmes le Soi en tant que Soi, le Soi se dit lui-même dans la langue en tant que Soi : et jamais seulement comme l'être qu'il est. C'est aussi la raison pour laquelle cet être-là en retour n'a pas en dehors de soi ce qu'il est essentiellement : non seulement le Soi est chez soi dans la parole, mais la parole, comme être-là objectal, a « en elle sa nature vraie », qui ne s'en retire jamais, même, on va le voir, lorsque la parole expire. L'être-là qu'est la parole est celui en lequel le Soi existe en tant que Soi, et non pas en tant qu'être. La langue lorsqu'elle vaut en tant que langue n'est par conséquent jamais la langue de l'être, mais seulement la langue du Soi, d'un Soi qui se sait en tant que Soi, la langue du savoir de soi. Ce qui s'accomplit dès lors essentiellement dans la langue, et seulement en elle, c'est l'avènement d'un Soi plus haut que son être : dans l'être-là de la parole le Soi est supprimé en tant qu'il

1. *Ph.G.*, p. 335; *Ph.E.*, p. 439.

est sacrifié, mais en ce sacrifice élevé (*aufgeopfert*) à un Soi où il est un avec son autre, où il est un « Nous » : où il est, d'un seul mot, esprit. Alors commencent à s'éclaircir la nature et l'œuvre de la *Sprachlichkeit* : c'est la langue elle-même qui prononce le *Ich*, écrit bien Hegel. Mais cela ne veut pas dire que la langue, en tant que *Sprachlichkeit* en laquelle se tiendrait le Soi, serait le Sujet d'elle-même : ce n'est jamais la langue qui parle, mais elle est bien l'être-là en lequel le Soi est auprès de soi précisément en tant qu'il est hors de soi, ou : lorsque le Soi parle ce n'est jamais seulement lui, en son être, qui parle, ou plutôt : parce que c'est toujours lui qui parle il se supprime comme un tel Soi, et s'élève plus haut que soi. Parler, ce n'est pas, rigoureusement, s'exprimer : ou plutôt, s'exprimer, c'est se supprimer. Telle est la puissance de la langue, mais une telle *Ausführung* n'advient pas elle-même par l'être de la langue, mais par la négativité du Soi qui est-là « en personne » – *es selbst* – dans la langue, ou par la langue en tant qu'être-là du Soi, un être-là qui a en retour chez soi le Soi qui est sa « nature vraie ». Si Hegel écrit bien : *die Sprache ausspricht*, la langue « prononce », « énonce » ou « exprime » le Soi, ce n'est par conséquent que pour autant que le Soi parle. Le Soi qui s'exprime lorsque la langue « exprime » le *Ich* est par conséquent, dans la langue elle-même, supprimé et élevé en un Soi qu'il faudra penser selon l'universalité qui n'advient qu'avec la parole :

> Le *Moi*, c'est *ce* Moi-*ci*, mais aussi bien le Moi *universel*; son apparaître est aussi bien immédiatement l'extériorisation séparant d'avec soi et le disparaître de *ce* Moi-*ci*, et, de ce fait, sa persistance dans son universalité. [... *die Entäußerung und das Verschwinden dieses Ichs, und dadurch sein Bleiben in seiner Allgemeinheit*]. Le *Moi*, qui s'énonce, est *entendu*; il est une contamination dans laquelle il est immédiatement passé dans

l'unité avec ceux pour lesquels il est là, et il est une conscience
de soi universelle [1].

Lorsque le Soi apparaît sur ce mode unique qu'est la
langue en laquelle il s'exprime en tant qu'il est un Soi, il
disparaît dans un « Nous » qui est déjà en lui, parce que le Soi
s'est formé à lui en le formant, selon le procès même de la
Bildung, tout le sens de la *Sprachlichkeit*, laquelle par conséquent n'est pas l'aptitude à parler, ni l'usage de la parole, mais
l'être-là de celui qui parle lorsque lui, le Soi singulier, parle.
Mais celui-là, le « Nous » ou l'esprit, ne parle que pour autant
que le Soi singulier s'exprime, c'est-à-dire se supprime, il
n'est-là en tant que « Nous » effectif que pour autant que le Soi
se sacrifie à chaque fois en lui. Le Soi est un tel « Nous »
lorsqu'il parle, en tant qu'il est pour d'autres dans l'élément
qui est leur être-là, celui de chacun en tant que Soi, la *Sprachlichkeit* elle-même. L'« œuvre » de la langue est donc cette
« contagion » elle-même selon laquelle le Soi est là en tant que
pur Soi seulement en tant qu'il se supprime, et dans ce sacrifice
« reste » en son universalité. Hegel s'explique plus précisément encore sur cette *Ausführung* du *Sprechen*, de la langue en
tant que langue que je parle, autrement dit que nous parlons, où
la langue n'est pas la maison de l'être, mais plutôt, décidément, l'être-là de l'esprit. C'est cette effectuation du « Nous »
qu'il convient à présent de regarder de plus près. « Le *Moi*, qui
s'énonce, est entendu », écrivait Hegel, *vernommen* : sa parole
est perçue, le *Vernehmen* est un *Wahrnehmen* mais aussi un
Verstehen. « Il est *entendu* : en cela même, son *être-là* lui-
même a immédiatement *expiré* » : l'être-là de la parole, l'être-
autre en lequel le Soi est venu, a résonné puis disparu, le Soi

1. *Ph.G.*, p. 335 ; *Ph.E.*, p. 439-440.

s'est avancé dans cet être-autre, sa parole, et celui-ci n'est plus
là, il l'a comme repris en soi : « cet être-autre qui est le sien est
repris en lui-même ». Mais cela ne veut pas dire que le Soi se
serait « retiré » avec cette effectivité lorsqu'elle-même a expiré,
comme il se retire de toute autre effectivité, la laissant comme
une dépouille sans âme : lorsque sa parole expire, il disparaît
bien avec l'apparaître, en lequel il s'est avancé, mais il a été
entendu, et il est là désormais comme celui qui n'est plus là,
celui qui a été là. C'est justement cette figure de celui qui a été
entendu qui est devenue son être-là en tant que Soi, autrement
dit il est passé dans un autre Soi : « Et c'est précisément cela »,
note Hegel, « qui est son être-là, lequel consiste en ce que,
comme un *maintenant* conscient de soi, le Moi, dès qu'il est là,
n'est plus là, et, moyennant ce disparaître, est là (*wie es da ist,
nicht da zu sein, und durch dies Verschwinden da zu sein*) ». Il
est là comme celui qui n'est plus là, mais a été là, comme celui
qui s'est d'abord sacrifié dans un être-autre qu'il a repris en
soi, mais dans un nouveau Soi qui est bien l'unité de l'apparaître et du disparaître, de l'être-là et du ne plus être-là, c'est-
à-dire un Soi effectif, un Soi universel. Il est là désormais par-
delà son absence ou sa disparition, il « reste » là. Ce « rester »
est bien ce que Hegel entend par universalité : « Ce disparaître
est donc lui-même immédiatement son persister ; il est son
propre savoir de soi, et son savoir de soi comme d'un Soi qui
est passé dans un autre Soi, qui a été entendu et qui est un Soi
universel ». Ce qui advient par les signes seulement, la maîtrise et la liberté de l'intelligence, l'ouverture du royaume de la
représentation où les intuitions accèdent à « un second être-là,
plus élevé que leur être-là immédiat »[1], advient aussi au Soi

1. *E.*, 1827-1830, *Ph.E.*, § 459, p. 254.

qui s'est formé à la langue à chaque fois qu'il la parle, c'est-
à-dire aussi la forme en retour. Mais il ne la parle que pour
autant qu'il a déjà un sens d'esprit, le sens de Cela ou de Celui
qui ne vit qu'au rythme de la singularité qui en déchire la substance et en prend sa part. La *Sprachlichkeit*, si ce nom désigne
une telle substance spirituelle en tant qu'elle est-là, n'existe
pas elle-même dans une autre figure que celle des Soi qui en
elle sont là.

C'est en ce sens que le monde de l'esprit passera alors
entièrement dans le langage, jusqu'à ce que Hegel nommera le
« langage parfait », le langage du déchirement (*die vollkommne
Sprache, die Sprache der Zerrissenheit*) où s'accomplit la
Verkehrung absolue, « ce renversement et cette séparation
d'avec soi rendant étranger à soi, absolus et universels, de
l'effectivité et de la pensée ; la *culture pure* » [1]. La langue du
déchirement est celle en laquelle sombrera toute effectivité, à
travers laquelle ne subsistera plus que le pur Soi, le pur « Je »
lui-même.

La négativité qui s'accomplit dans la culture, lorsque la
langue « vaut en tant que langue » et entre alors en scène en son
trait caractéristique, le sacrifice, dans la parole qui est la sienne,
du Soi qui se supprime à chaque fois qu'il s'exprime, ne laisse
pas de s'accomplir aussi, plus discrètement, tout au long de
l'expérience de la conscience. Mais cela ne veut surtout pas
dire que l'expérience soit en tout et pour tout expérience par
la conscience de la langue dans la langue, de la parole dans
la *Sprachlichkeit* elle-même, comme si la conscience était
seulement une conscience parlante. Le devenir effectif de la

1. *Ph.G.*, p. 343 ; *Ph.E.*, p. 448.

conscience, autrement dit son sacrifice dans l'effectivité du savoir absolu, passera nécessairement par la négativité de son acte, l'acte auquel en effet elle se reconnaîtra à chaque fois elle-même comme une autre : c'est ce que manifeste par contre-coup la culture, où précisément cet acte en lequel s'accomplit l'*Entfremdung* est devenu la langue elle-même et la pure alié-nation qui s'y accomplit, mais c'est aussi dans cette mesure qu'à la fin ne subsistera plus que la seule effectivité du Soi, et la frivolité de son langage qui dit la vanité de tout. La conscience n'est jamais seulement conscience parlante, mais chaque figure de la conscience recueille dans le langage qu'elle tient, un langage qui pour elle ne vaut justement pas *als Sprache* mais seulement comme forme pour un contenu, le sens de son savoir de soi, ou plutôt c'est dans la langue elle-même, dans le discours de la conscience, qu'à chaque fois se découpe la figure en laquelle existe un tel savoir d'elle-même, en lequel, cherchant seulement à dire ce qu'elle est, elle se tient pourtant plus haut que son être. La conscience est à chaque fois une figure du savoir, d'un savoir qui cherche à se poser comme savoir de soi, savoir de son être, même lorsqu'elle est conscience devenue autre seulement par la négativité de son acte, celui par lequel elle se pose elle-même : autrement dit la conscience de la *Phénoménologie* est à chaque fois une conscience qui tente d'être pour soi ce qu'elle est, ce qu'elle est devenue. C'est en ce savoir de soi, ou de son être, que ce qu'elle est devenue dans son acte se rassemble en un Soi qui est un autre Soi, qui aura à son tour à rejoindre le savoir de l'être qu'elle est désormais devenu, son savoir de soi se rassemblant à chaque fois dans l'immédiateté sans mémoire d'un nouvel être. Or un tel être, la conscience s'efforce de le dire, de « nous » le dire, autrement dit c'est dans la langue, l'être-là de l'esprit, qu'elle tente de se savoir elle-même. Par conséquent son acte, ou son expérience, ne la rendra effective que pour autant que le Soi qu'elle est, et qui agit, l'acte ou l'expérience qu'elle est, tentera aussi de se savoir et de se dire, fût-ce pour tenter, voulant seulement dire ce qu'elle est – donner la forme de la langue au contenu de son Soi –, de s'en tenir à soi. L'expérience de chaque figure dans ses limites est bien celle de son acte, mais l'expérience pour chaque figure des limites mêmes de son être se rassemble à chaque fois dans la langue qu'elle parle, où elle est à chaque fois, dans la langue, l'expérience de l'esprit. Ce qu'elle dit est toujours au-delà de ce qu'elle est seulement, ou plutôt c'est elle-même qui, dans le langage qu'elle tient, se sacrifie dans une figure plus haute d'elle-même, devient un autre Soi : lorsqu'elle parle elle ne sait pas ce qu'elle dit, mais son langage, si elle est une conscience qui veut savoir, est aussi l'accomplissement d'un tel savoir, plus haut que l'être qu'elle voulait dire : un tel sacrifice est sa puissance, en tant qu'elle est un Soi, mais il est en vérité la puissance de l'esprit qui est-là dans la langue qu'elle parle, ou plutôt de l'esprit qu'elle est elle-même en tant que conscience parlante, de l'esprit, plus exactement encore, qui est à chaque fois comme conscience, conscience de soi, raison. Les figures de la conscience ne sont en effet, comme Hegel s'en expliquera dans le passage à la section « Esprit », que des moments de l'analyse de soi de celui-ci (*er sich analysiert*, écrit Hegel), des « abstractions », auprès desquelles il « séjourne » en chemin, de « l'essence réelle absolue qui se porte elle-même ». Hegel écrit alors ceci, qui éclaire en quel sens la langue de la conscience était, nécessairement déjà, la langue de l'esprit :

> Cette singularisation isolante de tels moments a lui-même pour *présupposition* et pour *subsistance* [*Bestehen*], ou [encore :] elle existe [*existiert*] seulement en lui, qui est l'existence [*der die Existenz ist*]. Ces moments, ainsi isolés, ont l'apparence d'*être*

en tant que tels ; mais comment ils sont seulement des moments ou des grandeurs évanescentes, c'est ce qu'a montré le mouvement qui les fait rouler plus loin [*ihre Fortwälzung*] et revenir en leur fondement et essence ; et cette essence précisément est ce mouvement et cette dissolution de ces moments [1].

La conscience est ainsi, dès la première figure de son itinéraire, un moment qui se tient dans l'esprit, elle est l'esprit lui-même en tant que conscience. Et il est là, du moins *als Geist*, dans ce qui est son être-là absolument propre, la langue, le langage que tient la conscience, dont la *Sprachlichkeit* est par conséquent, de part en part, *Sprachlichkeit* spirituelle. Ce que la conscience dit, en effet, se tiendra à chaque fois plus haut que ce qu'elle est, accomplissant l'aliénation de chaque figure du Soi à elle-même, dans l'« exécution » de son effectivité, c'est-à-dire de son sacrifice. En son langage la conscience ne cherchera qu'à se dire, à être-là en tant que le savoir qu'elle est (ainsi la certitude sensible : « Maintenant est le jour », « Maintenant est la nuit »). Mais l'existence de ce savoir est son accomplissement dans un autre savoir, dans la vérité – plus haute que lui – du savoir qu'elle a déjà quitté. « Mais le langage est, comme nous le voyons, le plus vrai [*das Wahrhaftere* : le plus sincère] », écrit Hegel [2], lorsqu'il dit le sensible comme un universel, lorsque, par conséquent, la conscience parle en disant tout autre chose que ce qu'elle vise, et sans savoir ce qu'elle dit : « En lui, nous réfutons même immédiatement notre *visée* (*unsere Meinung*), et puisque l'universel est ce qu'il y a de vrai dans la certitude sensible, et que le langage exprime seulement ce vrai, il n'est absolument pas possible que nous

---

1. *Ph. G.*, « Der Geist », p. 289 ; *Ph. E.*, p. 385.
2. *Ph. G.*, « Die sinnliche Gewißheit », p. 71 ; *Ph. E.*, p. 134.

puissions jamais dire un être sensible que nous *visons* ». Si
l'expérience de la conscience en ses actes est le chemin
nécessaire de son sacrifice, un tel sacrifice ne s'accomplit pour
la conscience elle-même qu'à la condition que celle-ci cherche
d'elle-même à se recueillir dans son être, ou s'élève au sens et
savoir de son être, c'est-à-dire à la langue qui dira celui-ci. Il ne
suffit pas que l'esprit s'affirme comme conscience, il est
encore nécessaire que la conscience s'affirme comme esprit,
pour que, au terme de son périple, elle devienne savoir absolu.
Mais en vérité il s'agit là de la même affirmation. L'analyse de
soi de l'esprit est identique à la réaffirmation de soi en chacune
de ses figures limitées, et de celui-ci par celles-là. À chaque
moment le savoir apparaissant doit chercher à se savoir soi-
même pour conquérir l'effectivité de son absolutisation.

La langue de la conscience n'est pourtant pas d'emblée la
langue en laquelle est exposée son expérience, qui présuppose,
pour se déployer comme science, l'achèvement de celle-ci
et l'avènement de la langue propre de la conscience à la
conscience de soi totale du concept. Toute la *Phénoménologie*
est alors le chemin par lequel la langue de la conscience rejoint
la langue du concept, qui sont en vérité la même langue venant
à soi comme *Ausführung* de la pensée, de son affirmation
initiale dans la conscience finie à son affirmation infinie dans
le savoir absolu. Ainsi la langue hégélienne, donnant libéralement la parole à la conscience, sans jamais lui faire tenir le
langage du concept, ce qui reviendrait à intervenir sur elle – ou
le concept libérant en lui-même la langue de la représentation –,
ne fait, sur le chemin phénoménologique, que rendre effectif
son propre avènement à lui-même en tant que concept. Le
savoir absolu vient à lui-même dans la langue de la conscience :
cela ne veut surtout pas dire qu'il attire inexorablement celle-ci

jusqu'à lui comme par la masse de son effectivité, mais bien plutôt qu'en lui, dans la langue en laquelle la *Phénoménologie* est écrite, c'est-à-dire est pensée, la langue représentative de la conscience devient par elle-même la langue spéculative que la « Préface », dès le commencement, cherchait à penser, dans la destruction qui s'accomplit en elle de la forme de la proposition, comme harmonie qui a la différence résolue en elle-même. Si, d'un côté, le savoir absolu revient à soi en exposant le devenir science de la conscience, d'un autre côté, précisément en tant que savoir absolu il ne revient, dans sa propre langue, à lui-même, ou ne refait en lui-même le chemin jusqu'à soi, que dans la mesure où c'est son autre, la conscience finie (qui entre en scène comme un tel être-autre), qui vient à lui dans une langue qui ne lui est pas moins propre. Mais cela ne suffit pourtant pas encore. C'est en effet la puissance la plus haute du savoir absolu que de libérer ainsi d'abord et surtout de lui-même son propre commencement, qui peut alors se libérer par soi-même de soi-même, un commencement dont il n'est la « fin » que dans la mesure où le commencement est lui-même, en son affirmation propre, commencement, commencement résolu à aller jusqu'au bout de lui-même. Le savoir absolu est par conséquent présupposé une première fois comme l'élément, la *Sprachlichkeit* spéculative en laquelle seulement l'expérience de la conscience est exposée en sa vérité. Mais il est présupposé une seconde fois en tant que décision propre à la conscience de se penser elle-même, de se savoir et de dire un tel savoir de soi. Une telle décision, en effet, est le savoir absolu lui-même, dont l'absoluité n'est autre que la liberté par laquelle il se décide pour lui-même dans le sujet fini s'élevant alors jusqu'à lui, non dans son être, mais toujours seulement dans son acte.

Dès le commencement, ainsi, la langue est la langue de l'esprit, et même de l'esprit absolu, qui est là en tant qu'esprit lors même qu'il se pose en tant que conscience, dans la langue d'une telle conscience. Aussi le savoir absolu n'est-il que l'accomplissement le plus haut de cet esprit qui est-là dans la langue que nous parlons, lorsque celui-ci se résout, en tant que conscience finie, au savoir de soi, c'est-à-dire, au fond, à l'Acte infini du savoir absolu. Cet esprit, qui est un « nous », est celui qui s'est réconcilié avec lui-même à travers la « déchirure absolue » : la plus haute réconciliation, qui fut d'abord l'Acte de la réconciliation – il ne l'atteint que dans le savoir de soi, et la langue en laquelle la vérité existe. La langue selon Hegel, comme langue de l'esprit, est la langue de la réconciliation. Sans doute, ainsi, c'est bien toujours seulement à leurs fruits que vous les reconnaîtrez, mais cette reconnaissance elle-même n'existera que dans la langue. L'acte est le chemin nécessaire de la réconciliation, mais la réconciliation elle-même existe toujours en tant que « mot de la réconciliation ».

Chapitre VI

ART

Dès que l'on s'y arrêtera, la thèse hégélienne de la mort de l'art paraîtra très intrigante. Non seulement dans la mesure où nous ne pouvons immédiatement dire avec précision ni quand, ni en quel sens au juste cet événement a eu lieu – si une telle mort est vraiment, ainsi, un événement; mais parce que le sens de cette mort – qui n'est pas une « fin » au sens où l'histoire dans le hégélianisme est finie, et non pas davantage un accomplissement au sens où la philosophie s'accomplit aujourd'hui dans le savoir absolu, au sens aussi où avant elle la religion s'est elle-même accomplie dans la religion manifeste, la religion de la religion (la mort de l'art sera pourtant bien à la fois une fin et un accomplissement), – un tel sens spéculatif demeure lui-même très difficile à rejoindre. Hegel est le penseur de toutes les « fins » : « Dans la philosophie circulaire de Hegel », écrit Bernard Bourgeois, qui libère la vérité de la condition de l'indéfinité, toutes les grandes activités spirituelles ont une fin » [1]. Tout ce qui est « esprit », autrement dit

---

1. Dans un article fondamental dont nous nous inspirons ici, « Mort de l'art et art moderne », *Les Actes de l'esprit*, Paris, Vrin, 2001 (p. 191). On se repor-

manifestation de soi, parvient à sa fin, *Ende*, ce qui veut dire
d'abord à son accomplissement le plus haut, à l'effectuation de
son concept. Il appartient à l'esprit de s'accomplir dans la libre
détermination de soi-même, c'est-à-dire de rejoindre parfaitement son commencement dans le déploiement total, concret,
de celui-ci, sur un chemin qui est toujours d'éloignement et
d'approche en retour, *Rückannäherung*. Il n'y a, toujours, que
des cercles. Le sens, l'Idée logique, est, quel que soit l'élément
de son existence, le cercle de sa manifestation. Ainsi l'histoire
finit-elle : elle finit lorsque son commencement s'accomplit
parfaitement dans l'État de la liberté, celui qui a désormais
en lui la famille et la société civile, lorsque la substantialité éthique s'est accomplie comme subjectivité dans le sens
nouveau, moderne, de la *Sittlichkeit*. La philosophie a elle-
même rejoint – tel est bien le sens du présent – son sens grec
pleinement déployé, puisqu'elle était déjà le droit du sujet,
comme droit infini de la pensée, l'émergence d'une subjectivité qui à présent existe dans l'activité infinie, énergique, du
savoir absolu, et supprime, dans cet Acte, à chaque fois, « le
caractère étranger des objets »[1]. La philosophie accomplit son
sens grec dans la sérénité du savoir absolu : celle-ci est aussi,
pour Hegel, la dissipation de toute crainte. La religion elle-
même a atteint la plénitude de son concept, comme religion de
la manifestation, en laquelle la substantialité est venue périr, à
travers le *Gott selbst ist tot*, en une spiritualisation finale par

tera aussi à H.-G. Gadamer, « Fin de l'art ? De la théorie hégélienne du caractère
révolu de l'art à l'anti-art d'aujourd'hui », trad. fr. Ph. Ivernel dans *L'Héritage
de l'Europe*, Paris, Rivages, 1996.

1. *E.*, *S.L.*, « Introduction » (1817), § 5, R., p. 156.

laquelle s'accomplit la subjectivité du divin. Ainsi tout prend
« fin » de l'esprit, qui en cette fin, à chaque fois, accomplit
son cercle, ou ce qu'il est lui-même, le concept, puisqu'il
appartient au concept en tant que concept d'aller à son
accomplissement.

Mais si l'art, de son côté, dans la sphère même de la
religion, a déjà, *pour nous*, pris fin, c'est en un autre sens.
L'histoire s'achevant ne verra plus émerger en elle rien de
nouveau quant à son sens essentiel, aucun monde ne se confi-
gurant plus désormais qui soit radicalement nouveau, quels
que soient les accidents du temps et « l'absurdité du cours du
monde ». Ni la religion ni la philosophie, en leur accomplissement même, ne disparaissent : leur plénitude est au contraire
désormais pleinement présente, leur achèvement a le sens de
leur Présence. La religion s'achève avec la communauté luthé-
rienne, lorsque la religion est alors elle-même absolument
divine (et non pas humaine, comme le voulait Kojève). La
philosophie s'accomplit comme savoir absolu qui pense
l'identité de son concept et de son déploiement historique,
puisqu'il y a tout autant une histoire de l'esprit absolu, qu'il
reprend à présent pour la première fois en lui. La mort de l'art
veut dire tout au contraire qu'il appartient désormais au passé.
Une fois pour toutes, l'art a perdu le sens qui fut le sien, en
sorte que l'époque de l'art est passée. Un tel événement final
a le sens d'une mort. Dans les *Leçons* de Berlin, Hegel présente
ainsi une telle mort : « Sous tous ces rapports, l'art est et reste
pour nous, quant à sa destination la plus haute, quelque chose
de révolu. Il a de ce fait perdu aussi pour nous sa vérité et sa vie
authentiques, et il est davantage relégué dans notre *représentation* qu'il n'affirme dans l'effectivité son ancienne nécessité

et n'y occupe sa place éminente »[1]. C'est le sens le plus haut de
l'art qui n'est plus présent, mais appartient au passé : or l'art
lui-même dans l'avenir poursuivra son cours, mais pour
l'essentiel il a accompli son cercle. Il l'a même, comme y
insiste à nouveau Bernard Bourgeois, accompli en un double
sens, ou plutôt deux fois : dans l'art classique, en lequel l'art
fut (le classique est révolu) le plus authentiquement lui-même,
et dans l'art romantique, qui en est la forme finale, non moins
nécessaire que le moment classique. L'art est à cet égard une
exception remarquable dans l'ordre de l'esprit, puisque sa
forme parfaite n'est pas sa forme finale : son achèvement se
tient au centre de son histoire, mais cela ne veut pas dire que
son développement romantique ne relèverait pas de la nécessité de son concept, comme s'il ne s'agissait que d'une survi-
vance au fond contingente de l'art lui-même. L'art se dépasse
lui-même à l'intérieur de lui-même, pour aller jusqu'à ce que
Hegel appellera, à la fin des *Leçons*, son *Auflösung*[2]. Mais
puisqu'il dépasse tout autant sa propre mort, il passe une
seconde fois, en un autre sens, au-delà de lui-même, laissant
cette fois-ci en chemin son sens essentiel, et prenant peut-être
alors pour nous un *autre* sens. L'affirmation hégélienne de la
mort de l'art ne nous met pas en situation seulement de penser
cet événement énigmatique, et, au fond, double, mais tout
autant de poser la question de la survie, de la double survie de
l'art. Car, dans Hegel lui-même, il ne meurt pas, ni la première,
ni la seconde fois, sans survivre. La question qui se présente

1. *Cours d'esthétique*, trad. fr. J.-P. Lefebvre et V. von Schenck, Paris,
Aubier-Flammarion, 1995 *sq.*, I, p. 18 (désormais cité *C.E.*).
2. *C.E.*, III, p. 539. C'est d'abord chaque forme artistique, symbolique,
classique, romantique (à chaque fois le rapport de l'Idée à sa figuration
sensible), qui va jusqu'à sa dissolution.

sera alors celle de savoir ce que voudra dire désormais pour nous l'art, et si lui-même, en tant qu'art, ne portera pas désormais nécessairement le deuil de lui-même. Il est très frappant, avant tout, que la seconde mort de l'art soit contemporaine de l'avènement clair de son sens dans la pensée. Ce n'est qu'aujourd'hui que nous pouvons penser l'art, et c'est ainsi qu'il meurt, d'ailleurs : dans la pensée de son sens, dans la clarification finale, d'abord à travers le jugement et la représentation, mais, surtout, la clarification qui est tout autant l'intensification spéculative (puisque c'est la même médiation qui s'accomplit alors au-delà de lui) de son propre sens. Un tel événement conceptuel adviendra peut-être tout autant dans l'art lui-même, à sa mesure, en tant que son propre devenir conceptuel. Mais s'il en est bien ainsi, cela voudra dire que la mort de l'art advient alors dans l'art lui-même, un art qui portera peut-être désormais sans fin le deuil de son propre sens.

Regardons de plus près. « Les œuvres d'art ne sont ni des pensées, ni du concept », affirme Hegel[1]. Tout au contraire, elles sont en première apparence le déploiement du concept hors de lui-même, son *Entfremdung* dans le sensible. Il appartient au concept d'exister dans un tel contraire de lui-même, qu'il reprend en soi dans une seconde *Aufhebung*, la suppression de son *Entfremdung*. Et l'art est déjà en vérité cette seconde négation : l'expression est bien un aller hors de soi, mais l'événement qui advient avec chaque œuvre d'art est un retour en soi depuis l'aliénation historique de l'esprit à lui-même, la transfiguration comme spiritualisation du sensible. Le sensible dans l'art vient à la clarté. En sorte que l'art appartient à l'esprit en sa reconnaissance de soi-même, en

1. *C.E.*, I, p. 21.

sa conscience de soi, il est le premier médiateur de l'esprit
avec soi-même, dont il accomplit le retour, s'engageant sur le
chemin par lequel il revient auprès de soi, se libère, ainsi, de ce
que Hegel appelle « sa captivité et limitation finies »[1]. Mais
une telle appartenance de l'art à l'esprit pensant, par lequel
l'histoire – et, ainsi, toujours un peuple : l'art pour Hegel est
toujours l'art d'un peuple – se recueille pour poser devant soi
ce qu'elle tient pour son propre sens, le plus haut ou le divin
(fût-il le plus simple et quotidien : ainsi dans la peinture hollan-
daise, où un peuple, selon la magnifique analyse hégélienne, se
représente à lui-même la liberté de son activité autocréatrice[2]),
renferme déjà la nécessité du dépassement de l'art par lui-
même – puisqu'un tel dépassement est un autodépassement,
et la mort une mort qu'il s'infligera en effet du dedans de lui-
même : la propre médiation qu'il est lui-même ne sera accomplie que plus haut que lui-même, et c'est par fidélité à son
propre sens, à sa propre nécessité, celle du retour de l'esprit
auprès de lui-même, qu'il se dépassera une première fois dans
son devenir romantique, autrement dit son passage à l'intériorité et à la subjectivité infinie, presque « trop infinie » si elle est
mesurée à ce que peut l'art, autrement dit la manifestation
sensible, dont elle sera l'intensification jusqu'à l'exacerbation,
une seconde fois dans son devenir concept, autrement dit,
alors, dans la négation de soi pour une affirmation plus haute
de l'esprit, où l'art lui-même sera du même coup pensé en
son sens. L'art meurt une première fois avec le refoulement
de l'œuvre dans la subjectivité romantique, et cette mort est
l'entrée en scène, avec la peinture et la musique, de la poésie

1. *C.E.*, I, p. 128.
2. *C.E.*, I, p. 227.

comme lieu final, dématérialisé, de sa nécessité (en un autre sens, celui de l'imagination, il faudra dire que l'art lui-même est tout entier poésie, que Hegel oppose à la prose de la finitude, tout comme il lui opposera, de l'autre côté, l'autre prose, celle du concept, la poésie se dépassant elle-même dans la prose de la pensée), il meurt une seconde fois dans la poésie elle-même, lorsque celle-ci transmet à une autre langue que la langue poétique, confiant non plus au *Dichten* mais au *Denken*, la nécessité qui cherchait en vain à s'accomplir en elle. La langue est le lieu de ces deux morts de l'art : l'une advient étrangement dans le cours même de la nécessité de son déploiement en tant qu'art, l'autre comme la fin d'une telle nécessité, le destin de l'art devenant alors, au-delà d'une telle mort, et, par conséquent, pour nous, énigmatique.

Il convient, pour aller plus loin dans la considération de la double mort de l'art, de nous retourner d'abord vers le sens dans lequel il était lui-même en vie. Or ce qu'il accomplissait, selon Hegel, était, à chaque fois, une transfiguration, un éclairement du sensible, et l'événement, dans cette clarté, d'une sérénité. La vie de l'art était la vie de l'Idée, en son autodétermination singulière comme Idéal : la beauté dont il s'agit dans l'art, au moins jusqu'à sa mort, puisque le deuil de l'art est aussi le deuil d'une beauté qui aujourd'hui n'est plus à la mesure de l'esprit, est l'existence éclatante de l'Idée : un tel éclat a pour sens l'adéquation, autrement dit l'unité entre l'Idée et son existence, c'est-à-dire sa manifestation. Le beau est par conséquent « le paraître sensible de l'Idée »[1]. Le trait essentiel d'un tel paraître est bien qu'il n'accomplit pas seulement la *Versinnlichung* du concept mais la transfiguration du sensible, qui

1. *C.E.*, I, p. 153.

abandonne, relève Hegel, l'immédiateté de son être, désormais concentrée « uniquement » sur la *Darstellung* de l'Idée [1]. Ce qui veut dire que le « contenu » de l'art est toujours le libre contenu infini, qui dans le beau « fait alliance », selon l'expression hégélienne, avec la manifestation sensible, que le concept détermine à partir de lui-même, et par conséquent qu'il ne s'agit dans l'art ni de la subjectivité comme intelligence finie, ni de la volonté en ses fins elles-mêmes seulement finies. Mais une telle autodétermination, et ainsi, au fond, autoprésentation sensible du concept est tout le contraire de la domination du paraître par l'Idée. Il faudra dire, à l'opposé, que l'acte du concept en un tel paraître de lui-même est – mais tel est au fond, constamment, son Acte le plus haut – un *lassen*, un laisser être, et même, dans le texte des *Leçons*, un *Gewährenlassen*, qui libère la manifestation avant tout en la laissant libre : libre, d'abord, de toute volonté, de toute fin, de tout besoin finis, en sorte que la présence est, seulement alors, présence libre : « L'objet en tant que bel objet n'apparaît ni comme assailli et contraint par nous, ni comme combattu et vaincu par les autres choses extérieures » [2]. Tel est le sens hégélien de la libéralité du beau, libéralité qu'il faudra une fois pour toutes reconnaître comme le trait majeur du *Geist* en son absoluité, dans toutes les sphères de son savoir de soi. Elle est, dans l'art déjà, un laisser libre, à la faveur duquel la manifestation et le concept produisent à partir d'eux-mêmes, dans une immanence absolue, leur interpénétration, *Durchdringung*. Or une telle immanence est d'abord celle du concept, qui *est sa manifestation*. Le paraître ne saurait cependant être un paraître de l'Idée s'il n'est lui-

1. *C.E.*, I, p. 153.
2. *C.E.*, I, p. 157.

même un libre paraître. La manifestation est libérée en tant que manifestation, ce qui veut dire que, non seulement l'œuvre elle-même, mais tout dans l'œuvre, insistera Hegel, doit librement paraître, et « tourner vers le dehors », *herauskehren*, laisser apparaître vers l'extérieur la subsistance par soi de la manifestation. La nécessité de l'Idée ne se donnera par conséquent dans l'art qu'en tant que *contingence* de la manifestation : telle est la libéralité qui laisse vivre l'apparence de sa vie libre et propre dans l'art, une vie qui s'appelle la beauté, en sa fragilité, en sa contingence. Il y aura ainsi pour Hegel une *Gelassenheit* esthétique, qui ne caractérisera pas seulement la contemplation de l'œuvre d'art, la présence en laquelle elle ferait entrer celui qui la rencontre, mais d'abord la création par laquelle la manifestation est libérée jusqu'à la plus haute intensité dont elle soit capable, son unité parfaite avec l'Idée. *Il n'y aura pas d'art, pour Hegel, qui ne se tienne dans l'événement d'une telle sérénité*. Hegel y reviendra dans la recherche sur l'Idéal, lorsqu'il en dégagera le trait essentiel, « le repos serein et la félicité, cette autosuffisance dans la résolution (*Beschlossenheit*) et la satisfaction propres » [1]. Une telle αὐτάρκεια et affirmation sereine, résolue, est le trait qui marque toute réconciliation, et de la façon la plus frappante la réconciliation souveraine, le savoir absolu. Elle est déjà ce qui paraît en toute œuvre d'art, non pas seulement le contenu mais, selon l'adéquation classique (puisque l'Idéal est déjà le sens du classique) le trait même de son paraître : dans l'œuvre d'art achevée, la sérénité n'est pas seulement ce qui apparaît, mais elle est la sérénité de la représentation même, en vertu de la *Durchdringung*. La sérénité, rigoureusement pensée, est le trait même du

1. *C.E.*, I, p. 212.

retour en soi (*Zurückgenommensein in sich*), ce qui veut dire : de l'absoluité ou de la liberté, frappant de sa négativité tout ce qui est fini : la sérénité est toujours ainsi *la sérénité en soi-même*, comme l'infinité hégélienne est toujours celle du retour en soi. Hegel insistera sur la concentration sur soi de l'individualité libre apparaissant dans l'œuvre d'art toujours en ce sens à quelque égard comme divine, si le divin est le libre. C'est tout autant la simplicité d'une telle sérénité qui paraît dans la tragédie même, la simplicité à laquelle Hegel donne à présent le trait le plus propre de l'esprit : le héros tragique, ainsi Œdipe dans *Œdipe à Colone*, « se retire dans l'être-chez-soi simple », *das einfache Beisichsein*. L'affirmation immanente à toute œuvre d'art est celle du héros tragique parvenu à la fin de son périple : *Es ist so*. L'œuvre d'art laisse venir en une libre présence : or, en un tel *lassen*, elle reconduit au fond, désormais libérée de sa finitude, la pure affirmation première, celle qui fut déjà initialement l'affirmation de la conscience, en tant que certitude sensible, l'affirmation de l'être : *Es ist*. L'œuvre d'art est le retour, mais libre, de ce commencement-là. La tragédie même accomplira à chaque fois le dépassement de la souffrance et de la division d'abord engendrées par l'affirmation unilatérale – celle-ci ne fut jamais, dans l'homme plastique grec, affirmation coupable ou innocente, puisqu'il n'y eut jamais là le moindre choix ; elle est l'affirmation, comme Hegel y insistera, d'un héros qui est tout entier πάθος, à chaque fois un avec ce qu'il veut et accomplit[1]. Tragique-

---

1. *C.E.*, III, p. 513 *sq.* : « Le Grec plastique assume ce qu'il a accompli en tant qu'individu et ne se disjoint pas en une subjectivité formelle qui est celle de la conscience de soi d'une part, et d'autre part en ce qui est une affaire objective ».

ment, le dépassement ultime ne sera jamais la réconciliation morale (qui n'est justement pas, pour Hegel, réconciliatrice), mais la réconciliation qu'il faudra dire précisément *sittlich*, où « le cœur est rasséréné de façon véritablement éthique »[1]. Tout autre était la réconciliation épique : les héros épiques devaient à la vérité d'acheter durement leur apaisement, de « payer leur dette à la finitude ». La νέμεσις épique, l'ancienne justice, est la pure égalisation du bonheur par le malheur, elle n'est pas *sittliche Versöhnung*. Achille sera apaisé, mais il aura perdu Patrocle, et avec cette mort il aura lui-même été touché par l'éphémère, en sorte que l'immortalité de la gloire et « le sentiment de sa mort précoce » lui seront advenues en même temps[2]. Au contraire, note Hegel, « la réconciliation tragique supérieure dégage les substantialités éthiques déterminées de l'opposition où elles se trouvaient par rapport à leur véritable harmonie »[3]. La justice tragique n'est pas égalisatrice, mais réconciliatrice vraiment, non pas seulement sur le plan objectif, où la réconciliation advient comme restauration de la plénitude de la vie éthique, mais, du moins lorsque la tragédie parvient au plus haut, ainsi dans *Œdipe à Colone* de Sophocle, « cette tragédie admirable à jamais », elle pénètre la subjectivité même[4]. La sérénité œdipienne accomplit elle aussi le

1. *C.E.*, III, p. 515.
2. *C.E.*, III, p. 516.
3. *C.E.*, III, p. 517.
4. *C.E.*, III, p. 519 : « Mais le vieux devineur d'énigmes force la conscience de sa sombre destinée à sortir au grand jour et acquiert par là même la terrible conscience de ce qu'il est en lui-même devenu cela […]. Mais l'accablé demeuré en Colone, qui, au lieu d'écouter la requête de son fils l'implorant de revenir, flanque au contraire celui-ci de l'Erynnie qu'il mérite, lui qui efface en lui toute discorde et se purifie en lui-même, un dieu l'appelle à lui ».

retour en soi qui advient en toute œuvre d'art. Même dans l'art
moderne, qui fera droit au déchirement et à la dissonance
(représentant, ainsi, le rire des soldats romains dans la peinture
de la Passion), la douleur parviendra selon Hegel à la transfiguration sereine (celle de la plainte dans la musique italienne,
celle du sourire à travers la souffrance où transparaît « la liberté
du beau défiant toute douleur » [1]). Le beau est alors l'intensification absolue d'un tel *Es ist so*, il est l'affirmation de l'être-un
avec le fini, la sérénité qui en recueille l'inquiétude et lui donne
le sceau du « Oui réconciliateur », l'événement affirmatif de
l'absolutisation de l'esprit, son Acte le plus haut. Ainsi la vie
de l'art est-elle toujours celle d'une affirmation sereine.

Mais une telle *Gelassenheit* dans l'art s'était déjà
accomplie en sa perfection avec l'Idéal classique, en sorte
qu'une première *Auflösung* de l'art lui-même est déjà advenue
avec la fin de l'art grec. Dans l'art classique le libre se signifie
soi-même, la manifestation est elle-même identique à son
propre intérieur, qui par conséquent en elle se réfère à lui-
même. Le libre classique fait signe vers lui-même, dans une
« identité de la signification et de la corporéité » qui existe
comme beauté humaine [2]. La première mort de l'art est la
dissolution du classique, lorsque le divin est lui-même frappé
de la contingence qui affecte sa pluralité, et par là de la « disso-
lubilité » qui transparaissait déjà dans la tristesse, « ce silen-
cieux trait de tristesse » que les statues des dieux, en leur solitude, en leur sérénité même, laissait toujours apparaître :
« C'est déjà cette tristesse qui constitue leur destin », remarque
Hegel, « en ce qu'elle indique qu'il y a quelque chose de plus

1. *C.E.*, I, p. 213-214.
2. *C.E.*, II, p. 16-17.

élevé au-dessus d'eux et que le passage des particularités à leur unité universelle est nécessaire ». La mort de l'art – la seconde ne fera en ce sens que répéter la première –, aura encore cette tristesse pour provenance, ou plutôt comme le signe qui l'aura de loin, en l'art même, annoncée : la tristesse du regard divin, dans la statuaire grec, est déjà la marque de la *Vergänglichkeit* de l'art lui-même, anticipant la contingence de la manifestation sensible à laquelle il va se heurter, dans la tentative d'immatérialisation poétique finale de l'œuvre, se révélant pourtant, à la fin, inadéquate à l'intériorité infinie de la Subjectivité absolue. C'est à la fin de l'art classique que l'esprit commence le mouvement de son reflux en lui-même qui lui fera, beaucoup plus loin sur le chemin de son déploiement, quitter l'art lui-même. La dissolution du classique est en effet le retournement par lequel l'esprit commence à se retirer à l'intérieur, reprenant en soi sa propre expression finie de lui-même[1]. L'art classique se dissolvant passera par le même chemin que celui que l'art même suivra lors de son ultime tentative pour accomplir, romantiquement, la médiation essentielle qu'il était lui-même depuis le commencement. Cette fin, déjà pensée dans la *Phénoménologie de l'esprit*, est, comme on sait, comique. La fin est le retour de la scission entre l'esprit qui a reflué dans la subjectivité singulière et l'effectivité d'un monde où la teneur éthique est elle-même en train de mourir. La comédie, la « drôlerie allègre et pure » d'un Aristophane, met en représentation l'effectivité « dans la déraison de son déclin lui-même »[2], l'autodestruction de la *Sittlichkeit*, qui engendrera le retour de la prose, du rapport prosaïque du sujet

1. *C.E.*, II, p. 109.
2. *C.E.*, II, p. 111.

et du monde qu'il refuse. La fin du classique est la fin du poétique, l'avènement d'un sujet qui ne veut plus et ne peut plus se reconnaître dans l'effectivité « dégénérée », écrit Hegel. Le satirique est la dissolution prosaïque de l'idéal, la fin romaine de l'art grec (il n'y a pas d'art libre à Rome, selon Hegel). Mais la comédie, qui fut déjà la fin de la *Kunst-Religion*, marquera tout autant la fin de l'art. Par là elle confirmera que la mort de l'art a lieu dans l'art lui-même. Considérons cet événement final. Dans la comédie c'est la sérénité tragique, en laquelle tout l'art, dans son principe, se rassemble, qui marque encore la subjectivité tranquille, et s'engageant alors tranquillement dans la contradiction de soi. Ce qui dans la tragédie était la fin, le dépassement serein, devient à présent le tranquille commencement comique d'une subjectivité désormais désubstantialisée, devant laquelle rien n'a de consistance, pas plus elle-même que son monde. Le personnage comique le plus pur, pour Hegel, est comique avant tout à ses propres yeux, et non pas seulement pour le spectateur, il rit de soi et de tout, il ne prend pas au sérieux le sérieux de sa propre volonté, il est l'homme qui ne peut ni ne veut être un autre, l'homme absolument *sans* πάθος – et qui cependant n'est pas même sérieusement lié à lui-même, libre aussi de lui-même. La comédie d'Aristophane nous fait entrer « dans cette liberté absolue de l'esprit qui, dès le début, est en soi et pour soi réconcilié en tout ce que l'homme commence, dans ce monde de gaieté subjective » [1]. Le divin s'est effondré sur lui-même, mais la sérénité du divin a été déplacée sur la scène humaine, où elle est devenue « l'équanimité insouciante […] qui en a fini de

---

[1]. *C.E.*, III, p. 521. « Tant qu'on ne l'a pas lu, on ne peut pas savoir à quel point l'homme peut se sentir rudement bien », commente Hegel.

tout »[1]. Cette fin de tout est l'inversion de tout, *die Verkehrtheit*, tout ce qui est sérieux et vrai se retournant en frivolité et folie absolues. Mais la mort de l'art fut-elle alors, décidément, déjà grecque ? En un sens, oui, car la seconde mort de l'art n'en sera que l'écho, le redoublement au-delà de la survie romantique de l'art classique. Le centre de la tragédie romantique, ainsi, sera la subjectivité. Si la mort d'Agamemnon avait encore un sens éthique, la mort du père d'Hamlet n'aura plus que le sens d'un crime abominable : toute la collision tragique advient dans Hamlet, entre son indécision et l'acte énergique qui, il le sait et s'y est au fond de lui résolu, doit répondre au crime : hésitation propre à la subjectivité, et ainsi à la modernité[2]. Hamlet a intériorisé la collision tragique. La richesse des personnages shakespeariens est celle d'une folie subjective – le désir du pouvoir de Macbeth, la jalousie d'Othello – que le poète n'aura cependant jamais abandonnée à « ses propres bornes ». Ils se regardent eux-mêmes comme des œuvres d'art, en sorte qu'« il en fait de libres artistes d'eux-mêmes », note Hegel[3]. La riche infinité de l'intériorité moderne fait de chaque personnage un artiste et une œuvre d'art, le retournant ainsi vers soi-même, il se regarde lui-même et devient un tel rapport à soi infini de

1. *C.E.*, III, p. 522.

2. Il conviendrait cependant de distinguer l'hésitation d'Hamlet de l'irré-solution moderne : Hamlet hésite seulement sur les voies de l'action venge-resse, mais il garde d'Oreste et d'Electre la fermeté de la volonté unique (*cf.* contre l'interprétation fantomatique des personnages de Shakespeare, *C.E.*, I, p. 324. La résolution de Macbeth est encore plus manifeste). La poésie drama-tique moderne tombera tout autant hors de l'art lorsqu'elle tentera, ainsi avec le *Prince de Hombourg*, de faire droit à « une vérité indéchiffrable de l'Épouvan-table ». « Or il faut précisément bannir les forces obscures du domaine de l'art, car en lui il n'y a rien d'obscur » (*C.E.*, I, p. 322-323).

3. *C.E.*, III, p. 529.

l'imagination poétique. Le personnage devient autocréateur, l'œuvre d'art présente en elle-même la création de soi. La collision qui advient en lui doit cependant, pour atteindre au tragique, garder, faute d'une justification éthique désormais inaccessible, la nécessité à présent toute intérieure d'un personnage qui va à sa perte, dans un combat autodestructeur avec la contingence qu'il rencontre, et contre laquelle il se précipite, de toute son impossibilité à être un autre que lui-même, autre que purement et simplement sa propre folie. Mais dans ces conditions comment penser, au cœur de la tragédie subjective, l'événement moderne de la sérénité ? L'injustice est devenue le fait même de la subjectivité, et elle ne donnera lieu qu'à une réconciliation « plus froide », qui devra pourtant advenir aussi dans le personnage lui-même. Toute la tragédie moderne se voit transformée par la contingence qui désormais en affecte le dénouement. Toute cette histoire qui finit sombrement aurait pu tourner autrement, Hamlet aurait pu ne pas mourir, si les épées n'avaient été fortuitement échangées. Où est la réconciliation ? Elle est dans la rencontre de cette mort totalement contingente avec celui qu'était Hamlet depuis le commencement. En lui, relève Hegel, « il y a dès le début la mort » : « Le banc de sable de la finitude ne lui suffit pas » [1]. La mort contingente d'Hamlet accomplit la nécessité qu'il portait en lui depuis le commencement. L'amour de Roméo et Juliette n'appartenait pas davantage à « cette vallée de contingences ». Une sorte de justice douloureuse et moderne est rétablie avec leur mort, et un « apaisement » que marque cependant la douleur d'une subjectivité qui ne rencontrera plus jamais dans le fini la guérison dont elle est devenue elle-même l'inquiétude infinie.

1. *C.E.*, III, p. 533.

Quant à la comédie moderne, seul Shakespeare, à nouveau, aura selon Hegel retrouvé la «folie et subjectivité intrinsèquement et fondamentalement sereine» qui furent celles d'un Aristophane[1].

Comment l'art est-il mort une seconde fois, et comment à présent, une seconde fois, survit-il? Le plus difficile est bien de penser ce qu'il en est aujourd'hui de l'art, de la libre manifestation sensible, de la sérénité, de la clarté qui advenaient avec l'œuvre. Tout le devenir de l'art à partir de sa première mort en lui-même est une immatérialisation. La *Versinnlichung* était une *Verbildlichung*: avec la poésie celle-ci advient intérieurement, comme insensibilisation de l'image, et dans la langue poétique toute l'objectivité passe à l'intérieur[2]. La musique avait déjà accompli l'intériorisation extrême de l'objectivité esthétique, retirant celle-ci du visible pour la confier aux «figurations de la résonance vibrant en soimême», dans l'extrême de la concentration subjective. Mais le son et ses proportions numériques ne peuvent exprimer que symboliquement la teneur qualitative de l'esprit[3]. Avec la poésie l'intériorité se redéploie en monde objectif qui retrouve, avec l'intériorité en laquelle la musique s'était déjà engagée, la détermination développée propre aux arts plastiques. Mais le tournant qui éloigne la poésie de la peinture et de la musique est surtout l'événement de «l'exfiguration sensible» de son contenu[4], car l'essentiel en elle n'est plus pour Hegel la matérialité sonore, qui n'est qu'un jeu à côté de son matériau vrai.

1. *C.E.*, III, p. 539.
2. *C.E.*, III, p. 256.
3. *C.E.*, III, p. 205.
4. *C.E.*, III, p. 210.

L'objectivité poétique est désormais celle de la représentation intérieure, qui n'est pas seulement, par conséquent, le contenu de la poésie, mais tout autant la forme ou le matériau poétique. Celui-ci est devenu ce que l'esprit contemple en soi-même : « L'esprit devient ainsi objectal à lui-même sur son propre sol et n'a l'élément du langage que comme un moyen, partie de la communication, partie de l'extériorité immédiate depuis laquelle, comme si elle n'était qu'un simple signe, il est dès le départ revenu en lui-même »[1]. Nous pouvons alors comprendre la nécessité du développement de l'art par-delà son moment de perfection classique : si « l'art ne fait d'abord que chercher son contenu adéquat, puis le trouve, et enfin le dépasse »[2], une telle recherche, un tel dépassement de soi sont aussi l'accomplissement du poétique, qui était le centre de toutes les formes de l'art et de tous les arts, et parvient à lui-même seulement avec la langue, dans l'intériorisation et l'idéalisation d'un monde différencié. De même qu'il y a une double mort de l'art, il y a un double accomplissement de son sens, l'accomplissement de l'Idéal, comme accomplissement de l'*Ineinsbildung* de l'esprit et du sensible, qui advient dans la sculpture[3], et l'accomplissement du poétique, qui dépasse l'uniformation classique par la dissolution, la reprise de la manifestation sensible. Dans la poésie l'esprit s'engage encore plus profondément en lui-même, elle accomplit plus loin encore la médiation artistique en « sortant » de la sensibilité, dont elle revient et se dégage, l'art lui-même en elle se dégageant au fond de lui-même. Elle est ainsi, commente Hegel, « l'art particulier à même lequel

---

1. *C.E.*, III, p. 211.
2. *C.E.*, III, p. 215.
3. Le concept schellingien est repris notamment en *C.E.*, III, p. 216.

l'art à la fois commence à se dissoudre lui-même, et acquiert pour la connaissance philosophique son point de passage à la représentation religieuse en tant que telle, ainsi qu'à la prose du penser scientifique »[1]. Dans la poésie l'art commence à ne plus être l'art, et son risque propre est la volatilisation du sensible dans l'idéalité du sens[2].

Le risque poétique, non seulement encouru mais advenu comme l'événement poétique lui-même, est l'autodépassement de l'art. L'art a mis fin à lui-même. Cette fin est une mort, il a laissé sa vie, autrement dit, pour nous, il n'est plus le chemin de la réconciliation. Puisque l'art cependant continue de se développer, et survit une seconde fois à sa mort, que devient-il ? Ou bien décidément il n'aura plus son ancienne effectivité, ce qui veut dire qu'il sera justement tombé dans l'effectivité de la vie éthique, dans la neutralisation culturelle de son sens le plus haut. Plus rien de divin, plus rien d'essentiel n'advient en lui. Ou bien peut-être, comme nous aimerions seulement l'indiquer ou plutôt le demander pour finir, recueillera-t-il en lui-même, à même la manifestation, l'événement de sa propre mort. Peut-être représentera-t-il toujours désormais *aussi* le deuil de son propre sens, autrement dit sa propre impossibilité. Il manifesterait alors à chaque fois *aussi* sa propre négation, sa propre contradiction, la négation de la représentation qu'il est, d'abord comme négation de toute figuration, et, plus loin encore, comme négation de l'œuvre elle-même, l'œuvre se supprimant elle-même dans elle-même.

1. *C.E.*, III, p. 216.
2. *C.E.*, III, p. 217 : « Elle dissout la fusion de l'intériorité spirituelle et de l'existence extérieure à un degré qui commence à ne plus correspondre au concept initial de l'art, en sorte que la poésie court maintenant le danger, quittant la région du sensible, de se perdre tout simplement dans le spirituel ».

Nous aurions alors à nous demander quelle sorte de sérénité s'accomplit encore dans l'art qui meurt dans lui-même en chacune de ses œuvres. S'il est encore ce qu'il fut, un *Gewährenlassen*, cela veut dire qu'il demeure lui-même lorsqu'il recueille le sens de sa propre impossibilité, c'est-à-dire l'épuisement de la beauté. Se dépassant lui-même il demeure en lui-même. Mais est-il capable d'accueillir ainsi en lui sa propre mort? L'art serait-il, à l'époque de sa fin, la présentation sereine de sa propre mort?

CHAPITRE VII

MYSTIQUE

En ses cours sur l'histoire de la philosophie, Hegel, lorsqu'il en vient à traiter de la philosophie alexandrine – au premier chef de ces néoplatoniciens qui pourraient avec autant de raison être nommés néo-aristotéliciens[1] –, s'arrête, rencontrant Proclus et son initiation aux Mystères païens, au sens même du mystère : « Mais μυστήριον n'a pas, chez les Alexandrins, le sens que nous lui donnons. Il signifie chez eux d'une façon générale philosophie spéculative. C'est ainsi également que les mystères du christianisme sont inconcevables pour l'entendement, ils sont pour lui un secret; mais ils sont spéculatifs, la raison les saisit, – ils ne sont nullement secrets, bien plus, ils sont révélés »[2]. Μυστήριον est le nom grec de ce qui est secret, plus précisément de ce qui doit rester fermé ou clos : à la fois de ce qui ne doit pas être vu et de ce qui, lorsqu'il est vu, impose, à celui qui a vu, le silence. Μυεῖν,

---

1. Et surtout, parmi eux, Plotin, *Leçons sur l'histoire de la philosophie*, t. IV, trad. fr. P. Garniron, Paris, Vrin, 1975, p. 859 (désormais cité *H.Ph.*). La philosophie devient elle-même entièrement le savoir de l'identité du platonisme et de l'aristotélisme. Mais il s'agit aussi d'un néopythagorisme (p. 819).

2. *H.Ph.*, p. 912.

c'est demeurer les yeux ou la bouche fermés[1]. Or les néoplatoniciens selon Hegel n'ont pas craint de révéler ce secret, de
même que le mystère qui est au centre du christianisme est le
secret entièrement révélé, en sorte que le christianisme est la
religion de la révélation elle-même, la religion de la religion.
En quel sens une philosophie du mystère, de l'ineffable, du
silence, est pourtant, dès son principe, une philosophie de la
révélation du Plus haut, voilà ce que la subtile interpétation
hégélienne du néoplatonisme donnera de comprendre.

Hegel l'avait marqué pour commencer : la pensée
néoplatonicienne est en connexion intime avec cet événement
de l'histoire du monde que fut le christianisme, comme le
« gond » autour duquel celle-ci a tourné[2]. L'« idée » qui
advient philosophiquement avec le néoplatonisme comme elle
est advenue mondialement avec le christianisme est le savoir
de soi d'une conscience de soi qui se sait en son penser comme

---

1. Plotin l'utilisera dans le *Traité 1*, 9, 25 : « ... Laisse tout cela et une fois
que tu auras fermé les yeux, échange cette manière de voir pour une autre et
réveille cette vision que tout le monde possède, mais dont peu font usage »
(trad. fr. J. Laurent, Paris, GF-Flammarion, 2002). Le mot reviendra dans le
Traité des premiers principes de Damascius lorsqu'il sera question de la νόησις
de l'Un, dite elle-même unitaire (ἑνιαῖα), qui « se recueille les yeux fermés en
l'Un lui-même » (I, 8, 12-13, trad. fr. J. Combès, Paris, Les Belles Lettres, 1986,
p. 10). Le contexte est alors explicitement mystériologique : « Toutefois si,
après s'être élevé jusqu'à l'Un, Platon s'est tu, c'est qu'il lui a paru convenable,
vis-à-vis de ce qui est absolument secret, de garder un silence absolu selon
l'antique coutume ; en effet le discours (à ce sujet) est, savons-nous, réellement
très téméraire, quand il vient à tomber dans des oreilles simples » (I, 7, 16-19).

2. Précisément Hegel l'affirme de la Trinité elle-même, en cette « affaire
décisive de l'histoire universelle » que fut le christianisme (*Leçons sur la philosophie de l'histoire mondiale*, Meiner, Hambourg, 1968, p. 720 et 722, cité par
B. Bourgeois dans *Éternité et historicité de l'esprit selon Hegel*, Paris, Vrin,
1991, p. 37-38).

absolue, mais refuse désormais de s'en tenir à la subjectivité anéantissante du seul Soi (sceptique), et saisit tout autant le vrai ou l'essence comme monde intelligible. « Une fois chez les hommes », poursuit Hegel devant ses étudiants, « cette idée change d'un coup la face entière du monde, détruit tout ce qui existait jusqu'alors et produit une renaissance du monde » [1]. Avec le néoplatonisme – sur le plan de la philosophie, ainsi, tout autant que sur le plan de son existence objective (mais alors, remarque Hegel, « dans le mystère, dans ce qu'elle (l'histoire) a de plus intime » [2]) –, et parallèlement à son déploiement représentatif dans la religion, la conscience de soi subjective sort de soi pour aller à une objectivité qui désormais « existe en esprit ». Le « besoin », la détresse propres de l'époque sont ceux d'une objectivité qui se tienne désormais à la hauteur de l'esprit qui s'est, à travers le stoïcisme et le scepticisme, d'abord retiré en soi : un *besoin d'esprit*, par conséquent, puisqu'il n'est d'esprit qui ne s'objective, et que l'esprit n'est jamais, s'il est vraiment esprit, pur penser. Telle est l'exigence spirituelle, telle qu'elle vaudra aussi pour le néoplatonisme : « À partir de la perte du monde, se créer un monde » [3], un monde de l'esprit pour l'esprit, un monde lui-même spirituel. Aves les néoplatoniciens, pour la première fois, la νόησις νοήσεως aristotélicienne se déploie en un monde. Les premiers en effet, des « Juifs platoniciens », là

---

1. *H.Ph.*, p. 812. Pour Hegel, quelle que soit la lenteur des préparatifs et l'« indolence » de l'histoire, celle-ci change d'un coup, elle est marquée par le soudain, l'irruption, le renversement.

2. *H.Ph.*, p. 815.

3. *H.Ph.*, p. 819.

« où l'Orient et l'Occident étaient aux prises »[1], ont saisi Dieu en tant que mouvement de l'essence éternelle devenant à soi-même un autre et reconnaissant cet autre comme soi-même. L'idée philosophiquement directrice du néoplatonisme, en cela précisément néo-aristotélicien, est pour Hegel le νοῦς se pensant lui-même : l'esprit se prend lui-même pour objet en son activité en lui-même, non plus abstraite seulement, mais bien concrète, autrement dit comme esprit, ayant la différence en lui-même. Cet objet pur qui est le dieu lui-même est alors posé comme « manifesté », « il fait son apparition », relève Hegel. Que Dieu soit concret en lui-même, cela veut dire qu'il « s'ouvre en lui-même », autrement dit se différencie : « C'est là une détermination en lui-même, et cette détermination est tout d'abord une détermination de lui en lui-même, elle est le point où commence le fini »[2]. Le monde, c'est d'abord le monde divin, l'autodifférenciation du divin, et celle-ci est la divulgation du μυστηρίον, qui, traversant le désespoir, guérit de soi « le malheur du monde romain »[3]. Mais alors la philosophie, tout autant que le culte, appartient à un « ordre du salut »,

1. *H.Ph.*, p. 817. Autrement dit : « La libre universalité orientale et la déterminité européenne », qui en leur compénétration forment la pensée.

2. *H.Ph.*, p. 822.

3. Avec son panthéisme, *H.Ph.*, p. 822 : « Ces figures du vrai, du divin, où il a l'aspect de quelque chose de naturel et de politique, se sont séparées du vrai, et le monde temporel est apparu aux hommes comme le négatif, comme le non-vrai. L'homme l'a séparé du vrai, de Dieu, et a ainsi reconnu Dieu dans l'esprit ; il a reconnu que les choses naturelles et l'État n'étaient pas dans le mode dans lequel Dieu est présent, mais que ce mode est en Dieu même, est un monde intelligible. Ainsi l'unité de l'homme avec le monde est rompue afin d'être à nouveau posée d'une manière supérieure, de telle sorte que le monde soit admis en Dieu à titre de monde intelligible. L'autodétermination de Dieu constitue ici un point capital ».

accomplissant le rapport à Dieu comme appartenance au divin, « avec la conscience expresse que le but est d'appartenir à ce monde intelligible, l'individu devant s'en rendre capable, s'y rendre conforme »[1].

C'est à partir de ce tournant qu'il devient possible de comprendre le déplacement néoplatonicien du μυστηρίον, et son accomplissement désormais spéculatif. Le mystère et l'élément mystique tels qu'ils sont accueillis philosophiquement pour la première fois par le néoplatonisme[2], autrement dit le « secret » et son « silence », n'ont désormais pas d'autre sens que celui de la manifestation, dont le nom philosophique est précisément le spéculatif. Autrement dit : c'est en tant qu'il se tourne lui-même décidément vers une *Offenbarung* du divin que le néoplatonisme s'accomplit au plus haut dans le mystique, et ce qui demeure assurément son « secret » pour la pensée non spéculative. L'affirmation hégélienne est celle-ci : c'est seulement pour autant que la pensée se pense elle-même résolument comme révélation du divin qu'elle se déploie en tant que mystique, et même, à sa pointe pure, en tant que silence. Hegel y reviendra dans son enseignement, là même où, dans la *Science de la logique* de l'*Encyclopédie*, il s'expliquera sur le sens du spéculatif. Qu'est-ce qui est, rigoureusement, spéculatif ? Non pas, comme on sait, la négativité elle-même, le dialectique, mais l'affirmatif, la position de l'unité des déterminations opposées : l'affirmation spéculative est toujours la résolution des oppositions, le dépassement affirmatif final d'une

---

1. *H.Ph.*, p. 823.

2. Hegel ne manque pas de relever que le christianisme, « l'authentique libération de l'esprit » en laquelle « l'esprit accède à lui-même », aura été précédé à Rome par « l'irruption de tous ces cultes à Mystères » (*H.Ph.*, p. 814).

négation déterminée, autrement dit provenant elle-même
d'une affirmation initiale se niant en elle. Le plus difficile est
décidément de penser spéculativement, dans la mesure où le
plus difficile est toujours, selon Hegel, de « tenir ensemble »
ses pensées (ce que ne fait pas le scepticisme en sa négativité
anéantissante, se reconstituant toujours à travers celle-ci, mais
n'unifiant pas son affirmation de soi et sa négation de toute
vérité et de toute certitude, y compris la sienne), et cette unification est affirmative, car seul un « oui » tiendra ensemble le
« oui » et le « non » en les maintenant dans leur opposition la
plus dure, la plus tranchante, la plus implacable. Les hommes,
remarque alors Hegel, ne sont jamais exilés d'une telle rationalité, qui n'est en aucune façon réservée. Ce que les hommes
appellent « Dieu » au fond n'est rien d'autre qu'un tel « oui »,
le Dieu déterminé absolument par soi-même [1]. Sans doute,
dans la langue, se présente un tout autre sens du spéculatif,
où il voudra précisément dire ce qui vaut comme seulement
subjectif, s'opposant ainsi, en son sens même, à l'effectif :
contre la langue, il faudra cependant faire valoir que le spéculatif, et tout autant le mystique, contient déjà cette opposition
du subjectif et de l'objectif en tant que supprimée. Mais Hegel
ne manquera pas de relever qu'il est aussi cela qui ne peut être
dit dans une proposition par essence unilatérale. C'est peut-
être là le plus décisif pour comprendre son identité avec le
μυστήριον : le spéculatif est ce qui renverse la forme de la
proposition, c'est-à-dire la forme du jugement. Il appelle dans
cette mesure à un nécessaire dépassement, et même, plus radicalement, à une « destruction » de la langue de l'entendement
(l'unité du concept est « destructrice », *zerstörend*, de la forme

1. *W.L.*, *S.L.*, § 82 et Add., p. 344 et 516.

de la proposition [1]). Les analyses hégéliennes reprennent alors ce que la « Préface » de la *Phénoménologie* avait déjà déployé, concernant la prédication en laquelle le sujet est posé, au fond, comme substance immuable à laquelle sont mesurés les prédicats, par où un tel sujet est plutôt représenté que vraiment pensé [2]. Les limites du jugement sont justement ce qui enferma la théologie rationnelle dans l'opposition non supprimée de la réalité et de la négation, en sorte qu'elle n'est parvenue, en son concept de Dieu, qu'au concept abstrait de la Réalité pure, c'est-à-dire en fait au concept le plus pauvre [3]. L'unilatéralité de la proposition est cependant plus précise encore : lorsqu'il tente de dire l'unité des opposés, le jugement ne dit justement que l'unité. L'unité spéculative est celle qui *pose* l'opposition, maintient la différence lorsqu'elle la pose comme supprimée : comme le devenir en lequel s'unifient l'être et le néant, elle est l'unité qui est tout autant leur non repos, ou le repos de l'unité en tant qu'inquiétude absolue. Il faut que la différence se conserve lorsqu'elle est supprimée, et si les deux termes doivent être tenus *ensemble*, ils doivent aussi être *tenus*. L'unité spéculative n'est donc pas l'unité substantielle en laquelle la différence a sombré, mais l'unité « contre elle-même », selon la belle et dense expression hégélienne [4]. C'est une telle unité

1. *Ph.G.*, « Vorrede », p. 46 ; *Ph.E.*, « Préface », p. 103.

2. *E.*, *S.L.*, 1827-1830, « Concept préliminaire », § 31, p. 295-296 : « La forme de la proposition ou, de manière plus déterminée, du jugement, est impropre à exprimer ce qui est concret – et le vrai est concret – et spéculatif ; le jugement est, par sa forme, unilatéral et, dans cette mesure, faux ».

3. *E.*, *S.L.*, 1827-1830, « Concept préliminaire », § 36, Rem., p. 297-298. Dans l'addition Hegel opposera précisément à une telle métaphysique Platon et Aristote (p. 493).

4. *E.*, *S.L.*, 1827-1830, « Concept préliminaire », § 88, Rem., p. 354.

contre l'unité que la langue de l'entendement échoue à saisir, y compris en ses tentatives de dire la suppression de l'opposition. Le spéculatif n'adviendra par conséquent qu'à travers un âpre combat avec la langue, combat mené tout autant en vue du mystique, dont la nécessité aura en effet traversé le néoplatonisme de Plotin à Damascius, en sorte que le μυστηρίον aura dès lors beaucoup moins le sens d'une expérience subjective (même si, comme Plotin et en dernier lieu Damascius vont y insister, dès qu'il s'agit de l'Un il ne s'agit jamais que de « nous ») que bien plutôt celui d'un tel combat conduit dans et, nécessairement aussi, *contre* la langue grecque, en vue de dire le Plus haut. Décidément le spéculatif, remarque alors Hegel, est ce qui fut aussi nommé *das Mystische*, « surtout en rapport avec la conscience religieuse et son contenu »[1]. Mais le mystique n'est pas le mystérieux en tant qu'il resterait énigmatique, non révélé, comme Hegel le corrigera aussi quant au sens du μυστηρίον, il n'est mystère – que celui-ci soit compris comme authenticité de ce qui demeure en retrait ou délire fantastique : deux positions qui au fond reviennent au même – que pour le penser qui ne sait pas tenir ensemble les déterminations de pensée qu'il isole en vertu de la forme même du jugement. Une telle puissance est celle que Hegel, comme on sait, nomme *Verstand*, la puissance de l'abstraction et de séparation qui culmine dans la mort (*Tod* est le nom de l'entendement final, de l'analyse ultime), alors que le mystique est tout au contraire le concret lui-même, que la philosophie de son côté nommera le spéculatif, c'est-à-dire, assurément, un « pensé », mais « en même temps un concret, parce qu'il n'est pas une unité simple,

---

1. *E.*, *S.L.*, 1827-1830, « Concept préliminaire », Add. § 82, p. 518.

formelle, mais une *unité de déterminations différentes* »[1]. Le mystique est identique au spéculatif en tant qu'unification des différences, qui cependant ne sont pas simplement supprimées en un anéantissement qui sombre dans le silence, mais déployées, posées, assumées et supprimées seulement en leur abstraite et mortelle scission. Le chemin par excellence du mystique ainsi entendu sera dès lors le διαλέγεσθαι, même si un tel chemin ne pourra selon Plotin que « montrer » la route. S'en tenir en lui au mystère, ou plutôt au mystérieux dans le μυστηρίον, et ne pas comprendre celui-ci comme le chemin même de la manifestation, reviendrait au fond à s'en tenir à la pensée en son activité de scission, de séparation pure, et la réputer incapable de se saisir du vrai : poser la pensée comme l'« abstraite opération d'identifier », et alors « renoncer » à elle ou, selon l'expression hégélienne, « faire prisonnière la raison », dont le spéculatif est justement la libération totale. Mais une telle puissance séparatrice ne tient justement pas elle-même par elle-même sur elle-même, elle est au contraire toujours le renversement de soi, « la suppression constante d'elle-même », relève Hegel, alors que la raison est l'idéalisation des opposés qui les pense ensemble. Le mystique néoplatonicien sera aussi, de son côté, l'aboutissement de ce que Damascius appellera un « renversement (περιτροπή) du discours ».

Cependant le mystique, comme la remarque de Hegel l'indique, paraît bien revenir à la conscience religieuse plutôt qu'au savoir absolu. Or Hegel a pensé l'activité de la pensée religieuse, en sa différence avec le *Denken* comme développement des déterminations de pensée, sous le nom d'*Andacht*,

---

1. *E.*, *S.L.*, 1827-1830, « Concept préliminaire », § 82, p. 344.

« recueillement » ou « ferveur » qui est bien pensée, mais penser à Dieu, un penser, ainsi, enveloppé en soi-même, élevé immédiatement à l'universel, et, dans cette mesure, subjectif[1]. Pour autant la religion selon Hegel, conscience de soi de l'essence absolue, ne se laisse en aucune façon reconduire entièrement à ce mode de penser subjectif, à l'affection d'une subjectivité aux prises avec elle-même seulement, puisqu'elle est conscience d'un contenu spéculatif, autrement dit, comme y insistent les *Leçons* de Berlin, de ce « qui se détermine purement et simplement soi-même »[2] : c'est là, le plus sobrement exprimé, le concept même du divin. La religion est ainsi « le spéculatif en tant qu'état de conscience »[3]. En tant que conscience religieuse, ainsi, écrira Hegel en son manuscrit, je suis le combat et les deux combattants, celui du côté de la singularité finie, et celui de la conscience infinie, je suis moi-même « l'unité de cette dure opposition » : « Je suis les deux combattants. Je suis le combat lui-même. Je suis le feu et l'eau qui se touchent, et le contact d'éléments tantôt séparés, scindés, tantôt réconciliés, unis – unité de ce qui se fuit absolument, et ce contact est précisément lui-même cette relation existant de façon double, conflictuelle, en tant que relation »[4]. Le côté subjectif ne saurait ainsi être posé sans ce que Hegel nomme *die Lehre*, c'est-à-dire le contenu spéculatif, dans une religion qui, bien loin de s'en tenir à l'intuition ou au μῦθος, autrement dit à l'image, se déploie essentiellement pour Hegel, en tant que représentation, qui est l'image « riche de pensée »

1. Cf. *Leçons sur la philosophie de la religion*, trad. fr. P. Garniron, « Le concept de religion », t. 1, Paris, PUF, 1996, p. 110 (désormais cité *Ph.R.*).

2. *Ph.R.*, p. 107.

3. *Ph.R.*, p. 108.

4. *Ph.R.*, p. 113-114.

ou élevée à l'universel, dans le rejet de la figure. Le mystique n'est alors en elle rien d'autre que le spéculatif lui-même en tant qu'état de conscience : toute religion vient à l'homme d'un « agir divin ». La foi ne saurait être, par conséquent, purement subjective, elle est au contraire conscience de la vérité objective pour laquelle « je me suis dessaisi de moi-même », « je n'ai rien gardé pour moi », que cependant je saisis comme mienne, mais en laquelle « j'ai conservé une conscience de soi pure et libre de désir », écrit Hegel[1]. Le μυστηρίον de la religion n'est donc pas, au moins s'agissant du concept accompli de celle-ci, le contenu lui-même abandonné à l'expérience subjective de la conscience religieuse. Le μυστηρίον est ce qui dans la doctrine résiste à la pensée non spéculative, en tant qu'il est le spéculatif lui-même, dans la forme pourtant non spéculative, non développée, de la représentation religieuse.

Le mystique est le nom du spéculatif lorsque la pensée séparatrice fait l'épreuve de ses propres limites, lorsque l'acte de la noèse se tient dans la tension, l'*Anstrengung* du rationnel, où l'épreuve est imposée, avant tout, au λόγος lui-même, jusqu'à le détruire en ses présuppositions représentatives. L'unité tournée contre soi met à mal tout autant l'unité simple qui ne pose pas la différence que la différence pure qui voudrait s'en tenir à elle-même : l'une et l'autre ont d'ailleurs partie essentiellement liée. « Mystique » est le concept lui-même lorsqu'il est considéré à la pointe pure de la difficulté la plus haute telle qu'elle advient en tout penser, lorsque le pensant veut tenir ensemble ses pensées, puisque tel est le sens rigoureux, et résolu, spéculatif, du penser.

1. *Ph.R.*, p. 142-143.

Or c'est une telle difficulté que les néoplatoniciens avaient de leur côté déjà rencontrée lorsqu'il s'était agi de penser et de dire l'Un ou, dans la radicalisation propre à un Damascius, d'accéder à ce qui se tient même par-delà l'Un. L'Un est celui qui lorsqu'il s'agit de remonter au principe nous contraindra, d'abord, à nous en tenir, ou plutôt à tenter d'accéder à « ce qu'il y a de premier dans le νοῦς »[1], seul le plus pur de l'Intellect – qui, en tant qu'il est le tout, est multiple – étant capable de regarder ce qui est avant lui, bien qu'il ne soit pas capable de le retenir, puisqu'en ce regard même il se plurifie dans les Formes[2]. Mais ce plus pur ou ce Plus Haut de l'Intellect n'est autre que lui-même tel qu'il était avant lui-même, en sorte que Plotin se pose la question de savoir s'il y avait même un regard de l'Intellect vers le Bien, s'il s'agissait bien alors d'un Voir[3] : dès qu'il a vu, dès qu'il a commencé à voir, il n'a bien vu que lui-même, les Formes dont il s'était rempli, et le Bien était ce qui lui avait donné et de voir et d'être vu. Retournant vers son principe le νοῦς se retourne vers son émergence pure à partir de lui, là où il fut donné à lui-même. Toute tentative de se retourner vers lui et de dire quelque chose de celui qui est avant tout « quelque chose » (« Car l'Intellect est quelque chose, qui fait partie des êtres, mais lui il n'est pas quelque chose, mais avant chaque chose »[4]) retombera alors en quelque façon sur

1. Plotin, *Traité 9*, 3, 25, trad. fr. P. Hadot, Paris, Le Cerf-Livre de Poche, 1999, p. 79.

2. Plotin, *Traité 38*, 15, 21 *sq.*, trad. fr. P. Hadot, Paris, Le Cerf-Livre de Poche, 1999, p. 127.

3. Plotin, *Traité 38*, 15, 14, p. 129 : « Ne faut-il donc pas dire plutôt qu'il ne voyait en aucune façon, mais qu'il vivait près de lui, qu'il était suspendu à lui, qu'il était tourné vers lui ? ».

4. Plotin, *Traité 9*, 3, 36, p. 81.

elle-même : nous nous apercevrons que nous ne parlons alors que de nous. Pourtant, est-ce à dire qu'il serait, « lui », entièrement refermé sur lui-même, dans un μυστηρίον impénétrable ? Il faudra alors prendre garde au double sens de cette limitation : car si d'un côté ce que nous prétendons à chaque fois lui attribuer ne lui convient pas, en sorte que nous ne l'attribuons au fond qu'à nous-même, « alors que lui est en lui-même », pourtant d'une autre part si nous pouvons nous l'attribuer comme à lui-même c'est qu'il nous l'a donné : « C'est nous qui avons quelque chose qui vient de lui »[1]. Celui qui « reste » en lui-même est pourtant aussi celui qui déborde et rayonne. Ce que nous « avons » en le tenant d'une telle provenance est le voir lui-même avec tout vu et tout visible. Pourtant cette « présence » de l'Un, ou de quelque chose venant de l'Un, est elle-même difficile à penser : puisque l'Un est celui qui n'est « absent de rien » tout en étant « absent de tout », « en sorte que, présent, il n'est pas présent »[2]. En tout état de cause, quant à lui-même, et non pas à ce qu'il est en nous ou à ce qui en nous est de lui, le λόγος paraît atteindre alors, non pas seulement ses limites, mais son impossibilité radicale : dire qu'il « est » est beaucoup trop dire, mais même dire « lui » est déjà parler d'un autre que « lui », ne parler au fond que de nous : « Ce ne sont que nos propres états que nous cherchons à exprimer, parfois nous rapprochant de lui, parfois retombant loin de lui, à cause des doutes que nous avons à son sujet »[3].

1. Plotin, *Traité 9*, 3, 50, p. 82.

2. Plotin, *Traité 9*, 4, 24, p. 84.

3. Plotin, *Traité 9*, 3, 54, p. 82. C'est très exactement ce que Damascius réaffirmera des « gestations indicibles qui sont en nous » (τὰς ἐν ἡμῖν ἀρρήτους ὠδῖνας, I, 5, 14) : « Or, si en disant de lui justement ceci, à savoir qu'il est ineffable [ἀπόρρητον], qu'il est le sanctuaire [ἄδυτον] inaccessible du

L'Un ne saurait être dit parce qu'il ne saurait être pensé, du moins comme tout autre objet de pensée : toute pensée et toute science impliquant le multiple elles s'éloignent d'autant de l'Un, et il faudra « s'éloigner » de la science, au moment en quelque façon décisif où nous tenterons de nous approcher de lui. Ce n'est pas à dire pour autant que le λόγος soit incapable absolument au moins de conduire jusqu'à lui. Mais le λόγος ne sera le chemin qui conduit à lui que si nous quittons le chemin, « comme si nous indiquions le chemin à quelqu'un qui veut voir quelque chose »[1]. Le λόγος est un chemin qui « indique » la voie vers l'Un, qu'il n'est pas lui-même. En cet arrêt du chemin il ne s'agit pas seulement, toutefois, ni même d'abord, du λόγος en ses limites essentielles, il s'agit peut-être avant tout des limites, à travers celui-ci, qu'atteindra dans son principe tout enseignement : la voie ou la « route » que l'enseignement « indique » seulement doit à partir de là être suivie seul. Plotin, sur un mode qui n'est pas sans évoquer le principe à venir de l'enseignement fichtéen, celui d'une *Anweisung* qui « indiquera » seulement cependant qu'elle laissera libre, vise peut-être moins la faiblesse d'un λόγος plurifiant l'Un que la nécessité de la solitude et de la liberté en présence de l'Un :

tout, qu'il est incompréhensible [ἀπερινόητον], nous éprouvons le renversement de notre discours [περιτρεπόμεθα τῷ λόγῳ], il convient de savoir que ce sont là des noms et des concepts appartenant aux gestations de notre pensée, lesquelles aussi nombreuses qu'elles soient à avoir l'audace [τολμῶσιν] de le rechercher indiscrètement, se trouvent arrêtées sur le seuil du sanctuaire, sans rien annoncer de ce qui lui est propre; mais ces gestations révèlent, avec les apories et les insuccès qui sont les leurs, nos propres états envers lui [τὰ δὲ οἰκεῖα πάθη περὶ αὐτὸ], non pas même de façon manifeste [σαφῶς], mais par des allusions [δι᾽ἐνδείξεων] et cela à l'adresse de ceux qui sont capables d'entendre même ces dernières » (I, 6, 12-20, p. 8).

1. Plotin, *Traité 9*, 4, 14, p. 83.

« Car l'enseignement ne peut conduire que jusqu'à la route, que jusqu'au cheminement, mais la vision elle-même, c'est à celui qui veut voir de la réaliser »[1]. L'enseignement met en chemin celui qui se retrouvera nécessairement seul, en ce qui n'est plus science mais bien une sorte de « présence » de l'Un. La discipline hénologique enveloppe l'exigence d'une solitude absolue, qui traverse en effet tout le *Traité 9*. Revient cependant l'énigme d'une telle présence « supérieure à la science »[2], qu'il arrivera à Plotin de penser comme « vision » ou « contact », dont la possibilité remonte à la ressemblance qui est en nous avec lui de cela qui vient de lui, mais qui retourne, comme l'Intellect lui-même, celui qui « voit » en ce sens (c'est-à-dire qui voit ce qui n'est jamais seulement un « vu ») vers celui qu'il était en son émergence première à partir de lui. Être celui que j'étais, être comme j'étais quand je suis venu de lui, ou, selon une expression eckhartienne, être sur mon mode non-né, celui que j'étais quand je n'étais pas encore. Plotin de son côté écrit : « C'est seulement lorsqu'on est dans l'état où l'on était, lorsqu'on est sorti de lui, qu'on peut le voir, de la manière dont il peut être objet de vision »[3]. Plotin reviendra plus loin dans le *Traité 9* sur une telle « vision », « une autre manière de voir » à laquelle il donnera différents noms : ἅπλωσις[4]. Mais c'est peut-être dans la tentative précise de penser « un autre Intellect que l'Intellect qui raisonne (τὸ λογιστικόν) »[5] que Hegel retrouverait le spéculatif en son sens le plus précis, insistant alors lui-même sur la simplification de l'âme qui est son

1. Plotin, *Traité 9*, 4, 15, p. 83, citant *République*, 532e.
2. Plotin, *Traité 9*, 4, 3, p. 82.
3. Plotin, *Traité 9*, 4, 28, p. 84.
4. Plotin, *Traité 9*, 11, 22 *sq.*, p. 112.
5. Plotin, *Traité 9*, 5, 8, p. 87.

devenir calme, elle dont «l'objet lui-même est simple et calme»[1]. L'Intellect est alors, écrit Plotin, «un mouvement immobile», en lequel tout est présent sur un mode indivisible et cependant sans se confondre : «Cette multiplicité dans l'unité est sans doute ce qui est proche du Premier» : elle n'est pourtant pas selon Plotin le Premier lui-même, manquant de la simplicité qui est la sienne[2]. Elle est bien ἑνοειδής, mais non pas l'Un, et son «audace» aura été de s'éloigner de lui. Or l'Un lui-même n'a pas de nom qui le nommerait adéquatement. Il y a là une puissante critique plotinienne de la prédication, dans la mesure où le risque est très exactement pour l'Un d'être compris comme un attribut, et par conséquent entendu κοινῶς, alors qu'il est Un d'une façon qui lui est absolument propre : il est le seul, et il n'est pas en un autre. Plotin écrira plus loin : «Il est en lui-même, sans qu'aucun prédicat ne lui advienne»[3]. Il précisera que nous ne le nommons Un qu'en vue d'unifier notre âme, en sorte qu'«Un» est encore un nom de quelque chose en nous qui vient de lui. Le λόγος décidément paraît ne pouvoir rencontrer que ses propres limites, et avec lui la pensée faire l'épreuve de son propre vide, là où elle est laissée à l'indétermination absolue[4]. Là cependant se découvre le regard vers l'intérieur qui est pur regard uni à l'Un, touchant l'Un. Vers l'intérieur, comme le chœur tournant autour du coryphée, car il est là seulement, puisqu'il ne saurait être *un autre* : nous comprenons alors la limite de tout enseignement, puisque seul celui qui est seul touche le Seul, seul celui qui se

1. *H.Ph.*, p. 866.
2. Plotin, *Traité 9*, 5, 20, p. 88.
3. Plotin, *Traité 9*, 6, 15, p. 92.
4. Plotin, *Traité 9*, 7, 2, p. 96.

tient en son propre centre se tient dans le centre. L'impuissance du λόγος est bien l'éloignement du multiple, mais elle ne s'éclaire qu'à partir de la nécessité du μόνον : la coïncidence est la pure solitude, je ne touche l'Un que lorsque je suis le simple, le seul, et le voir, c'est se voir, n'être ni le voyant ni le vu, mais le pur voir, « devenu la lumière même », écrit Plotin avant Fichte[1], en lequel le vu n'est pas un autre. Il y aura bien alors, dans l'écrit plotinien, en quelque façon des Mystères de l'Un : si la divulgation pourtant en est interdite, c'est simplement qu'elle est impossible, puisque seul celui qui a vu s'en souvient et qu'il ne peut transmettre ce qu'il a vu, mais seulement indiquer à chacun en sa solitude le chemin solitaire vers le pur voir du Seul.

Or l'« objet » pur de Plotin, ou le dieu, est selon Hegel le penser lui-même, et « l'essence de Dieu est présente dans le penser »[2]. C'est bien de la pensée qu'il s'agit pour Hegel, même lorsque Plotin comprend un tel savoir, une telle « simplification de la conscience de soi », au plus près de l'intuition – ce qui selon Hegel interdit à son « idéalisme élevé » de devenir un « idéalisme achevé »[3]. Le Principe est l'unité, dont le tout n'est que le résultat, commente Hegel, qui relève le caractère « étranger » du Principe à cela dont il est le principe (ce que Damascius appellera l'« incoordonné », ἀσύντακτον), et tout autant son caractère inconnaissable en tant qu'il est « ce qui demeure en soi-même »[4]. Hegel a pris acte du μυστηρίον

---

1. Plotin, *Traité 9*, 9, 58, p. 108.
2. *H.Ph.*, p. 869. Hegel commente ironiquement à l'endroit des critiques : « C'est pour avoir eu cette pensée que Plotin est un exalté ».
3. *H.Ph.*, p. 869. C'est bien un grief analogue qui sera adressé à Fichte.
4. *H.Ph.*, p. 872.

plotinien et du recours à la voie négative, à un « mouvement négatif qui est autre chose que le simple dire », et qu'il ne manque pas de rapprocher de la négativité sceptique, ne s'arrêtant à « rien en-dehors de cet Un »[1]. Pourtant l'hénologie négative plotinienne ne remet aucunement en question aux yeux de Hegel l'affirmation du spéculatif en lui, c'est-à-dire de l'unité des déterminations de pensée : « D'une façon générale », écrit Hegel, « aucun prédicat, par exemple être, substance, ne lui convient ; car ils expriment quelque déterminité. Il ne se sent pas, il ne se pense pas, il n'est pas conscient de soi ; car en tout cela il y a une différenciation »[2]. Hegel a vu la radicale absence à soi de l'Un, qu'il s'agisse de la pensée de soi ou de la volonté (ainsi n'y aura-t-il pas de décision dans l'Un, pas de résolution à la procession), puisqu'en lui il n'y aura pas le moindre écart avec soi. Mais là est aussi le principe de l'ouverture comme révélation de soi : lorsque nous tournons notre regard vers le premier en tant que source, nous devons dire que l'Un « s'ouvre », il est la provenance pure de toute détermination[3]. Pour autant en effet, Plotin n'a pas présenté dialectiquement le passage au second principe (Fichte selon Hegel ne le fera pas davantage), en sorte qu'« on a de la peine à comprendre comment l'Un s'est résolu à se déterminer ». Or « c'est toujours là que se trouve l'intérêt essentiel », relève Hegel[4] : le plus décisif dialectiquement est l'autodifférenciation de l'unité, et c'est là que Plotin n'est pas dialecticien – mais aucun Grec ne

1. *H.Ph.*, p. 873.

2. *H.Ph.*, p. 873-874.

3. Hegel cite le *Traité 30* (*H.Ph.*, p. 877) : le Bien un est la source qui a en elle tous les fleuves qui sortent d'elle, sans jamais l'épuiser, alors qu'elle reste en elle-même.

4. *H.Ph.*, p. 878.

le fut. Mais il a pensé le νοῦς comme irradiation de l'Un, un Intellect qu'il a conçu comme le pur « se trouver soi-même de soi-même », le « demeurer auprès de soi-même de la contemplation »[1]. La surabondance de l'Un est la seule possibilité de penser la production de l'Un en même temps que son rester en soi-même : la seule intuition de l'Un est ce flux ou ce flot qu'est l'Intellect naissant. Hegel commente : « L'Intellect naît du fait que la première essence se voit elle-même par son retour sur elle-même, étant ainsi une vision voyante. Le flux de lumière qui l'entoure est une intuition de l'Un ; ce mouvement de se replier en soi-même (*dies Sichinsichzurückbeugen*) (ἐπιστρέφειν, ἐπιστροφή) est le penser, en d'autres termes le νοῦς est ce mouvement circulaire »[2]. En ce mouvement circulaire de repli vers son principe le νοῦς engendre les Formes et se pense ainsi lui-même, se donnant alors « un objet qui recèle médiation et activité, c'est-à-dire d'une façon générale la δυάς », note Hegel[3] : tel est le monde que l'Intellect se donne à lui-même, et c'est là un pas au-delà de la νόησις νοήσεως aristotélicienne : l'activité divine de l'esprit est de se donner à soi-même son propre objet, son monde, dont il est l'unité négative, car leur différence est celle du concept, non celle de parties indifférentes les unes aux autres. Plotin atteint là l'unité rigoureusement spéculative : « Leur être est la neutralité où chacun est supprimé en tant qu'indifférent, en tant qu'étant ; leur unité est l'unité négative, l'essence intérieure, le principe de l'individualité en tant qu'il recèle des éléments différents »[4].

1. *H.Ph.*, respectivement p. 878 et 881.
2. *H.Ph.*, p. 882.
3. *H.Ph.*, p. 884.
4. *H.Ph.*, p. 888.

Les Formes ne sont pas seulement dans le νοῦς, mais pour lui, elles sont lui-même tel qu'il est pour lui. Lui-même ne se pense qu'en se différenciant, mais il n'engendre pas seulement les différences hors de lui, insiste Hegel, il les « consume immédiatement » : il se pense lui-même différant de soi et restant le même que soi. « Ce mouvement de se retourner de l'écoulement hors de soi-même, ce penser de soi est l'éternelle création du monde ». Le νοῦς laisse fluer hors de soi les différences qu'il a d'abord en soi, mais il se retourne tout autant vers soi, assurant son unité avec soi, « demeurant aussi auprès de soi-même dans sa simplicité ». Le νοῦς ne se différencie de soi qu'en s'unifiant calmement avec soi : toutes les différences sont pour Plotin originairement des différences pensées.

Ainsi Hegel comprend-il le concept de procession, πρόοδος, comme une activité : l'acte de différenciation, d'« inversion en soi-même »[1] et d'opposition à soi-même, tel que Plotin ne le pense, cependant, qu'à partir de la nécessité pour l'Un de n'être pas seul, lui qui cependant, débordant, demeure en lui-même et reste, ainsi, le seul, comme fixé là-haut en sa solitude : d'une nécessité par conséquent elle-même au fond seulement posée comme un fait énigmatique, jusqu'à ce que Hegel appelle la « contrepartie » ultime de l'Un, la matière, le second ineffable, le pire, selon Damascius. Autrement dit, Plotin ne pense pas la procession de l'Un comme procession à partir de soi : ni comme nécessité, ni comme décision de sortir de soi. Ainsi Plotin a-t-il tenté de penser l'ouverture ou la déclosion de l'Un, sans pour autant rejoindre la nécessité de la procession, de même que, dans la représen-

---

1. *H.Ph.*, p. 903.

tation religieuse, l'« acte de s'ouvrir est seulement posé, c'est un fait qui se produit »[1]. Pour Hegel, Plotin a accompli la νόησις νοήσεως aristotélicienne jusqu'à l'autoconstitution de l'esprit comme monde à soi-même : en ce sens il a répondu à la demande de l'esprit. Mais il ne s'est pas avancé de la solitude insondable jusqu'à la liberté absolue de l'Un, autrement dit jusqu'à la nécessité par laquelle le Seul, qui ne manque de rien, et pas non plus de lui-même, comme l'écrivait déjà Plotin, sort pourtant de sa solitude, s'avance et se sacrifie dans l'être autre, affirmant par là l'absolu de sa liberté, alors, personnelle.

1. *H.Ph.*, p. 883.

CHAPITRE VIII

GRÈCE

Le savoir absolu est l'accomplissement du commencement grec de la philosophie. Tout accomplissement est aussi en un sens la négation de son commencement, même lorsqu'en vérité il assume celui-ci, le surmonte et le reprend en lui, et le savoir absolu, en son effectivité finale, doit lui-même lorsqu'il l'achève paraître, au moins, abandonner quelque chose d'un tel commencement, paraître, peut-être, en finir avec le φιλεῖν, et par conséquent déposer ou abandonner, *ablegen*[1], son nom grec, le nom dont fut si décisivement frappée son apparition inaugurale. Mais cet abandon, en vertu de la négativité qui est aussi le chemin, lui-même historique ou, si l'on veut, historial, de l'esprit absolu, est la seule façon de demeurer fidèle au commencement, de demeurer fidèle au φιλεῖν lui-même, au sérieux de cette amitié ou de cet amour, en sorte qu'en retour il soit – il *aura été*, vraiment, un commencement. Une telle fidélité est en elle-même la résolution de prendre au sérieux le commencement jusqu'à la fin – jusqu'à le porter à cette fin, à sa fin la plus propre –, la volonté de faire sienne, par consé-

1. *Ph.G.*, « Vorrede », p. 6 ; *Ph.E.*, « Préface », p. 60.

quent, la décision grecque, platonicienne, pour la philosophie,
jusqu'au savoir absolu, comme *science dialectique*, déjà
platonicienne, encore hégélienne. Le savoir absolu est alors
l'accomplissement du platonisme, en tant qu'ἐπιστήμη τοῦ
διαλέγεσθαι. Le savoir absolu est la méthode absolue, l'activité universelle absolue, ou le concept, comme pensée de
l'être, pensée, dans la *Realphilosophie* où le tout, l'esprit, ne
pense au fond que lui-même, de tout ce qui est et n'est, précisément, rien d'autre que *lui-même* tel qu'il est dans son autre,
tel qu'il se reconnaît, ainsi, en tout ce qui est, et pensée de
soi-même pensant tout ce qui est : pleinement auprès de soi,
pleinement lui-même, comme Idée de la philosophie, νόησις
νοήσεως, troisième syllogisme en lequel l'Idée logique média-
trice se présuppose comme activité subjective spirituelle et se
pose comme extrême objectif ou en soi, comme nature. Mais le
concept est là d'abord selon la première apparition, dans un
livre, de l'Idée de la philosophie, le premier syllogisme où
l'Idée logique est le *Grund*, et la nature elle-même passage
vers l'esprit : là le concept existe en effet extérieurement
comme passage, et la science, comme il convient, a le cours de
la nécessité [1]. Or ce qui est là, ce qui est venu à maturité et à son
achèvement en tant que science, en la « figure vraie » de son
existence, car le temps est désormais venu pour une telle existence, c'est le regard ou la décision qui furent déjà initialement
ceux de Platon – l'exigence de « considérer les choses en et
pour soi-même » (*die Dinge an und für sich selbst zu betrachten*) [2] –, considérer, autrement dit, « ce qui est immanent en
elles » (*was in ihnen immanent ist*). La considération pensante

1. *E.*, *Ph.E.*, 1827-1830, § 575, p. 374.
2. *W.L.*, *Die Lehre vom Begriff*, p. 291.

platonicienne de tout ce qui est est le regard eidétique qui s'en tient, dans tout ce qui est réel – comme, en celui-ci, au plus réel, au réellement réel – aux déterminations de pensée en et pour soi (*Denkbestimmungen an und für sich*) : c'est bien là encore, dans le système final, très exactement le sens de la *logique* ou dialectique, qui, en tant que science, précisément la science de l'Idée logique, est comme on sait le premier cercle du savoir absolu. Le hégélianisme est en ce sens l'achèvement du commencement platonicien et de sa résolution de s'en tenir à l'εἶδος ou à l'ἰδέα : par là il est grec, sans accomplir pourtant, chose impossible, le moindre retour aux Grecs. La dialectique était déjà, platoniciennement, et elle demeure comme savoir absolu, comme méthode ou chemin absolu – qui est d'abord le chemin de l'absolu lui-même –, le mouvement dont l'immanence elle-même s'anime, la vie de la Chose même en elle-même. La détermination de soi de l'universel, ou de l'εἶδος, est bien dans lui, et la négation est immanente à ce qui est le même que soi : tel est le sens de la *Betrachtung* dialectique platonicienne hégélienne. Mais l'histoire de l'esprit absolu n'est le retour, à la fin, du commencement grec, et de la résolution à l'œuvre dans Platon, que pour autant que la même décision s'accomplit, aujourd'hui, dans l'énergie, l'actualité infinie du savoir absolu. S'il ne s'agit d'une telle décision, cela n'a plus aucun sens d'être platonicien, et l'histoire de la philosophie, qui est la même chose que son système, ne saurait s'arrêter à un moment d'elle-même qui n'ait en lui tous les autres.

Or le platonisme qui s'accomplit aujourd'hui dans le système était aussi, commencement de la philosophie, la fin du monde grec, la fin de « ce qui est grec ». La philosophie dès son lever n'était grecque qu'au sens où, comme toute philosophie, elle était son temps appréhendé en pensée. Mais dès son commencement elle ne pouvait rester grecque, car elle avait discerné, dans l'esprit vrai en sa substantialité éthique, dans le monde grec, ainsi, quelque chose de non-grec, qui allait envoyer par le fond la Cité grecque : pensée de son temps, elle était elle-même le discernement créateur de ce qui venait. Platon aura voulu retenir au bord de l'abîme la Cité grecque proche de sa fin, réprimer, ainsi, le principe qu'il apercevait déjà, ce qu'il avait vu venir, « la personnalité libre infinie »[1]. Mais on sait qu'en même temps il ne pouvait pas, par là même, ne pas faire valoir un tel principe comme sien lorsqu'il en pensait philosophiquement, librement, la nécessaire répression éthique-politique. En tant qu'elle est encore grecque, par conséquent, la philosophie s'en sera tenue à « l'idée substantielle »[2], et n'aura pas saisi, justement, « le principe de la personnalité infinie au-dedans de soi subsistante par soi », c'est-à-dire la liberté de celui qui est vraiment un sujet, et c'est justement une telle « Personnalité pure » que sera, à la fin, le concept. En tant que grecque, ainsi, la philosophie ne s'est pas pensée elle-même en son affirmation principielle. En tant que philosophie, c'était déjà une telle liberté pure qui avait platoniciennement décidé de s'en tenir à la Chose même, au sens immanent en celle-ci : une telle décision n'est assurément pas elle-même, en sa libre affirmation, de nature « éthique », elle ne relève pas de la *Sittlichkeit* substantielle, contribuant précisément à l'émergence de ce qu'elle combat le plus vigoureusement, affirmant en sa forme le contenu qu'elle nie. Telle est la contradiction de la *philosophie grecque* : en tant que philosophique elle n'est pas grecque, elle n'est déjà plus grecque,

---

1. *Principes de la philosophie du droit*, « Préface », trad. fr. J.-F. Kervégan, Paris, PUF, 1998, p. 83 (désormais cité *P.Ph.D.*).

2. *P.Ph.D.*, § 185, Remarque, p. 262.

elle est, dans le monde grec, comme pensée de soi de celui-ci, *ce qui n'est pas grec*, ce qui n'est déjà plus grec ! Dans la philosophie l'être grec se sait soi-même – tel est précisément le concept de l'esprit absolu. Mais dans un tel savoir de soi il veut ce qu'il n'est pas, il se veut tel qu'il est seulement à venir, et la philosophie, crépusculaire en son essence même, est pourtant, à chaque fois, selon l'ambiguïté, qui sera encore, plus tard, nietzschéenne, d'une telle *Dämmerung*, la veille du futur, en laquelle celui-ci se prépare, rejoignant bientôt, en quelque façon, son propre principe. Ainsi dans l'esprit grec la philosophie était-elle l'affirmation, la présupposition, l'anticipation de soi du futur, dans le savoir de soi du révolu. Elle ne prescrit ainsi aucun avenir sur le mode du *Sollen*, mais ne fait qu'accomplir le devenir, le venir à soi du sens[1]. Si par conséquent la philosophie est grecque, *encore* grecque, elle est l'ultime moment de l'esprit grec, comme savoir de soi d'un être en soi qui prend fin justement dans le savoir qu'il conquiert de lui-même, s'élevant plus haut que soi lors même qu'il atteint au sommet de soi-même, de son sens immanent, lorsque, pour le dire d'un mot, il *s'accomplit*. Dernier moment grec, en lequel ce qui est grec se transmet à un autre que soi, la philosophie est identique au premier moment succédant à l'esprit substantiel du monde grec, au principe qui va lui-même alors s'accomplir historiquement, ou sur le plan de la conscience de l'esprit, sur le plan de l'être comme être spirituel, le principe de la personnalité libre. Le Pour-soi philosophique du monde grec s'accomplit ainsi à son tour comme monde avec le christianisme, dont la philosophie, en tant que grecque, et avant

---

1. Sur tout ceci, on se reportera aux analyses de B. Bourgeois, *La Pensée politique de Hegel*, Paris, PUF, 1969, notamment p. 104.

d'en être l'accomplissement conceptuel parfaitement libre, aura été l'anticipation idéale intérieure. Comme *philosophie*, ainsi, elle aura précédé le christianisme. Comme *savoir absolu* accomplissant celle-ci, elle vient nécessairement *après* lui. En tant que grecque, elle ne pouvait, sans doute, s'élever plus haut que ce qu'était son monde, et c'est pourquoi elle demeurait alors aussi une pensée de la substance. Mais elle en était déjà, pleinement, la *pensée* et, en tant que philosophique, la pensée libre, « personnelle », si l'on veut, se libérant, en son acte, de son être, la pensée de celui qui était déjà, en tant que pensant – pour autant, autrement dit, qu'il ne s'en remettait qu'à lui-même comme être pensant – à même la vie substantielle qui régissait encore son être, un Soi, un sujet : lorsqu'elle *se* pense, toutefois, ou se pensera vraiment, donc en son principe propre, lorsqu'elle sera chez soi en ce sens, elle ne se comprendra plus comme grecque. C'est ainsi qu'un monde finit, selon Hegel : en se pensant lui-même, dans la puissance négative infinie de la conscience de soi, l'absoluité de son affirmation infinie.

C'est une telle conscience de soi que la *Phénoménologie* de son côté aura pensée, au crépuscule du monde grec, en son entrée en scène tragique, comme destin, puis en sa vérité comique, lorsque la conscience de soi « se présente telle qu'elle se sait comme le destin aussi bien des dieux du chœur que des puissances absolues elles-mêmes »[1]. *Dieses Schicksal vollendet die Entvölkerung des Himmels*, vient d'écrire Hegel[2], et il ne manque pas alors de remarquer que c'était là ce qu'avaient aussi demandé, de leur côté, les philosophes grecs. La philosophie est la pensée de ce qui était déjà advenu sur

1. *Ph.G.*, p. 485 ; *Ph.E.*, p. 607-608.
2. *Ph.G.*, p. 484 ; *Ph.E.*, p. 606.

le plan de l'esprit objectif, sur le mode d'une contradiction de celui-ci : « Car l'immédiateté », avait relevé Hegel, « a la signification contradictoire d'être le repos sans conscience qui est celui de la nature et le repos conscient de lui-même sans repos qui est celui de l'esprit » (*die bewußtlose Ruhe der Natur und die selbstbewußte unruhige Ruhe des Geistes*)[1]. La philosophie accomplit le partage, autrement dit le jugement, et fait valoir, même lorsqu'elle en reste en sa pensée au principe substantiel, qui forme le sens de ce qui est grec, l'inquiétude de la conscience de soi, jusqu'au concept. Dans la philosophie l'esprit grec s'exposant se juge aussi lui-même, se dépassant lorsqu'il cherche à se conserver, à se sauver. Pensée de la contradiction du monde grec en sa fin, la philosophie accomplit ce qui advient aussi sur une autre scène, une scène elle-même absolue, celle de l'art, tel qu'il culmine en effet pour Hegel, en 1807, dans l'œuvre d'art spirituelle, celle-ci prenant fin à son tour avec la comédie, qui mettra elle-même en scène la dialectique où viennent périr en leur validité absolue, et d'abord sans question, les puissances de la substance éthique. La quiétude inquiète de la conscience de soi, le repos sans repos prend alors un visage unique, celui d'« un bien-être, et d'un abandon de soi au bien-être, de la conscience, comme il ne s'en rencontre plus aucun », le visage de la comédie. En elle s'est accomplie, sur le plan de l'esprit absolu, la réunification du destin et de la conscience de soi, où « le *Soi singulier* est la force négative par l'action de laquelle et au sein de laquelle disparaissent les dieux »[2]. L'achèvement du monde grec est heureux, et dans la joie de la comédie grecque surgit, comme

---

1. *Ph.G.*, p. 315 ; *Ph.E.*, p. 414.
2. *Ph.G.*, p. 487 ; *Ph.E.*, p. 610.

un double rieur de la réconciliation philosophique selon
Hegel, « la parfaite absence de motif de crainte ». Mais dans
la joie comique la parfaite absence de crainte veut dire aussi,
promesse de son déclin imminent, « l'absence d'essence de
tout ce qui est étranger » (*Wesenslosigkeit alles Fremden*), et
« le retour de tout universel dans la certitude de soi-même »[1].
La réconciliation est une mascarade, elle est jouée sur le fond
de la dissolution de tout être, de toute essence. La joie comique
se tient dans une essentielle parenté avec la joie sceptique,
davantage sans doute qu'avec la joie philosophique, ou plutôt
la sérénité dialectique, celle de la reconnaissance de soi dans
un autre qu'elle laisse toujours libre de soi, celle, non du retour
à soi toujours à nouveau confirmé par l'infinie négativité sceptique, mais de l'infinie réconciliation de soi avec l'être autre,
de soi avec l'être, de soi avec soi, de l'être avec lui-même. La
religion grecque aura, en tant que *Kunstreligion*, effectué le
même mouvement que la philosophie, celui par lequel, comme
l'écrit à présent Hegel, « l'esprit est sorti de la forme de la
substance et entré dans celle du *sujet* »[2] : un mouvement qui
est déjà, en lui-même, le devenir-homme de l'essence divine.
Menschwerdung est d'abord en effet dans Hegel le devenir qui
s'accomplit dans la religion grecque, autrement dit dans l'art
lui-même. Mais un tel devenir-homme sur la scène comique
est aussi, en sa légèreté, *Leichtsinn*, qui est absolue, la suppression de la substantialité, substance que l'absolu, il faut le
maintenir, est « tout autant », *eben so sehr*, l'effondrement de
la conscience dans la conscience de soi à laquelle plus rien
désormais ne fait face. Le dépeuplement du ciel est l'effondre-

---

1. *Ph.G.*, p. 488 ; *Ph.E.*, p. 610-611.
2. *Ph.G.*, p. 488 ; *Ph.E.*, p. 612.

ment de l'essence, et la joie comique ou sceptique se renverse elle-même en deuil de celle-ci. La perte elle-même devient consciente de soi, et la conscience malheureuse n'est que « la contrepartie et le complètement », *die Gegenseite und Vervoll-ständigung*[1], de la conscience heureuse de la comédie. Et pourtant : nous sommes bien passés, en quelque façon, de l'autre côté du monde grec. La fin heureuse et le commence-ment malheureux sont bien en un sens le même, mais le second est la réunification des moments que la première ne tenait pas ensemble. Aliénation de la substance, la certitude de soi, en tant que telle comique, entre dans son « destin tragique »[2], comme « conscience de la perte de toute *essentialité* dans *cette certitude* de soi ainsi que de la perte précisément de ce savoir de soi – de la substance tout comme du Soi ». Elle se sait elle-même comme la perte de toute essence, et tout autant de la sienne. Elle est la conscience que Dieu est mort. Dans le devenir de sa conscience de soi l'esprit est devenu un autre. Sans doute, pour Hegel, l'esprit absolu se présuppose-t-il toujours lui-même la sphère de son existence objective qu'en vérité il pose. Ainsi le christianisme, « une affaire décisive de l'histoire mondiale », présuppose-t-il sur le plan de l'esprit objectif l'achèvement par soi-même de la substantialité éthique grecque, et sur le plan de la religion elle-même le deuil de l'essence divine, le dépeuplement du ciel. Il se présuppose, ainsi, sur les deux plans, celui de l'histoire, donc celui de l'État, celui de la religion. La philosophie elle-même est l'anti-cipation de ce qui, avec lui, deviendra un monde, le monde

1. *Ph.G.*, p. 490; *Ph.E.*, p. 614.
2. *Das tragische Schicksal* : telle est bien l'expression extraordinaire de Hegel, *Ph.G.*, p. 490; *Ph.E.*, p. 614.

chrétien, s'engendrant lui-même conjointement sur le plan objectif et sur le plan absolu, où le fondement vrai est l'esprit absolu tel qu'il se présuppose à soi-même l'esprit objectif, lui-même, par conséquent, comme fini, comme État moderne, État de la liberté, et comme religion de la religion, religion de l'esprit comme Manifestation, elle-même s'achevant avec le luthéranisme, anticipation, comme témoignage de l'esprit, du concept[1]. Ainsi la philosophie aura-t-elle anticipé ce qui, avec le christianisme, est devenu un monde, et la religion de la religion elle-même est l'anticipation, comme *Offenbarung*, qui, en tant que conscience de soi de l'essence absolue elle-même, est *Selbstoffenbarung*, du savoir absolu. La religion manifeste est en ce sens requise pour l'achèvement de la philosophie comme savoir absolu, en sorte que, si celui-ci reste grec en son regard, en sa *Betrachtung*, la dialectique qui s'accomplit pleinement en lui dans la Personnalité pure du concept, c'est-à-dire dans le sujet absolu, ne pouvait pas être grecque. Elle est, bien plutôt, le même sacrifice dialectique qui se représente dans la religion manifeste, dans les limites propres de la représentation, et nécessairement, en celle-ci, *avant* de se représenter dans le concept[2].

---

1. *P.Ph.D.*, «Préface», p. 87. Concernant le rapport de l'esprit absolu et de l'esprit objectif fini, l'affirmation centrale de Hegel est celle-ci: «La pensée rend présente la vérité de l'esprit, introduit celui-ci dans le monde, et le libère ainsi dans son effectivité et en lui-même» (*E.*, *Ph.E.*, § 552, p. 334). *Cf.* B. Bourgeois, *Éternité et historicité de l'esprit selon Hegel, op. cit.* Ainsi le protestantisme est-il, sur le plan de l'esprit objectif, l'avènement de la *Sittlichkeit* vraie, le divin en son immanence à l'effectivité: les hommes agissent toujours selon l'esprit de leur religion.

2. On tiendra ensemble les deux affirmations de la *Philosophie de l'esprit* (*E.*, *Ph.E.*, § 552, p. 339): «Il est bien plutôt nécessaire que la conscience de l'Idée absolue soit, quant au temps, saisi tout d'abord dans cette figure, et que,

Ainsi le hégélianisme veut-il être, d'une part, l'accomplissement *systématique* du platonisme (de la philosophie), et, de l'autre, l'achèvement *philosophique* de la religion manifeste (de l'esprit en son absoluité, et par conséquent de l'esprit tout court). Le savoir absolu est le nom hégélien de ce double accomplissement, celui de l'histoire initialement grecque de la philosophie comme celui de toute histoire, et de son événement central, la *Menschwerdung* du Dieu. L'histoire se libère d'elle-même, de sa finitude, dans l'esprit absolu en lequel d'elle-même en son immanence, mais plus haut qu'elle-même, elle se pense, et celui-ci s'accomplit dans la philosophie où la dernière et plus dure scission, celle de la conscience religieuse, est, alors seulement, surmontée. Regardons pour finir à nouveau cette fin, la fin de la philosophie, mais tout autant la fin *absolue* de l'histoire (puisqu'il en est une autre, sur le plan objectif propre à l'histoire). Rien, à l'époque d'une telle fin, n'est laissé en arrière, rien n'est abandonné sur un chemin qui serait lui-même oublié en tant que chemin. La fin est le rassemblement, la concentration sur soi du chemin. Tout ce qui fut grec, ainsi, est rendu à sa vérité initiale, sans le moindre retour cependant qui prétendrait faire le chemin en sens inverse, ou revenir au commencement, comme si le chemin avait recouvert le commencement grec. Tout ce qui est chrétien demeure intact, accompli, en tant que religion de la religion, sur le plan qui est le sien. L'accomplissement hégélien n'est pas le dépas-

dans son effectivité immédiate, elle soit là comme religion avant d'être là comme philosophie », et, déjà, de la *Phénoménologie de l'esprit* : « Il faut dire, pour cette raison, que rien n'est *su* qui ne soit dans l'*expérience*, ou, comme la même chose est aussi exprimée, qui ne soit présent comme *vérité sentie*, comme un éternel *intérieurement révélé*, comme un être saint *ob-jet de foi*, ou quelque autre expression qu'on emploie » (*Ph.G.*, p. 525 ; *Ph.E.*, p. 655).

sement qui surpasse, mais l'exaltation qui libère : tout, à commencer par l'être même, se libère en s'élevant. Lorsque ce qui fut d'abord grec rencontre son plein déploiement, lorsque ce qui reste chrétien passe au-delà de lui-même dans la forme adéquate à son contenu, et par conséquent en sa vérité, c'est la même liberté qui advient, la liberté ou personnalité pure que Hegel appelle : concept. C'est une seule et même décision qui va ainsi jusqu'à son propre concept, jusqu'à son propre sens. C'est une telle décision que Hegel pense comme savoir absolu. Le principe substantiel de la philosophie grecque, en lui, est réuni au principe subjectif moderne qu'aura précisément fait valoir, sur son plan propre, le christianisme. Car l'accomplissement de la conscience de soi aura garde de rejeter loin d'un tel Soi réuni à soi la substance dont il est le sujet. C'est bien l'être qui s'accomplit comme concept, et celui-ci, au plus haut, est libération en retour de l'être même, le laissant libre, ou se laissant aller librement en lui. Le concept demeure la pensée de l'être, même lorsque, au plus haut de lui-même, il s'accomplit comme pensée de la pensée. Tout le hégélianisme, en cette mesure, est la tentative de penser la simplicité de l'être. Mais comment l'entendre ? Non sans doute que l'être lui-même s'avancerait dans la pensée qui le recueillerait seulement. Ce n'est pas l'être qui se donne, c'est la pensée qui s'avance jusqu'à cette simplicité en laquelle elle est *être*. La pensée de l'être n'est donc pas le seul accueil ou recueillement de l'être, de sa venue, de sa présence, mais la tentative d'une pleine présence à soi, celle, par conséquent, d'un sujet. Une telle présence, qui nécessairement s'en détache, s'en délivre, revient cependant à la simplicité de l'être. Le concept lui-même s'accomplit en une telle simplicité limpide de la présence la plus dense, la plus profonde. Si dès lors « ce qui est grec », selon Hegel, est bien la pensée de la substance, le principe substantiel, alors *nous* restons grecs lorsque, répondant au principe moderne de la subjectivité et à son péril le plus propre, « le sommet de la subjectivité s'appréhendant comme ce qui est ultime »[1], nous faisons valoir, avec Hegel, la substantialité du Sens dont le Je ne saurait disposer à sa guise, lorsque nous faisons valoir qu'*il y a* du sens, ou que le sens *est*. Le hégélianisme demeure grec, ainsi, lorsqu'il maintient la nécessité de renverser le grand *eben so sehr* de la « Préface » de la *Phénoménologie de l'esprit* – qui est le mot du spéculatif – et d'affirmer que le vrai n'est pas seulement sujet, mais « tout autant » substance. Mais il ne reste grec que pour autant qu'il a surmonté le deuil du principe grec, sans le moindre retour à sa législation, dans l'affirmation désormais spirituelle de l'être, pour autant, ainsi, que la modernité a dépassé elle-même son propre principe, son propre danger, la subjectivité vide, dominatrice, d'un esprit sans esprit, pour autant qu'elle a su faire le deuil de son deuil, surmontant l'*Entvölkerung des Himmels* elle-même, l'effondrement du divin substantiel. Il n'est assurément pas question, pour Hegel, d'un retour du divin qui ne fût la Personne divine, le Sujet lui-même absolu, le Dieu qui « s'avance au milieu d'eux » : il ne saurait être question d'attendre aujourd'hui le retour de l'affrontement tragique du divin et des mortels. Il n'y a plus de divin en ce sens, il n'y a plus de mortels. Il n'y a plus de Grecs. Mais c'est jusqu'à l'être, jusqu'à la substance qui fut le principe originairement grec, que va l'esprit en son activité créatrice : jusqu'à se donner l'être, jusqu'à *laisser être* l'être. C'est à l'être que le savoir absolu se confie lui-même, dans l'être qu'il se sacrifie lui-

---

1. En cette extraordinaire fin de la section « Moralité » des *P.Ph.D.*, § 140, Rem., p. 225-226.

même. Même lorsque la philosophie n'est plus grecque, ainsi, au sens de sa limitation initiale au principe substantiel, même lorsqu'elle s'est libérée de sa propre naissance grecque, dans une actualisation achevée d'elle-même, du principe de la personnalité infinie, dans le système hégélien, elle demeure grecque, ou plutôt fidèle aux Grecs, en sa libre restitution de l'être, sa libre reconnaissance de ce que les Grecs, les premiers, avaient pensé, l'affirmation de l'être. Cette affirmation reste bien l'affirmation initiale du hégélianisme. Mais elle est aussi la simplicité lumineuse à laquelle revient son affirmation finale. Hegel est le penseur de la Personnalité pure dans la mesure même où il est, où il reste le penseur de l'être.

Chapitre IX

EXPÉRIENCE

La *Phénoménologie de l'esprit* de 1807 est le grand livre de l'expérience. Dans ce livre d'un genre nouveau, ce livre qui bien plutôt, comme le fut avant lui, elle seule peut-être, la *Divine Comédie*, est à lui seul un genre, il ne s'agira en tout et pour tout que de l'expérience, et celle-ci sera, en lui, l'expérience totale, l'expérience d'un tout que Hegel appellera : esprit. L'expérience est le tout, ou c'est le tout lui-même qui dans ce livre singulier s'accomplira, se donnera en tant qu'expérience – le tout qui se recueillera bientôt, pur, libre, dégagé, dans cet autre cercle que sera le Système. Mais s'il s'agit en effet, avec l'expérience, d'un accomplissement, c'est que le tout, en tant qu'il se donne dans l'expérience, est un chemin. Le tout expérientiel, *erfahrungsmässig*, dont il s'agit dans la *Phénoménologie* est le chemin de l'accomplissement de soi de l'esprit, le chemin de l'identification de son apparition et de son essence. Mais le livre lui-même ne se contente pas d'*exposer* le chemin du tout dans la conscience, l'expérience elle-même, d'en présenter dans la langue, autrement dit selon l'existence adéquate de l'esprit, la science, elle-même élément absolument hospitalier, libérateur, qui accueille l'expérience en son déploiement libre, immanent et même

résolu (puisqu'il y a, partout à l'œuvre dans le livre, une résolution de la conscience à se penser elle-même) – comme si
l'expérience, elle qui a le même contenu que la science, n'était
alors que l'objet lui-même substantiel ou le contenu de la
science. Non : mais, décisivement, le livre *appartient à* l'expérience, la science de l'expérience est aussi en un sens dans
l'expérience. Le livre de l'expérience donnera par conséquent
lui-même d'abord lieu à une expérience. Lire la *Phénoménologie* est l'expérience que fera une conscience, pour laquelle
tout livre est d'abord un être qu'elle rencontre, un être qu'elle
supprimera lentement en son adversité contingente, à travers
la lecture qui s'en appropriera le sens en sa nécessité, au fond
la plus intérieure à la conscience qui aujourd'hui s'en approche.
En cette expérience qu'elle fait, la conscience lectrice s'appropriera le sens de sa propre expérience, ou d'elle-même, de sa
propre substance, de sa propre vie en tant qu'esprit. Elle fera
ainsi l'expérience du sens de son expérience, *l'expérience de
l'expérience*. Pour celui qui la lit, la *Phénoménologie* est par
conséquent l'expérience du sens de l'expérience. Par là, une
science de l'expérience appartient pleinement à l'expérience :
celle-ci dans la science se rassemble et se concentre jusqu'à la
pointe pure de son sens, pour ouvrir alors l'expérience nécessairement difficile ou déroutante (de l'écriture et de la lecture)
du sens de l'expérience. Le livre de 1807 est ainsi – pour autant
qu'une conscience le lit – le *Dasein* en lequel toute l'expérience se recueille, et qui s'offre lui-même encore à nous, à
notre expérience, dans l'élément expérientiel du sens, c'est-
à-dire dans une langue. *Tout le sens est dans l'expérience,
y compris le sens de l'expérience*. Il y a là cependant, dans
Hegel, pour s'y arrêter un instant, une exigence qui n'a pas sa
provenance vraie dans la conscience, dans l'expérience elle-
même qui ferait alors comme valoir son droit (il y aura pourtant

aussi une justice du concept) : elle émanera bien plutôt du savoir
absolu lui-même, en tant qu'exigence elle-même absolue,
celle de l'incarnation, ou plutôt celle de la manifestation, l'exigence, à vrai dire, d'une manifestation totale. Tout se donne,
tout le sens est donné, parce que lui-même se donne, lui-même
apparaît. Le sens vient à nous, *le sens veut être auprès de nous*[1].
Cette volonté du sens, cette volonté de manifestation qui ne
fait qu'un avec le sens (par où il est esprit), est ici sans doute le
plus décisif. La *Phénoménologie* est le livre où s'accomplit
cette venue à nous du sens. L'expérience qui est le contenu du
livre est le chemin par lequel le livre lui-même sera devenu
possible qui en expose aujourd'hui le sens total, et la *Phénoménologie* est le livre écrit, puis lu, par une conscience qui, sur
le chemin du livre, se souvient de ce qu'elle est devenue,
comprend comment elle en est venue à lire ce livre – nécessairement, mais, au fond, librement. Toute cette expérience aura
bien été la sienne, celle de la conscience qui aujourd'hui lit le
livre et s'en souvient. Mais elle l'aura été, en vertu de sa résolution à se penser elle-même – elle *n'aura pu être* son expérience –, que dans la mesure où le savoir absolu se sera lui-
même sur ce chemin avancé et en elle aujourd'hui lectrice
continue de s'avancer dans l'expérience. *Il n'y a qu'une seule
expérience*. L'expérience de la conscience est la même que
l'expérience du savoir absolu, dont il est le sujet vrai. C'est
elle qui va à lui parce que c'est lui qui vient auprès d'elle.
Aujourd'hui elle se souvient de cette même et unique venue,
elle se souvient de l'Expérience, elle fait l'expérience de

---

1. Hegel l'écrit dans l'« Introduction », comme en passant : l'absolu, « s'il
n'était pas et ne voulait pas être, en et pour lui-même, déjà auprès de nous »
(*Ph.G.*, p. 58 ; *Ph.E.*, p. 158).

l'expérience, autrement dit de la double réfraction, du tout substantiel réfracté dans la conscience qu'elle était, selon toutes les figures d'elles-mêmes qui sont encore les siennes (rien n'est perdu, tout se condense dans l'expérience de la conscience), et, avec le livre, de cette expérience totale de la conscience réfractée dans la science (ce que la conscience est pour nous), puisque le vrai dans le livre est *pour une conscience*, mais que la conscience du vrai est bien *pour nous*[1]. Elle se souvient de tout le phénomène, elle qui lit la *Phénoméno-logie* : le phénomène, c'est le tout pour la conscience, la *Phénoménologie*, c'est le livre d'un savoir absolu où le phéno-mène achève sa phénoménalisation ou son apparition, vient à sa plus haute manifestation, est le plus manifeste.

Mais reprenons un à un les traits essentiels de l'expérience. Et tout d'abord celui-ci : qu'elle est le mouvement d'un chemin, *Bewegung*. On se souvient que dans l'« Introduction » Hegel prétend penser ce que veut dire « en propre », *eigentlich*, *Erfahrung*[2]. Une telle propriété du sens s'opposera précisé-

---

1. Il ne s'agit pourtant pas, dans l'un et l'autre cas, des mêmes lois ni du même sens de la réfraction : il n'y a pas, au sens strict, de *Strahlenbrechung*, il n'y a pas du tout de « fraction » dans le savoir absolu, et le livre s'ouvrira bien sur l'exigence de tenir à l'écart le concept, de ne pas intervenir sur l'expérience libre de la conscience. Sur la réfraction, cf. *Ph.G.*, « Einleitung », p. 57; *Ph.E.*, « Introduction », p. 118.

2. *Ph.G.*, « Einleitung », p. 66; *Ph.E.*, « Introduction », p. 127. On se repor-tera aussi à *Ph.G.*, « Vorrede », p. 28; *Ph.E.*, « Préface », p. 82 : l'*Erfahrung* est « ce mouvement dans lequel l'immédiat, ce dont on n'a pas l'expérience [*das Unerfahrne*], c'est-à-dire l'abstrait, que ce soit celui de l'être sensible ou celui du simple seulement pensé, se sépare de lui-même en se rendant étranger à lui-même, puis fait retour, d'une telle séparation, à lui-même, et par là est

ment plus loin à la coutume, quelque chose entrant alors en
dissonance avec le sens habituellement visé dans une langue
qui ne sait pas ce que pourtant elle dit[1]. Ce quelque chose, qui
est si singulier, sera en vérité, dans le texte hégélien, la Chose
même, ou plutôt « la considération de la Chose », *die Betrachtung der Sache*, qui, par rapport à ce qui se passe pour la
conscience ou ce qui tombe en elle, sera de nous ou en nous, et
détournera le sens en lequel on entend ordinairement (*elle*
entend) une expérience qui justement par là n'est pas entendue, aussi longtemps du moins que la conscience ne parvient
pas à tenir ensemble, dans une seule expérience, ses pensées.
Mais regardons de plus près. L'*Erfahrung* au sens propre,
Hegel s'en explique immédiatement, est « ce mouvement
dialectique que la conscience pratique (*ausübt*) à même elle-
même, aussi bien à même son savoir qu'à même son ob-jet,
dans la mesure où, pour elle, le nouvel ob-jet vrai en *surgit* ».
L'expérience est décidément bien le mouvement d'un chemin
(*Bewegung*), sur lequel elle rencontrera le surgissement (*ent-
springen*) d'un nouveau. Que ce mouvement soit dialectique
est précisément ce qui fera d'une telle nouveauté surgissante,
telle qu'elle se donne à chaque fois à la conscience d'abord
en son extériorité contingente, quelque chose de « devenu »,
geworden, selon la nécessité en vertu de laquelle seulement il
y aura science (c'est bien sur le « caractère scientifique » de
l'exposition que Hegel s'explique à présent), en sorte que le
mouvement, le changement aura sa vérité à chaque fois dans
une « conversion » et presque un tournant, une *Umkehrung* de

seulement maintenant présenté dans son effectivité et vérité, de même qu'il est
aussi propriété de la conscience ».
1. *Ph.G.*, « Einleitung », p. 67; *Ph.E.*, « Introduction », p. 128.

la conscience [1], et l'expérience elle-même, comme succession des rencontres de la conscience, se configurera en totalité en une série d'expériences, *die Reihe der Erfahrungen des Bewußtseins*. La série sera alors ce que Hegel appelle aussi le « cours » (*Gang*) dialectique nécessaire de la négativité comme négativité absolue, qui commande pour Hegel, comme la *Doctrine du concept* l'éclaircira bientôt, la constitution de la science dialectique, l'ἐπιστήμη τοῦ διαλέγεσθαι.

Mais il s'agira d'abord pour nous seulement de nous rendre attentifs au *fahren* de cet *Erfahren*. Celui-ci, commente Heidegger en son grand texte des *Chemins*, a le sens de *Ziehen, Langen nach, das geleitende Gelangen zu, das auslangend-erlangende Gelangen* : conduire et atteindre [2]. Les expériences de la conscience sont à chaque fois ce qu'elle aura conduit et atteint de son propre mouvement sur son propre chemin, un mouvement où elle est elle-même le chemin, ce qui se met en chemin et cela vers quoi elle se met en chemin. C'est elle-même qui se conduit et s'atteint elle-même. *Es bildet sich selbst den Weg*, écrivait Heidegger [3]. Le chemin du mouve-ment est un chemin dans elle-même, comme le mouvement est mouvement *an ihm selbst*. Si la conscience accomplit un tel chemin dans soi, un tel mouvement à même soi, c'est en vertu de son étrange essence, exactement de son ambiguïté, ou de la

1. *Ph.G.*, « Einleitung », p. 66-67 ; *Ph.E.*, « Introduction », p. 128.

2. « Hegels Begriff der Erfahrung », *Holzwege*, Frankfurt, Klostermann, 1950, p. 170.

3. *Ibid.*, p. 167 : « *Das Sein des Bewußtseins besteht darin, daß es sich be-wegt. Das Sein, das Hegel als die Erfahrung denkt, hat den Grundzug der Bewegung* » (« Elle se forme à soi-même le chemin. L'être de la conscience consiste en ceci qu'elle se meut sur un chemin. L'être que Hegel pense en tant qu'expérience a le trait fondamental du mouvement sur un chemin »).

Zweideutigkeit du vrai lui-même, selon laquelle il est, pour la conscience, *le vrai ou l'en-soi*, mais c'est *pour la conscience* qu'il est le vrai. Rappelons seulement que, selon une telle ambiguïté, l'expérience que fait la conscience est celle d'un dédoublement de son objet, où le nouveau est à chaque fois l'expérience faite sur ce dont il provient, le néant de ce qui l'a précédé dans l'expérience[1]. Or une telle ambiguïté est dans l'essence de la conscience, elle est même le *Grundzug seines Wesens*, comme le relève Heidegger. Être en ce sens, *Bewußtsein*, c'est *etwas schon zu sein, was es zugleich noch nicht ist*. Le séjour de la conscience est décidément singulier, son non-repos ou son inquiétude, *Unruhe*, consistent bien à « séjourner dans le ne-pas-encore du déjà » (*sich aufhalten im Noch-nicht des Schon*[2]). Ces trois mots, le *Noch nicht* et le *Schon*, disent à eux seuls le sens d'être de l'intraduisible *Bewußt-sein*. Ils donnent aussi le sens et la nécessité du *fahren* de l'*Erfahren*. Il n'est pas de conscience simple, ou qui ne soit *zweideutig* en ce sens, inquiète de ce *noch nicht* du *Schon*, habitant, en son nomadisme essentiel, le « ne pas encore » de ce « déjà ». Lorsqu'elle change, ainsi, elle va toujours plus loin en elle-même, elle remonte, de ce mouvement dialectique que la *Doctrine du concept* appellera *Rückannäherung*, approche en retour, jusqu'à ce cœur d'elle-même, ce « déjà » qui n'est « pas encore », le savoir absolu, ou son propre concept. L'expérience de la conscience n'est extatique que d'aller ainsi toujours plus profondément, toujours plus intensément dans soi. Le changement de son objet, le surgissement du nouveau, toutes ces rencontres, ne sont que les figures de l'atteinte de soi, du

1. *Ph.G.*, « Einleitung », p. 66 ; *Ph.E.*, « Introduction », p. 127.
2. *Holzwege, op. cit.*, p. 167.

mouvement en soi-même, de l'expérience comme expérience de soi, de l'approche en retour de soi. Assurément, toute expérience de la conscience est conduite et atteinte *an ihm selbst*, « à même elle-même », ou *über sich*, sur soi. Il s'agit, à chaque fois, de son identité à soi, de la tentative, qui est la sienne jusqu'à la fin, de s'en tenir à soi, d'être soi, d'être un Soi.

Mais cette approche en retour de soi est aussi expérience au sens, qui nous est, comme à elle-même, le plus familier, de la rencontre. « À même soi » en effet, la conscience rencontre l'être-autre. Que veut dire, alors, « expérience », « faire l'expérience de » cet autre ou « faire une expérience », *erfahren*? *Erfahren* veut dire en ce cas : *das reine Auffassen*, le pur appréhender[1]. Appréhender le vrai, c'est le rencontrer en son surgissement pur, comme s'il se tenait là devant une conscience qui le découvrirait ou le trouverait, tomberait sur lui, apparaissant comme un autre, comme le nouveau, comme la pure rencontre – et tel est le sens coutumier de l'*Erfahrung*. « Appréhender » est le nom de la saisie de la conscience, pour autant qu'elle ne pense pas elle-même sa propre visée, pour autant que sa propre expérience lui reste fermée en son essence d'expérience de soi (et, avec celle-ci, sa propre essence), pour autant que tout le mouvement et devenir se passe, selon l'expression hégélienne, « dans son dos » (*hinter seinem Rücken*). Toute visée en laquelle la conscience se détourne de soi, ne s'accomplit pas pleinement comme conscience de soi achevée, restera – par conséquent jusqu'au savoir absolu, qui l'aura à la fois surmonté et gardé en lui-même – un pur « appréhender » en ce sens. Ce pur acte initial n'est pourtant pas une apparence qu'il faudrait laisser derrière soi pour parvenir à l'essence vraie de la

1. *Ph.G.*, « Einleitung », p. 67; *Ph.E.*, « Introduction », p. 129.

conscience, à son expérience en sa vérité d'expérience à même
soi, sur soi. Il restera l'acte propre de la conscience en tant que
conscience, dans toute son expérience. Il demeure aussi l'acte
propre d'une conscience qui lit la *Phénoménologie*, et qui
commencera nécessairement par l'appréhender : l'expérience
de la pensée elle-même commencera avec un tel *Auffassen*.
Il est, surtout, l'acte premier par lequel il y a quelque chose
pour une conscience, ou même par lequel il y a conscience,
puisque le principe de la conscience est bien : *es ist etwas für
dasselbe*, « il y a quelque chose pour elle »[1]. Il est l'acte
premier de tout savoir en tant que savoir : le chemin de toute
expérience commence avec un tel *Auffassen*, et s'il donne le
sens de l'*Erfahrung*, alors il faudra dire sans hésiter que tout
commence avec l'expérience. Le vrai est pour Hegel ce dont il
y a d'abord une sorte d'expérience – et il ne s'agit pas seulement, en vérité, d'un commencement : le vrai est ce dont il y a
toujours aussi une expérience, ou bien, une nouvelle fois : tout
est dans l'expérience. Hegel s'en expliquera à la fin, donnant à
cette occasion le sens de l'*Erfahrung* : « Il faut dire, pour cette
raison, que rien n'est *su* qui ne soit dans l'*expérience* ou,
comme la même chose est aussi exprimée, qui ne soit présent
(*vorhanden*) comme *vérité sentie*, comme un éternel *intérieurement révélé*, comme un être saint *ob-jet de foi*, ou quelque
autre expression qu'on emploie »[2]. L'expérience dit ainsi la
présence, la *Vorhandenheit* pour une conscience qui rencontre
en elle quelque chose qui se donne à elle dans l'acte, qui est le
sien, de l'appréhender. Pour elle-même en effet seul cet acte
tombe en elle, comme l'écrivait Hegel dans l'« Introduction ».

1. *Ph.G.*, « Einleitung », p. 64 ; *Ph.E.*, « Introduction », p. 125.
2. *Ph.G.*, p. 525 ; *Ph.E.*, p. 655.

Sentiment, révélation, croyance, il s'agit là d'autant de modes du pur *Auffassen*, qui subsiste ainsi jusqu'en la religion, et dont seule la *Durchsichtigkeit* du concept accomplira le dépassement : dépassement qui, on le sait, restitue à la fin son commencement, et le donne, se donne lui-même, lui qui est sujet absolu, comme être-pour-une-conscience, qui, ainsi, l'appréhendera (comme certitude sensible), et, comme il en ira à la fin de la *Science de la logique*, comme être (comme nature). Le concept, en son absoluité, sera alors celui qui se donne comme autre que soi, comme savoir *relatif*, comme conscience, et, plus radicalement, *plus absolument* encore, non comme savoir, mais comme être. La *Phénoménologie* s'achèvera sur ce double sacrifice de soi du savoir absolu, et en tant qu'absolu, et en tant que savoir. Elle qui en est le dépassement retourne en vérité à l'*Auffassen* immanent à toute expérience, affirmant ainsi la vérité de la conscience, en laquelle le *schon*, ce qu'elle était déjà, aura cependant gagné sur le *noch nicht*, ce qu'elle n'était pas encore. Pour le dire avec Aristote, « ce que c'était que d'être » ou « ce qu'elle avait à être » en tant que conscience s'accomplit dans le concept, qui saura ainsi, se retirant, la rendre à elle-même, à sa propre essence. Autant dire que toute l'expérience de la conscience est le retour à la Simplicité initiale (c'est bien ainsi que la *Doctrine du concept* pensera le chemin dialectique, chemin vers la Personnalité pure du concept) : toute la *Phénoménologie* doit ainsi être considérée comme la justification de la conscience, la justification de la certitude sensible. Il suffit qu'il y ait quelque chose pour elle, il suffit qu'il y ait la conscience : en cet *il y a* initial, il y a déjà le savoir absolu, parce qu'il y a son concept. Et celui-ci en retour est la justification de cet *il y a*. Mais alors, à partir d'une telle « appréhension » initiale et, au fond, constante (*vorhanden*, constamment présente), nous comprenons plus clairement ce

que veut dire *Erfahrung*. Ce dont il y a *Erfahrung*, c'est bien
tout ce qui est sur le mode de la *substance* : l'expérience est
toujours l'expérience de l'esprit – l'expérience du tout, ainsi –
pour autant qu'il se donne sur le mode substantiel. Hegel
écrit : « Car l'expérience consiste précisément en ceci, que le
contenu – et le contenu est l'esprit – est *en soi*, substance, et
donc *ob-jet* de la *conscience* »[1]. Le livre de la conscience,
comme livre de l'expérience, est donc aussi, d'une façon qui
n'est surprenante qu'en apparence, le livre de la substance, car
tout le contenu, le tout lui-même, pour un sujet qui est une
conscience, *est* au sens substantiel de l'être. « Il y a quelque
chose pour elle » veut dire : *il y a toujours une substance*. Pour
un sujet, au sens hégélien, il y a toujours – *eben so sehr*,
faudrait-il dire en renversant le mot de la *Préface* – une
substance. Même la subjectivité absolue du savoir absolu se
donne aussi sur le mode de la substance, pour autant qu'elle se
donne elle-même à une conscience, autrement dit dans une
expérience. Sans doute le savoir absolu n'est pas lui-même
substance : ni un être, ni une nature, ni même seulement un
contenu, qui en tant que tel ne se distinguerait d'ailleurs pas de
la religion accomplie en sa doctrine. Il est, en son absoluité, la
pure activité, la pure ἐνεργεία de la subjectivité absolue. Mais
il *existe* aussi, selon la grande loi de la manifestation totale
(selon, très simplement, le sens de l'esprit), dans la substantialité de l'être et du contenu, que rencontre, tout d'abord et
jusqu'à la fin aussi sur le mode de l'*Auffassen*, le sujet qui veut
penser – penser *quelque chose* plutôt que *rien*. Ainsi, l'expérience est toujours l'expérience de la substance, ou de la présence substantielle. Mais relevons avec Hegel : *er (der Inhalt)*

---

1. *Ph.G.*, p. 525 ; *Ph.E.*, p. 655-656.

ist der Geist. Ou : *die Substanz, die der Geist ist.* L'esprit est substance, mais il est absolument requis de le dire et de le penser aussi dans l'autre sens : *la substance est esprit.* Et c'est alors, en ce renversement, l'autre sens de l'expérience qui apparaît, le « nôtre », qui n'est pas rigoureusement autre, mais le même sens renversé. Selon l'*Auffassen*, le sens coutumier de l'expérience, l'esprit est substance. Mais selon l'expérience en son sens dialectique, la substance est esprit, ce qui veut dire, dans la langue de la *Phénoménologie*, qu'elle, c'est-à-dire lui, l'esprit, est *das* Werden *seiner zu dem, was er* an sich *ist*, « le *devenir* de soi jusqu'à ce qu'il est *en soi* ». Les deux sens de l'expérience sont le même sens, celui en lequel le vrai est comme substance et « tout autant », *eben so sehr*, comme sujet : celui par lequel l'esprit est un *être*, et même un être sensible qu'une conscience rencontre, celui par lequel tout ce qu'elle rencontre, qui est et vient à son encontre, est *devenir de soi.* Car la loi de ce devenir, en tant qu'esprit, est de *se faire être*, de se créer et de se donner dans l'être. Mais la loi de cet être est le mouvement de se mettre en chemin jusqu'au Soi qu'il est déjà sans l'être encore, de devenir ce qu'il est, et en ce devenir de « se réfléchir en lui-même », comme l'écrit à présent Hegel, ou de se poser, dans le connaître, comme sujet, conscience de soi ou concept. En sorte qu'à présent le sens le plus haut de l'*Erfahrung* en tant que *Bewegung* est peut-être devenu plus clair : « Ce mouvement est le cercle revenant en lui-même qui présuppose son commencement et l'atteint seulement en son terme ». L'expérience est elle-même un cercle, et la *Phéno-ménologie de l'esprit* est le livre de ce cercle. La conscience ne fait que revenir à soi lorsqu'elle va à la science, c'est-à-dire à l'esprit absolu qui, se présupposant la conscience, ou mieux : se présupposant lui-même en tant que conscience, s'atteint lui-même à la fin – tel est le *fahren* d'un tel *erfahren* – en son commencement sensible. La conscience se justifie en allant au savoir absolu, qu'elle confirme et qui la confirme. Mais c'est tout autant la science qui revient à soi, dans l'approche en retour par laquelle elle se souvient de soi, de son atteinte de soi en son cheminement comme conscience. Le savoir absolu se justifie en venant à soi dans l'intériorisation qui se souvient de soi, de son chemin conscientiel jusqu'à soi. Il confirme la conscience et se confirme par elle. Décidément le chemin de l'expérience revient toujours à son commencement.

Or ce chemin est aussi effectivement le chemin total. La philosophie pour Hegel n'aura pas d'autre contenu que l'expérience. Dans cette mesure, la *Phénoménologie de l'esprit* en 1807 est non seulement *dans* le système, comme le chemin par lequel le cercle du système s'ouvre de l'intérieur, son seuil intérieur et premier moment (pour Hegel on sait qu'il n'y a pas d'autre accès qu'intérieur), elle est le système lui-même, le tout dans la conscience. Nous ne savons rien d'autre que ce qui est donné, nous ne savons rien d'autre que ce qui apparaît. La *Phénoménologie* est ainsi le livre de cet apparaître. La science du savoir apparaissant n'est pas celle qui va se tourner vers l'entrée en scène de la science pour en finir avec elle, dissiper une fois pour toute cette apparition, même s'il y a en effet en celle-ci une apparence contre laquelle celle-là se tourne. Sans doute, c'est bien le savoir absolu qui apparaît comme conscience, et a à se dépasser comme un tel savoir non réel, autrement dit à réaliser son propre concept. Mais, apparaissant comme conscience, il apparaît, entre en scène comme apparaître, son apparition est bien l'apparition, l'entrée en scène de l'apparition. Comme la *Science de la logique* commencera avec l'être, est et reste d'un bout à l'autre la science de l'être, la *Phénoménologie* est la science de l'apparaître. L'expérience est cet apparaître lui-même. Heidegger écrit : « Le mode en

lequel la conscience, l'étant à partir de l'être-su, se déploie
en présence (*anwest*), est l'apparaître. La conscience est
en tant que l'étant qu'elle est le savoir apparaissant. Avec
le nom d'expérience Hegel nomme l'apparaissant en tant
qu'apparaissant, l'ὂν ᾗ ὄν»[1]. La *Phénoménologie* commence
avec le pur « il y a de l'apparaître », le pur « il y a quelque
chose pour elle », ou l'être-su, ainsi, *Bewußt-sein*, comme la
Doctrine de l'être commençait avec le *Sein, sonst nichts*. Cet
apparaître est l'être même, comme *Bewußt-sein*, autrement
dit, si l'on veut, comme subjectivité. Mais le plus décisif pour
nous est bien qu'un tel être soit pensé par Hegel comme expérience, qui est l'apparaître de l'apparaissant en tant qu'apparaissant. Le λόγος hégélien du phénomène se tourne vers
l'apparaître du Sujet pour le déployer comme *Erfahrung* en
laquelle il s'atteint lui-même. Or, rien ne se tient au-delà de
l'apparaître, rien ne se tient au-delà de l'expérience. Tout
apparaît, jusqu'à l'apparaître lui-même, dans la science ou le
λόγος qui lui-même se donne à la conscience finie. Le λόγος
accomplit l'apparaître de l'apparaître, il accomplit l'expérience, ou la conscience, dans le concept. L'apparaître, qui
d'abord ne s'apparaît pas à soi-même, va jusqu'à la transpa-
rence à soi qui s'appellera savoir absolu. Mais le contenu de
celui-ci ne sera pas autre que ce qui, tout autant, apparaît à la
conscience. C'était le sens du texte final de la *Phénoménologie*,
et déjà celui de la fin de son « Introduction ». Quel est, demandait alors Hegel, le royaume de l'expérience, le royaume de
la conscience ? « Rien de moins que le système total de cette
conscience ou le royaume total de la vérité de l'esprit ». *Das*

---

1. *Holzwege, op. cit.*, p. 166.

ganze Reich der Wahrheit des Geistes [1] : le royaume de l'apparaître et de son entrée en scène comme conscience est l'esprit
lui-même, qui n'est autre que la manifestation de soi. Les
moments de l'esprit sont sans doute ici seulement des moments
de la conscience – exactement ce qu'il nomme lui-même :
Gestalten des Bewußtseins – et non des moments purs, comme
le rappelle Hegel, mais ces moments sont les purs moments
eux-mêmes, tels qu'ils apparaissent. L'expérience est le
dépassement de la scission entre cette apparition et l'essence,
le devenir identique ou égal, *gleich*, de ces deux-là : ce n'est
pas l'*Erscheinung* qui en elle-même serait le *Schein* que
l'expérience va mettre à mal et même dissiper, le seul *Schein*
qui va tomber sera « le caractère étranger » de tout ce qui est
rencontré par la conscience, de tout ce qui est pour elle, c'est-
à-dire de tout ce qui est. C'est la conscience elle-même qui va à
son « existence vraie », déposant une seule apparence, celle
« d'être en proie à quelque chose d'étranger », de son entrée en
scène jusqu'à sa propre *Darstellung* comme science. Que se
passe-t-il, alors, à la fin, *endlich*, une fin qui n'est justement
pas la fin de l'expérience ? C'est la conscience elle-même, écrit
Hegel qui « saisit cette essence qui est la sienne ». « Saisir »,
alors, n'est plus *auffassen*, ni même *erfahren*, puisqu'il
est l'aboutissement de l'*Erfahrung*, il est sa vérité, comme
erfassen. Une telle saisie, ce clair regard en sa propre essence
est le savoir absolu [2]. C'est dans l'horizon d'une telle libération à l'égard, non pas de l'*Erscheinung*, mais de toute
scission en elle, ou de toute apparence de la scission, que Hegel
pensera, en 1817, en une Remarque de l'*Encyclopédie*, la tâche

1. *Ph.G.*, « Einleitung », p. 68 ; *Ph.E.*, « Introduction », p. 130.
2. *Ph.G.*, « Einleitung », p. 68 ; *Ph.E.*, « Introduction », p. 130.

philosophique, celle d'une « science de la liberté », libération
qui était déjà l'œuvre accomplie en 1807 par la *Phénoménologie* : « Parce qu'en elle », enseignera alors Hegel, « disparaît
le caractère étranger des ob-jets, et par là la finitude de la
conscience, c'est uniquement en elle que se dissipent la contingence, la nécessité naturelle et le rapport à une extériorité en
général, et par là la dépendance, la nostalgie et la crainte ; c'est
seulement dans la philosophie que la raison est absolument
auprès d'elle-même »[1]. Telle est déjà toute l'œuvre – ni plus,
ni moins – du livre de 1807. L'expérience est le chemin sur
lequel le tout lui-même se sauve de la scission, et l'apparition
s'égale à l'essence. L'« Introduction » s'achève sur ce signe
que fait la conscience (le dernier mot en est *bezeichnen*) vers le
savoir absolu. La conscience, écrit Hegel, « désignera la nature
du savoir absolu lui-même ». Un tel futur n'évoque pas seulement la fin du livre de 1807. Ou bien plutôt est-ce cette fin elle-
même qui a le sens de l'ouverture d'un élément en lequel la
Phénoménologie dès son commencement est assurément déjà
entrée. Alors commencera l'expérience des moments purs du
Sens, l'expérience de l'Idée logique. Mais s'agit-il d'une autre
expérience ? Non : c'est la même expérience spéculative du
Sens qui recommence avec l'être, autrement dit avec le pur
commencement (il suffit, notera alors Hegel, de regarder le
commencement en tant que commencement), désormais
libéré d'un apparaître qu'il a cependant justifié en justifiant la
conscience, bien plutôt qu'il ne l'aurait laissé en arrière
comme une dépouille, ou un chemin qui s'effacerait lorsqu'il
aurait atteint sa destination. Le chemin de l'expérience, de
cette « conduite » et de cette « atteinte » qui s'appelle *Erfah-*

---

1. *E.*, *S.L.*, 1817, « Introduction », § 5, p. 156.

rung, ne s'efface jamais ainsi. Le chemin se reprend tout entier, il est le chemin d'une concentration, d'une condensation. Ce qu'il indique, ce que « désigne » la conscience, n'est pas la fin de son règne, car nous continuons de nous tenir dans le même royaume, le royaume de l'expérience, le royaume de l'esprit. Ce qu'elle indique est sa propre libération, en tant même qu'elle est conscience, dans son concept comme savoir absolu. C'est ainsi son propre royaume que l'expérience libère sans jamais le quitter. Il ne s'agit pas de surmonter l'expérience, il s'agit de la libérer. La philosophie est une telle libération de l'expérience, et la libération, selon Hegel, est elle-même dans l'expérience. C'est dans ce monde-là que nous vivons. C'est aussi dans ce monde-là que nous pensons. Tout est dans l'expérience, y compris notre pensée de l'expérience, y compris la philosophie. Tout apparaît, tout se donne à l'apparition, même la philosophie.

CHAPITRE X

PERSONNALITÉ

À la fin de la *Doctrine du concept* de 1816, lorsque le livre, ou plutôt le logique lui-même, le contenu du livre, se rassemble dans la profondeur, la densité pure de l'Idée absolue qui forme le contenu total de la philosophie, tel qu'il devient à présent pleinement et totalement pour soi comme méthode, autrement dit forme dialectique pure, Hegel écrit ceci : *Die höchste, zugeschärfteste Spitze ist die* reine Persönlichkeit, *die allein durch die absolute Dialektik, die ihre Natur ist, ebensosehr* alles in sich befaßt *und hält, weil sie sich zum Freisten macht – zur Einfachheit, welche die erste Unmittelbarkeit und Allgemeinheit ist*[1]. « La pointe la plus haute, la plus affûtée est la *personnalité pure*, qui cependant, en vertu de la dialectique absolue qui est sa nature, tout autant *saisit* et tient *tout en soi*, parce qu'elle fait de soi le plus libre, la simplicité, qui est la première immédiateté et universalité ». Ainsi, à la fin – mais à la fin, exactement, en tant qu'elle est le retour du commencement,

---

1. *W.L.*, *Die Lehre vom Begriff*, p. 302-303. *Cf.* la traduction de G. Jarczyck et P.-J. Labarrière, *S.L.*, p. 389. Nous retraduisons les textes, parfois selon d'autres décisions, mais donnons aussi les références à cette traduction.

la simplicité finale en laquelle l'initial avec tout le chemin de son déploiement viennent se concentrer et s'intensifier, comme à la pointe la plus acérée, la plus libre c'est-à-dire absolue, du Sens – c'est le concept de *personnalité* qui sert à penser *ce qu'est* ou *ce qui est*, ou peut-être, comme il faudrait dire, *celui qui est* le concept, en son plein développement de soi comme Idée logique absolue. Par là, la *Persönlichkeit* est le dernier mot du système hégélien, s'il s'agit là du mot de la méthode, et s'il n'y a aucune différence entre *méthode* et *système*, la méthode absolue « s'élargissant » d'elle-même, en vertu de son absoluité, en un système, ou le contenu « appartenant » à la forme absolue[1]. *Le système hégélien* – telle sera l'affirmation ici directrice, et qu'il faudra éclaircir – *est le système de la personnalité pure.* Autrement dit, puisque l'Idée absolue est elle-même, en son immédiateté revenue en soi, « être », « vie qui ne passe pas » (*unvergängliches Leben*) et « vérité qui se sait » (*sich wissende Wahrheit*), l'affirmation hégélienne fondamentale, qu'il ne serait sans doute pas impossible, d'une façon qui ne serait surprenante qu'en apparence, de poser en regard d'une autre grande affirmation, kierkegaardienne, pourtant d'abord dirigée contre elle[2], est celle-ci : *La personnalité est la vérité.* Mais une affirmation aussi forte reste cependant entièrement à comprendre, et d'abord, en elle, le sens hégélien de la « personnalité », par où c'est bien, comme il est déjà possible de le préciser avant toute autre considération, la totalité finalement rassemblée sur soi – le tout lui-même se

---

1. *W.L.*, *Die Lehre vom Begriff*, p. 300 ; *S.L.*, p. 386.

2. « La vérité est la subjectivité » : cf. *Post-scriptum définitif et non-scientifique aux Miettes philosophiques* (1846), trad. fr. P.-H. Tisseau, Paris, Éditions de l'Orante, 1977, t. 10, p. 176 *sq.*

simplifiant et se réaffirmant en un Soi – qui est entendue.
Moins peut-être, exactement, le tout qui *est* un Soi, que plutôt
– car telle est la vérité de cet être, l'être-soi – le Soi qui, en sa
négativité absolue, *a* le tout en lui : tout l'être du Soi tient en
cet énigmatique *sich zum Freisten machen*, « se rendre le plus
libre », ou mieux « faire de soi le plus libre », qui est, en son
essence, affirmation de soi du plus libre comme le plus libre,
auto-affirmation en laquelle consiste entièrement le Plus libre
lui-même. La « personnalité » que nous nous proposons ici de
comprendre est un tel *sich zum Freisten machen*, qui pour
nature aura la « dialectique absolue », ainsi exposée dans le
moment final de la Logique. Que la dialectique en son caractère absolu, qui ainsi n'est pas seulement la négativité, mais la
négativité en effet elle-même absolue, le négatif du négatif,
donne ici exactement le sens de la *personne* en tant que
moment, non pas seulement subjectif, si du moins sont par là
visés un faire ou agir unilatéral, une conduite de la subjectivité,
mais objectivement spirituel, ou moment objectif de la vie de
la subjectivité en tant qu'esprit, Hegel l'écrit expressément
lorsque vient en question la négativité comme *Wendungspunkt*
du mouvement du concept : « Le *second* négatif, le négatif du
négatif, auquel nous sommes parvenus, est ce supprimer de la
contradiction, mais il est aussi peu que la contradiction le faire
d'une *réflexion extérieure*, mais le moment *le plus intérieur, le
plus objectif* de la vie et de l'esprit, par lequel il y a un *sujet*, une
personne, un Libre (Freies) » [1]. Une fois pour toutes c'est donc
la même chose que de penser un système dialectique, ou le
système de la négativité absolue, et le système de la subjectivité comme système de la personnalité pure ou système de la

---

1. *W.L.*, *Die Lehre vom Begriff*, p. 296-297 ; *S.L.*, p. 382.

liberté : à condition de préciser qu'une telle subjectivité ne se pose qu'en vertu du plus objectif ou du « plus intérieur », du plus nécessaire et du plus intérieur de l'esprit (« nature » dialectique, écrit Hegel), la négativité absolue. Un tel système de la personnalité aura ainsi en son cœur la négativité absolue de la seconde *Aufhebung*, du redoublement de la négation ou du rapport à soi de celle-ci, par lequel la contradiction se supprime dans l'affirmation spirituelle totale, c'est-à-dire libre, l'avènement de la personnalité pure reposant entièrement sur le *Wendungspunkt* qu'est l'extrême ou l'absolu du négatif.

Mais nous devons d'abord comprendre ce qu'est une *personne*. Or, dans cette vue, c'est vers la *Philosophie de l'esprit* qu'il s'agit de se tourner. L'indication nous en est d'ailleurs donnée par Hegel lui-même lorsque, dans la toute première approche de l'Idée absolue, il a le souci d'écarter l'« âme » pour penser ce qu'est le concept (*nicht nur Seele*), lui préférant « le concept subjectif libre qui est pour soi et a par conséquent la *personnalité* ». Dans une incise il commente alors très précisément le sens de la *Persönlichkeit* : il s'agit là du « concept pratique, déterminé en et pour soi, objectif, qui est en tant que personne subjectivité impénétrable (*undurchdring-linche*), atomique (*atome*) » [1]. Il est d'emblée au plus haut point décisif de remarquer qu'un concept par lui-même *pratique*, relevant exactement de la sphère de l'esprit objectif (qui, en tant que tel, a par conséquent déjà dépassé l'unilatéralité de la seule *subjectivité* pratique), donne ici le sens de l'absoluité spéculative de l'Idée logique au moment où elle se rassemble totalement sur elle-même dans une simplicité et universalité finales. C'est donc à ce concept pratique de l'esprit objectif

1. *W.L.*, *Die Lehre vom Begriff*, p. 284 ; *S.L.*, p. 368.

qu'il convient de revenir avant tout, y compris dans son unilatéralité spirituelle, puisque son immédiateté même est ce qui revient à la fin comme simplicité la plus dense, la plus profonde, la plus libre, pour penser l'essence de l'Idée absolue.

Dans l'esprit, la personne est le premier moment de son objectivité, lorsque la volonté libre est volonté libre pour soi, volonté qui se sait, ou identité de la volonté et de l'intelligence, singularité universelle qui est « la liberté même », écrit Hegel[1]. On relèvera qu'en son unification de la subjectivité et de l'objectivité à travers la suppression de soi de l'esprit subjectif (« Le formalisme, la contingence et la subjectivité de son activité pratique se sont supprimés », notait Hegel à la fin du § 401), en tant qu'Idée qui est pour soi, la personne est déjà « le concept de l'esprit absolu » (§ 402). Mais elle n'en est aussi, justement, que le concept, et le savoir de soi qui la constitue comme subjectivité n'existe pourtant, en elle, qu'en tant que moment *objectif* de l'esprit, ou moment initial, qui a en lui sa provenance subjective, de la vie objective de celui-ci. La personne n'est pas, en tout et pour tout, le sujet, mais le sujet objectif, le sujet qui résulte de l'autonégation de la subjectivité pratique seulement contingente. Le concept de personnalité, dans la *Philosophie* encyclopédique *de l'esprit* comme dans les *Principes de la philosophie du droit*, doit alors être compris à partir d'une telle provenance. Regardons de plus près son déploiement spirituel. La liberté même est d'abord la pure et simple relation à soi de la volonté singulière. Une telle volonté singulière – la « volonté *au-dedans de soi singulière* d'un *sujet* »[2] – est d'abord son propre rapport négatif à la « réalité »,

1. *E.*, *Ph.E.*, § 401, p. 147.
2. *P.Ph.D.*, § 34, p. 125.

toute son effectivité est une telle relation avec soi. Son universalité est donc celle d'une singularité consciente de soi qui est
elle-même la pure relation à soi-même. *Person* ou *Persönlichkeit* portent clairement en eux-mêmes, dans Hegel, une
affirmation de soi, c'est-à-dire un pur *Je suis* sans contenu,
l'auto-affirmation abstraite de la liberté, le *Je suis* comme
Je suis moi, *Je suis un Soi*, ou *Je suis infini*, *Je suis libre*.
Hegel dans les *Principes* donne la version développée d'une
telle auto-affirmation universelle de la singularité en tant que
personne : « Je suis, en tant que celui-ci, une personne parfaitement déterminée et finie selon tous les aspects (dans son
arbitre, son impulsion et son désir intérieurs, ainsi que du point
de vue de son être-là extérieur immédiat), toutefois je suis tout
simplement pure relation à moi et j'ai ainsi, dans la finité,
savoir de moi comme de l'*infini*, de l'*universel* et du *libre* »[1].
Le Je est toujours un *celui-ci*, mais la personne qu'il est, ou
plutôt qui s'affirme en tant que *Ich*, n'est « personnellement »
rien de tout ce qu'il est intérieurement et extérieurement, rien
de ce qui est fini, mais le pur infini d'un Soi libre, libre de son
être comme de tout être. La singularité personnelle est singularité universelle en vertu de la négativité infinie qui est la
sienne, qui est le Soi lui-même, en vertu de « sa propre effectivité négative à l'égard de la réalité » (exactement : *seine gegen
die Realität negative, nur sich abstrakt auf sich beziehende
Wirklichkeit*, § 34). L'infinité de la personne est donc l'affirmation d'un soi, mais une telle affirmation est elle-même un
savoir de soi : le *Ich* est un tel savoir de soi comme l'infini. Il
n'y a une personne que pour autant que l'infini est pour soi, se
sait et s'affirme comme l'infini. Or le mode de cette affirma-

1. *P.Ph.D.*, § 35, p. 126.

tion et de ce savoir de soi est la négativité infinie par laquelle
il s'affirme comme un «celui-ci» qui *n'est pas* celui qu'il
est à chaque fois sur un mode fini. La Remarque du §35 des
Principes saura y insister: la personne est conscience de soi,
mais conscience du Soi précisément en son abstraction pure,
une telle pureté ne s'avérant précisément que dans la négation
active de toute déterminité, de toute *Beschränktheit*. Rien ne
vaut que le pur Soi vide: son infinité est aussi la pure identité
avec soi, qui se sait «comme objet élevé par la pensée à l'infinité simple»[1]. La personnalité émerge de la pure pensée d'un
Soi qui se sait comme au-delà de tout ce qu'il est en tant qu'il
serait encore fini. Conscience de soi, mais qui n'est plus seulement celle du désir et de la «volonté naturelle», comme Hegel
s'en explique à présent. La conscience de soi personnelle est
celle qui présuppose l'avènement jusqu'à soi de la pensée pure,
de ce que la *Phénoménologie* avait appelé «l'essence pensante» qu'est à elle-même désormais la conscience, en laquelle
se sont rétractés le travail et le désir, et qui ne cesse de se retirer
en sa pureté, en sa pure liberté, et tout autant en sa pure abstraction, comme Hegel alors y insistait, lorsque «la liberté dans la
pensée n'a que la *pure pensée* pour sa vérité, une vérité qui est
sans le remplissement apporté par la vie»[2]. Pour autant une
telle προαίρεσις stoïcienne ne trouvera son accomplissement
effectivement personnel que lorsqu'elle aura aussi, par-delà la
nécessaire abstraction des figures propres à la conscience de
soi – qui n'existent pas dans un monde, mais sont bien plutôt,
avec celles de la conscience et de la raison, comme l'auto-
analyse intérieure de l'esprit, seul effectif – revêtu la densité

1. *P.Ph.D.*, §35, R., p. 126.
2. *Ph.G.*, p. 139; *Ph.E.*, p. 215.

spirituelle du sens tel qu'il est-là : c'est seulement *dans l'esprit*, exactement à la fin de la *Sittlichkeit* grecque, que « la personnalité pure » surgira dans le monde. Or on ne s'étonnera pas de trouver là, dès 1807, très exactement les caractères du concept hégélien de personne, tels qu'ils valent encore pour l'Idée absolue et la « personnalité pure » qui est le concept : à l'unité de la vie éthique, celle, immédiate, de la singularité et de la substance, succèdera comme on sait l'éclatement des singularités atomiques désormais pour soi, autant de *Selbstwesen*, écrit Hegel : « L'universel, éparpillé en ces atomes que sont les individus absolument multiples, cet esprit mort, est une *égalité* dans laquelle *tous* valent comme des « *chacun* », comme des *personnes* » [1]. La vérité de la *Sittlichkeit* sombre ainsi dans la pure certitude de soi de la singularité abstraite, dont l'effectivité est en effet toute négative, prenant sur soi la nécessité destinale en laquelle se dissout, tragiquement, la communauté éthique (car le destin n'est rien d'autre que le *Ich*). Ce qui reste, en tout et pour tout, se donnant pour le tout lui-même, est le « Soi à la rigidité cassante » (*dieses spröde Selbst*), la personnalité comme *Selbständigkeit*, subsistance par soi de la conscience. Hegel ne manque pas alors, pour décrire celle-ci, de rappeler l'abstraction de la conscience de soi stoïcienne, non sans marquer cependant que celle-ci est entre-temps devenue un monde, « monde effectif ». Ce monde est le monde du droit, le monde de « la subsistance-par-soi personnelle », qui n'est autre que « cet égal embrouillement

---

1. *Ph.G.*, p. 316 ; *Ph.E.*, p. 414 : « *Das Allgemeine in die Atome der absolut vielen Individuen zersplittert, dieser gestorbene Geist ist eine* Gleichheit, *worin* Alle *als* Jede, *als* Personen *gelten* ».

universel et cette égale dissolution réciproque »[1] qui caracté-
risaient déjà la confusion sceptique engendrée par l'activation,
à travers la négation de toute certitude et de toute vérité, de
l'abstraction stoïcienne. Que le monde du droit soit en même
temps celui de la *Verwirrung*, de la confusion, ne surprendra
pas celui qui se souvient qu'il est pour Hegel avant tout le
monde sans esprit, le monde de l'unicité vide de la personne,
où tout contenu, sous l'empire d'un tel formalisme mortel, est
abandonné à sa liberté la plus sauvage, la plus désordonnée :
« Car l'esprit n'est plus présent, lui qui assujettissait un tel
contenu et le maintenait rassemblé dans son unité »[2]. Ce qui
demeure, c'est ce que le scepticisme, figure en laquelle la
conscience de soi s'était déjà entièrement repliée dans un Soi
qui n'était plus que le centre, le foyer d'une négativité infinie,
avait réputé comme pure apparence, mais qui se trouve à
présent renversé et positivement assumé : « La valeur positive
qu'on a ici consiste en ce que ce réel effectif est un « *Mien* » au
sens de la catégorie, en tant qu'un valoir *reconnu* et *effectif* »[3].
Que la personne soit le support de la propriété est aussi ce que
déduiront les *Principes*, lorsqu'ils présenteront la personnalité
comme l'assise elle-même abstraite (*abstrakte Grundlage*) de
la capacité juridique (*Rechtsfähigkeit*) et par conséquent de
tout le droit abstrait (§ 36). La *Phénoménologie* dégageait
déjà la pure abstraction du Mien, universel indifférent à son
contenu (non pas seulement extérieur, mais tout autant intérieur, en tant que caractère), par conséquent le plus contingent.

---

1. *Ph.G.*, p. 317; *Ph.E.*, p. 146 : « *Diese gleiche allgemeine Verwirrung und
gegenseitige Auflösung* ». *Verwirrung* est bien le mot déjà appliqué au
scepticisme et à son « bavardage ».

2. *Ph.G.*, p. 317; *Ph.E.*, p. 416.

3. *Ph.G.*, p. 318; *Ph.E.*, p. 417.

Une telle contingence caractérisait aussi l'étrangeté d'un tel contenu face à la forme pure de la personnalité, et le règne sans esprit du droit avait pour corrélat politique la domination impériale d'une « puissance universelle » ou « effectivité absolue » en laquelle la personne exacerbait l'abstraction de son sens. Déjà surgissait un autre visage de la personnalité pure, ou plutôt de celui que Hegel appelait alors « la personne absolue » : « Ce maître du monde », écrivait-il, « est, de cette manière, à ses propres yeux, la personne absolue, comprenant en même temps en elle tout être-là, pour la conscience de laquelle n'existe aucun esprit plus élevé »[1]. La solitude de la domination impériale dans la Personne absolue est le sommet de la « rigidité cassante », *Sprödigkeit*, qui caractérise de la façon la plus expressive le monde sans monde, l'esprit sans esprit des personnes pour soi excluant « la continuité avec d'autres », tel qu'il s'accomplira dans l'*Entfremdung* totale de la culture. *Sprödigkeit* dit exactement le caractère abstraitement, formellement cassant de la personne hégélienne, sur lequel la *Phénoménologie* de 1807 marquait indéniablement l'accent. Mais faudra-t-il s'en tenir là ? Assurément une telle *Sprödigkeit* n'est pas ce qui reviendra dans la personnalité pure de l'Idée absolue – au plus loin, ainsi, de la « personne absolue » impériale. – puisque celle-ci sera, tout au contraire, l'accueil absolu, absolument spirituel, qui n'a de cesse de rétablir, en tant que réconciliation, la continuité avec l'être-autre. Aussi est-il nécessaire d'approfondir le concept hégélien de personne pour comprendre l'absoluité dont elle est *déjà* – mais aussi *seulement* – le concept.

---

1. *Ph.G.*, p. 319 ; *Ph.E.*, p. 417.

Si en effet la personnalité est bien l'*abstrakte Grundlage* du droit, son concept n'est cependant ni seulement, ni même le plus originairement juridique. La singularité universelle qu'est la personne – et c'est bien par là qu'elle est déjà le *concept* de l'esprit absolu – se distinguera, non seulement par son abstraction pure, mais par la simplicité immédiate qui portera, selon Hegel, et jusque dans la volonté princière de l'État effectif, l'État de la liberté, toute *décision* : « La singularité de la personne, qui est *immédiate* et décide… », écrit Hegel au § 39 : autrement dit, ce qui caractérise la personne n'est pas, assurément, son être, mais l'activité d'abord négative de supprimer sa limitation subjective (exactement : *die Beschränkung, nur subjektiv zu sein*, « la limitation de n'être que subjective »), et, ainsi, le rapport négatif à soi. Activité : la personne est elle-même, plus précisément encore, *das Tätige*, cela dont l'activité est de supprimer une telle *Beschränkung*, écrit Hegel, et de « se donner réalité » dans l'appropriation, la position, le *Setzen* du *Dasein* comme sien. Seule une telle *Einzelnheit* de la personne décide ou se résout, seule elle est, dans l'allemand de Hegel, *beschließend*. Comment penser un tel acte du *beschließen*, qui paraît donner ici tout le sens de l'activité personnelle lorsqu'elle pose le *Dasein* comme sien ? Hegel a expressément commenté le sens du *Beschließen* lorsque dans l'« Introduction » des *Principes* il a commencé par développer le concept de volonté, autrement dit la liberté qui est le concept ou la « substantialité » de la volonté (§ 7). La volonté libre est la singularité en laquelle la particularité finie, « réfléchie au-dedans de soi » est « reconduite à l'universalité », à l'identité d'un Soi qui en elle reste pourtant auprès de soi, un Soi qui par conséquent en son essence personnelle « se pose comme le négatif de soi-même » (§ 7). Se donner ainsi la singularité, ou « la forme de la singularité », voilà ce que veut dire exactement

« décider », *beschließen*, supprimer l'indétermination des contenus possibles qui se tiennent là devant le Soi ou en lui, se donner réalité ou mieux effectivité : « C'est seulement en tant que volonté qui décide en général qu'elle est volonté effective » (*nur als beschließender Wille überhaupt ist er wirklicher Wille*)[1]. Toute effectivité du Soi, celui-ci la tiendra de la décision en laquelle il se pose comme singularité personnelle, et cette décision, ce *beschließen*, Hegel en donne très précisément le sens, celui de la négativité : « Supprimer l'indétermination en laquelle un contenu tout autant que l'autre n'est tout d'abord qu'un contenu possible »[2], voilà ce qu'est la décision de la singularité comme unité de la particularité et de l'universalité. Mais Hegel entend aussi prévenir l'interprétation de la volonté, au moins saisie en son concept achevé, comme pure puissance de choisir entre des contenus qu'elle n'aurait pas elle-même créés, puissance d'élire ce qui serait ainsi originairement en-dehors d'elle et qu'elle trouverait là devant elle : ce qui sera le concept, seulement intermédiaire, de l'arbitre. Mais non, la volonté effective sera créatrice de ce qu'elle pose, et la décision n'est pas seulement ce qui produirait le passage de la sphère des contenus possibles à celle des fins réellement posées, choisissant dans le royaume substantiel des possibles. La volonté décisive sera en vérité la volonté qui se résout toujours *à partir de soi*, et le *beschließen*, précise la Remarque du § 12, est en sa vérité ce que l'allemand appelle un *sich entschließen*, un « se résoudre » à partir de soi, en se séparant de soi et en se scindant d'avec soi, comme il serait possible, non pas de traduire, mais de comprendre cette autre expression, sur

---

1. *Gr.*, *Einleitung*, § 12, p. 37 ; *P.Ph.D.*, *Introduction*, p. 107.
2. *Gr.*, p. 37 ; *P.Ph.D.*, p. 107.

laquelle Hegel a de son côté le souci de s'expliquer : décider est bien se résoudre, « ... dans la mesure où l'indéterminité de la volonté elle-même, en tant qu'élément neutre, mais fécondé infiniment, germe originaire de tout être-là, contient en soi les déterminations et les fins et ne les produit qu'à partir de soi » [1]. La décision, qui en prendra tout d'abord la forme encore toute réflexive, n'est pourtant pas seulement le choix, mais la création à partir de soi, l'autodétermination ou l'autodifférenciation d'une volonté qui en sa décision se pose comme singularité personnelle, c'est-à-dire se résout toujours aussi à la finité, comme le note Hegel dans la Remarque du § 13. L'infinité formelle de la personne se liera ainsi d'elle-même à un contenu fini, qui en son extériorité par rapport à elle se donnera d'abord dans la contingence de la soumission à l'arbitre, qui par conséquent n'est pas lui-même encore la volonté libre, accomplie en tant que volonté, mais, selon la Remarque du § 15, « la volonté comme contradiction », détermination de la réflexion en laquelle l'infinité de la forme est supprimée par la finité et la contingence du contenu. Seule la volonté qui est pensée, qui se sait et se veut elle-même, est infinie, elle sera « l'effectivement infini » (§ 22). Le premier moment d'une telle volonté infinie sera la personnalité, en laquelle la volonté ne fera plus qu'un avec la pensée. La personnalité est donc essentiellement pensée de soi, savoir de soi en son infinité. La singularité personnelle, qui trouve devant elle une nature à laquelle elle s'oppose comme le subjectif, supprime à chaque fois une telle limitation subjective lorsqu'elle se réalise dans l'appropriation de l'être-là, comme sphère extérieure de la liberté, dans le contrat qui lie les personnes et dans la négation

1. *Gr.*, p. 37 ; *P.Ph.D.*, p. 107.

(pénale) de cette négation du droit qu'est « le déni du droit » (*das Unrecht*). Une telle effectuation de la liberté ne s'arrête assurément pas à la personne, qui n'en est que le jaillissement objectif initial. Mais il est capital pour la fin que nous poursuivons à présent de relever qu'avec celle-ci commence, dans la simplicité de son expression immédiate, l'identité de la volonté et de l'intelligence encore scindées dans l'esprit subjectif : la personnalité est donc déjà, en ce sens, le concept de l'esprit absolu en lequel l'universalité rationnelle s'accomplit dans la décision singulière, en vertu de laquelle elle n'est pas – ou plutôt pas seulement – substance rationnelle (le savoir absolu n'est pas seulement substantiel), mais pleinement Sujet. Mais si le cœur de la personnalité en sa pointe acérée est la décision de la Singularité, comment penser, dans la Logique, la décision de la personnalité pure qu'est l'Idée absolue ? Quelle est la décision du concept ? Quel est le sujet du système ?

Il faut bien revenir, pour finir, à la décision, absolument personnelle, qui est comme l'acte initial et final du système, ou plutôt le système lui-même en tant qu'activité affirmative, autrement dit spéculative, de l'Idée[1]. Une telle décision n'enlèvera assurément rien à la nécessité, à l'universalité du concept, portée précisément par la négativité dialectique. Une

---

1. *E.*, *S.L.*, « Concept préliminaire », § 16 (1817) et § 82 (1827-1830), p. 344 : « Le *spéculatif* ou *positivement rationnel* appréhende l'unité des déterminations dans leur opposition, l'*affirmatif* qui est contenu dans leur résolution et leur passage (en autre chose) ». Le spéculatif, dit l'Addition du Professeur berlinois, n'est rien d'autre que le rationnel pensé, ce qui a les contradictions en lui « comme supprimées », c'est-à-dire rien d'autre que le concret ! C'est tout autant le mystique, qui n'est alors rien d'inconcevable. L'acte spéculatif est l'acte affirmatif par excellence, l'affirmation la plus haute, dont le chemin n'est autre que la négativité absolue, par où seulement il y a un Sujet.

telle décision n'enlèvera rien, par conséquent, à la science dialectique en tant que science. Mais elle voudra dire que la vérité d'une telle nécessité est dans la liberté d'un acte absolu, qui lui-même, à travers la décision du sujet fini, est l'acte d'affirmation de soi de l'Idée absolue, d'affirmation de soi du sens. La vérité qu'est l'Idée est la subjectivité, en sa simplicité impénétrable, insécable, sans doute, mais – « tout autant » – en sa rationalité accueillante de son autre, ou d'un objet qui dès lors est le sien, elle-même *se faisant* à elle-même objet : l'être-autre n'est pas moins le sien, en effet, que le Soi est lui-même objet à soi-même. Mais alors ouvrons à nouveau, au même endroit, la *Doctrine du concept*. Si l'Idée logique était d'abord, unilatéralement théorique ou unilatéralement pratique, seulement *ein gesuchtes Jenseits und unerreichtetes Ziel*[1] (seulement un *Streben*, ainsi, commente Hegel), elle retourne, parvenue à l'absoluité pleinement rationnelle, à l'immédiateté simple de la vie. Mais elle est *retour* à l'immédiateté, *Rückkehr zum Leben*, qu'elle a d'abord supprimée, ayant désormais en elle, conquête de la négativité, « la plus haute opposition ». Ainsi l'Idée est-elle, en son immédiateté, le Soi de la personne, la subjectivité personnelle « atomique », « impénétrable » – mais rendons-nous alors très attentifs à l'un des mots les plus discrètement décisifs dans Hegel, peut-être le mot spéculatif par excellence : *der Begriff ist nicht nur* Seele *sondern freier, subjektiver Begriff, der für sich ist und daher die* Persönlichkeit *hat – der praktische, an und für sich bestimmte, objektive Begriff, der als Person undurchdringliche, atome Subjektivität ist...* Puis vient ceci : *der aber* ebensosehr *nicht ausschließende Einzelheit, sondern für sich* Allgemeinheit

1. *W.L.*, p. 283 ; *S.L.*, p. 367.

und Erkennen *ist und in seinem Anderen* seine eigne Objekti-
vität *zum Gegenstand hat*[1]. Cet *ebensosehr* est, ici comme
ailleurs[2], capital. Il rappelle que le concept est bien la personnalité, mais la personnalité rationnelle, la singularité universelle, qui ne saurait être confondue avec la personnalité
absolue impériale, la singularité violente. Il n'y a pas, rigoureusement, d'«impérialisme» du concept dans le système
hégélien, qui n'est ainsi jamais une *méthode* qui ne serait
elle-même, ne s'élargirait d'elle-même en un *système* – pas
davantage qu'il n'est possible d'admettre, comme Kierkegaard
l'avait pensé et combattu, une impersonnalité de l'Idée hégélienne – car la personnalité pure n'est en aucune façon le règne
dominateur du Sens sur le non-sens, règne du droit où c'est
toujours pourtant la séparation non spirituelle qui l'emporte.
Une telle unification dominatrice serait en elle-même bien
plutôt le règne du non-sens, du chaos, de la «violence destructrice» de l'impérial, elle veut dire la mort de l'esprit dans
l'absence de substantialité (*Substanzlosigkeit*) de la personnalité juridique et de la personnalité absolue impériale qui lui fait
face, sans la moindre continuité spirituelle d'une personne
avec l'autre. Dans cette mesure, voici, dans le texte même de
la *Phénoménologie*, ce que *n'est pas* le concept, la personnalité en lui définitivement dépassée : «Le fouillement
destructeur dans ce terrain sans essence se donne, en revanche,
la conscience de sa maîtrise universelle totale, mais ce Soi
est une simple dévastation, par conséquent il est seulement

1. *W.L.*, p. 284 ; *S.L.*, p. 368.
2. *Ph.G.*, «Vorrede», p. 14 ; *Ph.E.*, «Préface», p. 68 : «... *das Wahre nicht
als Substanz, sondern eben so sehr als Subjekt aufzufassen und ausdrücken*».
Nous soulignons dans les deux cas.

hors de soi et, bien plutôt, le rejet de sa conscience de soi »[1]. L'esprit a en lui-même sa propre négation, sa propre contradiction, le Sens en vérité spirituel a en lui la mort spirituelle du sens, et il se risque totalement en cette *Entfremdung* qui, sur le plan objectif, s'appelle la culture. La personnalité pure est la conscience de soi accomplie, qui, dans l'accueil rationnel de l'être-autre, a surmonté un tel rejet, *das Wegwerfen*, en lequel il rejetait au fond, brisant la continuité avec l'être-autre, sa propre conscience de soi. La réconciliation a toujours en elle le rejet le plus dur, comme ce qu'elle a précisément surmonté. La mort est *dans* l'esprit, comme mort surmontée, vie qui a surmonté l'opposition, qu'elle a désormais en elle, de la vie et de la mort. La vérité est la subjectivité, mais la subjectivité spirituelle a en elle, comme le danger qu'elle a intimement laissé, repris en soi et guéri de soi, l'extrême de la subjectivité violente, le Pour Soi absolu qui va à sa propre négation. La personnalité pure est la personnalité guérie de son propre rejet d'elle-même par elle-même. La maîtrise, *Herrschaft*, aura alors cédé devant la sérénité d'une raison qui laisse être un autre qu'elle sait être le sien, son objet, soi-même à soi-même sa propre objectivité : *Gelassenheit*. L'impénétrable de la subjectivité appartient bien à l'Idée, en son affirmation de soi, en sa décision de soi. Mais la subjectivité n'est rien, elle est même le pur néant, le pur Rien du sujet anéantissant toutes choses, dont il est dans Hegel tant de figures, lorsqu'elle ne sait se donner, s'adonner – *ebensosehr* – à la substantialité de la Chose même : s'adonner ainsi à la Chose, voilà le chemin du connaître, le chemin de l'universalité du sens, le chemin de la personnalité absolument rationnelle : *Alles übrige ist Irrtum,*

1. *Ph.G.*, p. 319 ; *Ph.E.*, p. 418.

Trübheit, Meinung, Streben, Willkür und Vergänglichkeit[1]. Le
sens le plus vrai de l'universalité de la méthode, écrira Hegel
plus loin, est dans un même *ebensosehr*, ou exactement un
sowohl, selon lequel elle n'est pas seulement *die Art und Weise
des Erkennens*, mais « autant » *die objektive Art und Weise oder
vielmehr die Substantialität der Dinge*[2]. La personnalité,
l'activité du concept, « l'activité universelle absolue », n'est la
subjectivité que pour autant qu'elle est « tout autant » la
substantialité. Mais elle n'est l'une et l'autre, le plus objectif
et le plus subjectif, qu'en vertu du *Wendungspunkt* qu'est la
négativité. Par elle est avant tout pris en vue le rapport négatif
à soi, *der innerste Quell aller Tätigkeit*[3], qu'est la subjectivité, et au-delà de celui-ci le rapport négatif à soi du négatif
lui-même, le plus intime de la vie de l'esprit, écrit Hegel, la
subjectivité personnelle. À la contradiction du passage de l'un
dans son autre, première prémisse du syllogisme total, succède
le rapport du négatif à lui-même, la négation de soi de la
contradiction, deuxième prémisse du syllogisme spéculatif :
tel est le moment rigoureusement *subjectif* de celui-ci, l'accomplissement de l'unité par la négativité comme médiation
absolue, en vertu de laquelle s'établit immédiatement l'immédiateté initiale (*Herstellung*, écrit Hegel : l'immédiateté apparemment initiale est en vérité ce qui est établi). Subjectivité,
ce moment ultime, le troisième ou le quatrième, comme on
voudra compter, l'est en tant qu'activité ou mouvement,
« l'activité se médiatisant avec soi-même » qui est, pour le
sujet, *sich zum Freisten machen*, un « se rendre le plus libre ».

1. *W.L.*, p. 284 ; *S.L.*, p. 368.
2. *W.L.*, p. 287 ; *S.L.*, p. 371.
3. *W.L.*, p. 296 ; *S.L.*, p. 382.

Cette activité, celle d'« établir » l'immédiat ou le commencement, celle de « se conserver » (*sich erhalten*) pour le concept dans son être-autre, celle de se rendre le plus libre, est en elle-même condensation, *sich verdichten*[1], ou intensification. Le moment de la personnalité désigne très exactement alors cette condensation ou intensification par où l'élargissement, *Erweiterung*, qui est la première prémisse (communication, *Mitteilung*, de l'universel au contenu, écrit Hegel), aller-hors-de-soi (passage dans son autre), est alors dialectique, deuxième prémisse, rapport négatif à soi, aller-dans-soi. L'extension, *Ausdehnung*, est intensification de soi. Nous pouvons alors retrouver la personnalité pure avec laquelle nous avions commencé : « Le plus riche est ainsi le plus concret et le *plus subjectif*, et ce qui se reprend dans la profondeur la plus simple est le plus puissant et ce qui se propage le plus loin (*das Mächtigste und Übergreifendste*) »[2]. À la fin de la *Science de la logique*, le sujet absolu est atteint, dont la décision de sortir de soi – décision de sa plénitude et non de son manque, débordement de soi et non détresse de son autre, liberté qui donne et ne s'approprie rien –, rompant sa borne, laissera aller la nature, ouvrant le deuxième cercle du système. Mais ce qui est atteint avec la personnalité pure du concept est « tout autant » l'être, le commencement, l'être désormais le plus intense, le commencement « établi » en tant que commencement. La personnalité pure ne vient qu'à la fin, comme le vrai commencement du système – son oméga, mais, *eben so sehr*, son alpha.

---

1. *W.L.*, p. 302; *S.L.*, p. 388.
2. *W.L.*, p. 302; *S.L.*, p. 388-389.

CHAPITRE XI

SACRIFICE

Lorsque Hegel, à la fin de la *Doctrine du concept*, revient au commencement platonicien de la dialectique, le plus frappant est bien, d'abord, la fidélité de ce qu'il pense alors sous le nom de « méthode absolue », autrement dit le concept en tant qu'il est le tout, ou que « son mouvement est l'activité universelle absolue »[1], à l'exigence que Platon lui-même aura fait initialement valoir pour la philosophie. Que demandait Platon en effet? Platon « exigeait du connaître de *considérer* les *choses en et pour soi-même*, pour partie en leur universalité, pour partie cependant de ne pas s'écarter d'elles et de se saisir de circonstances, exemples et comparaisons, mais de les avoir, elles seules, devant soi, et de porter à la conscience ce qui, en elles, est immanent »[2]. La méthode absolue du savoir, par conséquent le concept, aura devant soi la Chose même, et s'en tiendra rigoureusement – ou platoniciennement, ou *philosophiquement* – à ce qu'elle est en elle-même. La dialectique

---

1. *W.L.*, *Die Lehre vom Begriff*, « Die absolute Idee », p. 286 ; *S.L.*, *Doctrine du concept*, « L'Idée absolue », p. 371.

2. *W.L.*, *Die Lehre vom Begriff*, p. 291 ; *S.L.*, p. 376.

est, *était déjà* pour Platon, le mouvement de l'immanence. Cet *an und für sich selbst* que tient fermement devant soi la considération pensante de tout ce qui est était ainsi d'emblée lui-même platonicien. Mais l'inauguration platonicienne de la dialectique aura aussi été, Hegel le remarque plus loin, essentiellement *oubliée* : la « science dialectique » platonicienne aura été méconnue en tant que science par les Anciens comme par les Modernes. C'est très exactement lorsque la dialectique est elle-même interprétée comme un art, autrement dit le talent particulier du sujet pensant exerçant une activité sur le contenu du savoir, qu'elle est pour elle-même essentiellement manquée, en son appartenance, qui seule la fonde comme science, à «l'objectivité du concept». Ce qui par là est oublié, c'est l'exigence platonicienne de la θεωρία comme *Betrachtung*, « considération » qui s'en tient à ce qui est *an und für sich selbst*. L'oubli aura porté sur l'essence déjà platonicienne du penser. Mais en quel sens le penser platonicien était-il exactement dialectique ? En quel sens l'extrême modernité – kantienne – aura-t-elle retrouvé ce qui avait été égaré ou obscurci après Platon ? Car la dialectique a désormais été reconnue « à nouveau », relève Hegel, comme « nécessaire à la raison » (*als der Vernunft notwendig anerkannt*)[1] : autrement dit la raison elle-même aura été reconnue comme dialectique. Or, la dialectique se présente d'abord elle-même, à la faveur de cette essentielle « méconnaissance » (*verkannt*), à travers ce qui est toujours une apparence d'elle-même, et comme son double, avec lequel Hegel s'expliquera constamment, puisqu'il s'agit là du double lui-même inquiétant de l'inquiétude philosophique. Un tel double n'est pas absolument étranger à l'œuvre

1. *W.L.*, *Die Lehre vom Begriff*, p. 292; *S.L.*, p. 377.

platonicienne elle-même[1], mais il traverse surtout, jusqu'à en donner tout le sens selon Hegel, l'autre commencement, éléatique, de la dialectique, pour s'accomplir dans ce que Hegel nomme le « scepticisme cultivé » (*der gebildete Skeptizismus* : or un tel scepticisme est lui-même l'accomplissement de ce que la *Phénoménologie* de 1807 pensait déjà comme *Bildung*). En cette apparence sceptique d'elle-même, la dialectique est l'activité d'affirmer du même la même chose et son opposée, en vue de manifester la contradiction et la nullité, la « vanité » ou bien de ce dont il s'agit (c'était là pour Hegel le sens, qui demeure très haut, de la dialectique éléatique, « selon laquelle la vérité se trouva refusée au monde, au mouvement, au point »[2] : les arguments éléatiques concernant le mouvement, notait Hegel dans la *Doctrine de l'être*, « plus profonds que l'antinomie kantienne », « ont pour *résultat* l'être pur de Parménide en tant qu'ils mettent en évidence en eux-mêmes la dissolution de tout être déterminé, et sont ainsi en eux-mêmes le *couler* (*das Fließen*) d'Héraclite »[3]), ou bien de la connaissance elle-même. L'activité dialectique est alors un *Aufheben*, mais, en tant que σκέψις, un tel *Aufheben* a lui-même « seulement un résultat négatif »[4]. Or il est essentiel à une telle activité dialectique sceptique, en sa forme même, en tant que

1. Hegel s'en était particulièrement expliqué dans l'« Introduction » à la *Doctrine de l'être* de 1812 : « Même la dialectique platonicienne, déjà dans le *Parménide*, et ailleurs de façon plus directe encore, a pour une part seulement l'intention de dissoudre et de réfuter par elles-mêmes des affirmations limitées, et pour une part elle a en général le néant pour résultat » (*W.L.*, *Das Sein*, p. 23 ; *S.L.*, *L'Être*, p. 27).

2. *W.L.*, *Die Lehre vom Begriff*, p. 292 ; *S.L.*, p. 377.

3. *W.L.*, *Das Sein*, p. 141 ; *S.L.*, p. 183.

4. *W.L.*, *Die Lehre vom Begriff*, p. 293 ; *S.L.*, p. 378.

« faire extérieur et négatif »[1], de tenir pour vraies sans examen
les déterminations dont elle se sert pour dissoudre toute
certitude et toute vérité : celles-ci ne sont jamais considérées
comme des « déterminations de pensée en et pour soi » (*Denkbestimmungen an und für sich*), autrement dit, foncièrement,
elles ne concernent pas le contenu, et par conséquent la
contradiction elle-même n'est alors imputable, dans la Chose,
qu'à une « liaison étrangère et contingente »[2]. Or la science
dialectique platonicienne, pour autant qu'elle s'en tenait aux
déterminations de pensée en et pour soi – et c'est là, dans le
texte hégélien, le sens même de la logique ou dialectique –,
n'aura été rétablie dans ses droits qu'avec Kant, intériorisant la
contradiction au contenu de la raison elle-même. La dialectique était déjà un *Tun* : Kant éleva à nouveau un tel « faire »,
qui n'était qu'un jeu, à la nécessité, en sorte qu'il devînt à
nouveau avec lui *ein notwendiges Tun der Vernunft*[3]. Avec
Kant, la contradiction affecte à nouveau les déterminations du
penser, autrement dit elle est nécessaire, pour autant que les
choses sont connues telles qu'elles sont en soi c'est-à-dire,
traduit Hegel, sont connues rationnellement. Ainsi, Kant a-t-il
préparé la reconnaissance de la « négativité intérieure des
déterminations du penser », « leur âme se mouvant elle-même
(*ihre sich selbstbewegende Seele*), le principe de toute vitalité
naturelle et spirituelle en général »[4], bien que lui-même s'en
soit tenu au résultat négatif selon lequel la raison n'est pas

1. *W.L.*, *Das Sein*, p. 23 ; *S.L.*, p. 28.
2. *W.L.*, *Die Lehre vom Begriff*, p. 294 ; *S.L.*, p. 378.
3. *W.L.*, *Das Sein*, p. 23 ; *S.L.*, p. 28.
4. *W.L.*, *Das Sein*, p. 24 ; *S.L.*, p. 28.

capable de connaître l'infini, autrement dit la raison, si l'on s'en tient à Kant, est impuissante à connaître le rationnel.

Ainsi la « science dialectique » aura-t-elle été oubliée, recouverte dès son instauration platonicienne elle-même, et manquée à nouveau lors de son recommencement rationnel kantien. Or la réinstauration hégélienne de la dialectique comme science s'identifie absolument avec l'affirmation de la Logique comme premier cercle de l'*Encyclopédie* hégélienne. C'est bien en tant que dialectique que la Logique est la première des sciences philosophiques dont le cercle total est le Système encyclopédique. Or le premier cercle est aussi le foyer affirmatif central de la totalité, car les deux autres cercles ne s'ouvrent, le premier et le deuxième « brisant la borne de leur élément », que par l'affirmation de soi de l'Idée logique posant à chaque fois hors de soi ce qui était un moment de soi – celui de son universalité comme Idée logique, celui de sa particularité comme nature, celui de sa singularité comme esprit – en lequel elle vient alors exister comme en un « élément » se brisant à chaque fois dans l'élément supérieur, selon la vitalité dialectique de l'Idée elle-même. C'est elle-même par elle-même en sa puissance affirmative absolue qui pose sa propre vie d'abord intérieure, dans l'élément logique où la pensée n'a de rapport qu'à soi, comme élément en lequel elle vit – en soi-même dans le pur λόγος, extérieure à soi dans la nature, réunifiée ou réconciliée avec soi dans l'esprit. Ainsi, non seulement le *contenu* de chaque sphère est bien à chaque fois le sens logique, l'Idée absolue elle-même, et, ainsi, conformément au concept de l'*Entwicklung* (autrement dit le concept du concept), à chaque fois le Même (chaque tout est le Tout), mais la *forme* de chaque élément n'est que ce même contenu venant à se poser comme forme de soi-même. La Science de la logique hégélienne, en tant qu'elle renferme le sens total du développement, aussi réel, de l'Idée (l'Idée logique, c'est tout le sens), est la « science dialectique » des déterminations de pensée en et pour soi-même que Platon déjà avait en vue.

La science dialectique hégélienne ne s'expose elle-même en son concept vrai qu'en se réalisant concrètement, totalement. C'est par conséquent à la fin de la *Science de la logique* que le sens vrai de la dialectique se rassemble pour venir auprès de soi dans l'Idée absolue, « vérité qui se sait »[1], contenu de toute la philosophie. La Logique n'est pas toute la philosophie, mais toute philosophie, tout autant ladite *Realphilosophie*, a pour contenu l'Idée logique, dont la *Science de la logique* présente la *Selbstbewegung* « seulement comme le mot originaire », écrit Hegel[2], ou « dans la pensée pure », en tant que λόγος ou Verbe : la *Wissenschaft der Logik* est bien la présentation du λόγος. La *Science de la logique* aura exposé, réalisé le « cours total » de l'Idée, et l'Idée elle-même aura ainsi atteint son être-pour-soi, autrement dit elle-même comme méthode absolue : l'Idée absolue se saisit elle-même à la fin en sa pure universalité comme méthode. La fin de la *Science de la logique* est l'exposition de son concept comme *science dialectique*, ἐπιστήμη τοῦ διαλέγεσθαι, exposant la forme en tant qu'elle est la vérité ultime et l'« âme » de tout contenu, la méthode comme méthode dialectique, le concept, décidément, comme « activité universelle absolue », à laquelle rien, précise Hegel, ne saurait résister de ce que nous appelons « réel »[3], car, en son sens absolu, son universalité n'est pas seulement celle

1. *W.L.*, *Die Lehre vom Begriff*, *S.L.*, p. 368.
2. *W.L.*, *Die Lehre vom Begriff*, *S.L.*, p. 369.
3. *W.L.*, *Die Lehre vom Begriff*, *S.L.*, p. 371.

de la réflexion subjective, mais « la substantialité des choses ».
« L'Idée absolue » reprend donc toutes les déterminations du
concept comme déterminations de la méthode, en ce double
sens absolu du chemin de la pensée dans la réflexion de la
subjectivité comme dans l'effectivité des choses, où il est le
même chemin.

Si un tel chemin est dialectique, c'est en vertu de ce qui en
est le deuxième moment, « le dialectique », *das Dialektische*.
Si le premier moment est le moment du commencement en tant
que commencement (« Il faut *premièrement* commencer par
le commencement », a seulement écrit Hegel : « *Es ist dabei
erstens von dem Anfang anzufangen* »[1] : le premier, c'est
toujours, comme être, comme certitude sensible, c'est-à-dire
être dans le savoir, le commencement *en tant que commencement*, l'*il y a* pur, *Sein, sonst nichts*, dans la *Science de la
logique*, ou l'« *il y a quelque chose pour une conscience* », *es
ist etwas für dasselbe*, dans la *Phénoménologie de l'esprit* : à
chaque fois, ce qu'il y a au commencement, c'est le commencement lui-même), le deuxième moment est celui que Hegel
nomme à présent le moment du jugement, *Moment des Urteils*,
du « partage originaire », par lequel « l'universel du commencement se détermine à partir de lui-même comme l'autre de
soi »[2]. L'essentiel de ce moment dialectique est le « venir au
jour de la différence » (*das Hervortreten der Differenz*) à partir
de l'universel lui-même, et c'est un tel « venir au jour » que
Hegel appelle ici *Urteil* : comme les commentaires de Bernard
Bourgeois l'ont établi, c'est l'identité, en tant qu'elle est elle-

1. *W.L.*, *Die Lehre vom Begriff*, p. 287 ; *S.L.*, p. 372.
2. *W.L.*, *Die Lehre vom Begriff*, p. 291 ; *S.L.*, p. 376.

même, qui se différencie, le même qui se pose en tant qu'il est
le même comme autre que soi, l'universel en tant qu'universel
qui, à partir de lui-même, se particularise[1]. Le chemin dialectique est à la fois, Hegel y insiste, analytique (la détermination
de soi de l'universel est dans lui : la négation est immanente à
la Chose même, et c'est là « l'objectivité absolue du concept »),
et synthétique, car cette détermination de soi à partir de soi-
même seulement est pour l'universel un « se montrer comme
un *autre* » : c'est le *même* en tant qu'il est le *même* (et, ainsi,
analytiquement) qui se produit au jour comme un autre (et,
ainsi, synthétiquement). Ainsi, dans la science dialectique
hégélienne – réactivant *très exactement* en ce sens la considération déjà platonicienne des choses *an und für sich selbst*,
et reprenant sur soi l'exigence platonicienne de porter à la
conscience, exclusivement, « ce qui est immanent dans
elles » –, le moment dialectique, éponyme de la science elle-
même, veut dire précisément ceci : « Un premier universel,
considéré en et pour soi, se montre comme l'autre de soi-
même »[2]. On ne manquera pas en effet de remarquer qu'une
telle *Betrachtung* vient juste d'être attribuée en son principe
même à Platon : la dialectique hégélienne se comprend elle-
même comme l'accomplissement de la *Betrachtung* fonda-
trice de la science dialectique platonicienne – quelles que
soient d'ailleurs les figures sceptiques du διαλέγεσθαι qui
traversent aussi les dialogues platoniciens. Une telle « considération » dialectique n'est autre, au fond, que la décision de
s'en tenir à la Chose même, ou de n'importer en elle rien qui ne

---

1. On se reportera à « Dialectique et structure dans la philosophie de
Hegel », et à « La spéculation hégélienne », dans les *Études hégéliennes*, *op. cit.*
2. *W.L.*, *Die Lehre vom Begriff*, p. 294 ; *S.L.*, p. 379.

serait le développement d'elle-même en sa plus stricte immanence. C'est une telle décision que prit Platon lorsqu'il pensa
la chose même comme εἶδος ou ἰδέα. L'εἶδος disait déjà l'*an
und für sich selbst* auquel la philosophie, en tout et pour tout, se
tiendra, s'autodéterminant par là même comme science dialectique. Mais il convient de regarder de plus près le déploiement
de cette immanence en son moment exactement dialectique
pour comprendre le sens de la *négation*, donc aussi de l'*affirmation*, dans une « science dialectique » qui, pour grecque qu'elle
fut en son commencement, pour grecque qu'elle demeure dans
le sens qu'elle donne à son Regard même, à la « considération » qu'elle est, assume peut-être en elle, non seulement dans
le contenu qu'elle pense comme vérité mais tout autant dans le
penser même en tant que penser vrai, un sens de la négativité
qui, lui, ne pouvait sans doute être déjà grec.

Le sens de la négation dialectique, en sa différence d'avec
l'indétermination de la négation anéantissante du sceptique,
est dans l'affirmation elle-même déterminée qui en est, Hegel
ne cesse de le rappeler, la *provenance* : le premier négatif est
toujours le négatif du premier, la première négation est toujours
la négation du premier, qui, en tant que commencement, est
l'affirmatif, l'affirmation même d'un commencement : la
négation provient de l'affirmation. C'est une telle affirmation
qui, dans la négation de soi, s'affirme encore soi-même comme
l'autre de soi : c'est seulement dans la mesure où le premier est
unmittelbar que le deuxième est *das Vermittelte*. Le premier
est par conséquent essentiellement *aufbewahrt und erhalten*
dans le deuxième : c'est même là, précise Hegel, ce qui importe
avant tout dans la raison, « tenir fermement le positif dans *son*

négatif » [1]. Le mouvement est celui d'un « soi-même » qui se supprime et, en sa disparition, est gardé dans un autre qui par là est le *sien* : il n'est plus là, si l'on veut, mais ce qui est est à lui, de lui, par lui : il s'est supprimé *pour* lui, non pas, sans doute, téléologiquement seulement, mais dans son affirmation de soi elle-même, il s'est posé comme le « rapport » (*eine Beziehung oder Verhältnis*) du deuxième avec lui-même. L'autre n'est pas l'immédiat, mais justement le rapport avec le même, autrement dit il est « l'autre en soi-même, l'autre d'un autre », écrit Hegel (*das Andere an sich selbst, das Andere eines Anderen*) : l'autre est *der Widerspruch*, et, en tant que contradiction, la deuxième détermination, ou le dialectique, est « la dialectique posée d'elle-même » (*die gesetzte Dialektik ihrer selbst*). Elle est la différence elle-même, note Hegel, quand le premier n'avait celle-ci qu'en soi : mais alors, comme différence, il pose à chaque fois l'unité qui est en lui. C'est en ce sens que le médiatisé est le médiatisant, ou le tournant, le point d'inflexion, *der Wendungspunkt der Bewegung* [2] : ce tournant est le tournant de la subjectivité, le tournant de la liberté, car le négatif est le rapport à soi par lequel il se supprime comme l'autre de l'autre, il se supprime comme la contradiction qu'il est, il se supprime comme le dialectique en se posant comme la dialectique de soi-même, comme l'unité de soi et de son autre : une telle unité est précisément *sujet*, négativité absolue.

C'est le sens du chemin comme chemin dialectique, celui de la négation comme première négation provenant en sa négativité de l'affirmation même en tant qu'affirmative, puis

---

1. *W.L.*, *Die Lehre vom Begriff*, p. 295; *S.L.*, p. 380. Concernant le sens d'un tel *festhalten*, on se reportera au chapitre premier, p. 33-34.

2. *W.L.*, *Die Lehre vom Begriff*, p. 296; *S.L.*, p. 382.

comme négativité absolue du rapport à soi de la différence même, qui viendra alors en question. Le mouvement, avant tout, est celui de la *nécessité* dialectique : c'est à ce prix que le concept est science, qui sait le mouvement nécessaire des essentialités pures. Mais ce mouvement est le venir à soi-même de la liberté s'engendrant sur ce chemin comme la vérité de la nécessité qu'elle a désormais en elle, et qu'elle pose comme sa propre provenance. Le mouvement dialectique est en vérité celui du Sujet qui se pose à travers lui comme Sujet, comme tout, comme effectif ou concret : comme libre, c'est-à-dire comme absolu. Le mouvement du concept apparaîtra sans doute, d'une part, comme le mouvement même de l'être, de la substantialité, d'autre part, inversement, comme celui du Soi réfléchissant sur l'être : mais alors selon une double unilatéralité, qui se résout dans la vérité du Sujet libre qui en est l'unité, le sujet que Hegel nomme l'*esprit*. La dialectique est toujours la dialectique de l'esprit, c'est l'esprit qui a en lui, en tant qu'il est esprit, le chemin de la négativité comme négativité absolue : ce chemin n'est pourtant pas, pour Hegel, celui d'une *nécessité* libératrice – il n'est pas le chemin spinoziste de la nécessité qui contraint à la nécessité qui libère, autrement dit, pour toute chose, des causes qui la produisent aux raisons qui l'expliquent (Victor Delbos) –, mais celui de la *liberté* créatrice : la liberté du sujet est la libre affirmation de soi de l'esprit à travers la présupposition de la nécessité naturelle qui se supprime en lui, et, ainsi, le confirme. L'affirmation initiale, celle du commencement, en son immédiateté même, a sa vérité dans l'affirmation finale qui s'accomplit à travers un tel commencement, à travers tout le chemin qui est la provenance d'elle-même : provenance qu'elle se présuppose, autrement dit qu'elle pose, et qui la pose ou la *pose à nouveau* selon la nécessité dialectique. La fin est « avant »

et « après » le commencement : la vérité du commencement
n'est pas dans ses présuppositions, car alors il ne serait pas le
commencement (en tant qu'il commence il est l'acte de les
supprimer), elle est en avant de lui, en sa réalisation. Mais la
réalisation du commencement est en vérité le retour de celui-ci
en son fondement, et il se manifeste alors, en se réalisant,
comme provenant de ce qui provient nécessairement – mais
unilatéralement – de lui, et qui, en vérité, le libère en tant
que commencement. C'est dans la lumière de la fin, et de sa
liberté, que le commencement apparaît en sa vérité, mais avec
lui tout le chemin de la négativité comme chemin d'un tel
commencement, comme négation qui est bien *la sienne* avant
d'être elle-même négation *de soi*.

Or tout ce chemin, le chemin dialectique, se manifeste
alors comme le chemin d'un sacrifice. L'*Aufhebung* est alors,
en son sens le plus pur, *Aufopferung*.

Mais avant tout : qu'est-ce qu'un sacrifice – que veut dire
« se sacrifier » ? Négation, assurément, et même abnégation :
dans un tel sacrifice c'est toujours le Soi qui se nie. Il prend la
négation sur soi : elle est son *acte*, mais il la tourne aussi vers
soi : *il l'endure*. La négativité absolue qu'il est en tant que
sujet, il s'en fait à chaque instant l'acte, acte tourné vers soi, le
sujet est en son essence cet acte de la négativité, mais alors elle
n'est plus seulement son œuvre, cette œuvre il s'en fait librement la « victime » – mais justement dans le sacrifice dialectique il ne s'agit plus de « victime ». Dans la dialectique il n'y a
pas de victime : « Les blessures de l'esprit guérissent sans que
des cicatrices subsistent »[1]. La négativité n'est plus celle d'un
Soi qui vaudrait comme destin anéantissant pour tout ce qui

1. *Ph.G.*, p. 440; *Ph.E.*, p. 556.

n'est pas lui : un tel Soi était tout le sens du Soi sceptique qui se reconstituait toujours en son agir négatif infini à l'encontre de toute vérité et de toute certitude. Le Soi sceptique est justement celui qui, même lorsqu'il prétend s'emporter lui-même dans son compte, ne sait pas se sacrifier, se nier en sa négativité, précisément en ceci qu'il ne tient jamais ses pensées ensemble, ne rejoint jamais la contradiction qu'il est : la négativité sceptique n'est pas négativité absolue, la négation, comme négation seconde, ne se nie pas soi-même, parce que la négation première n'est pas non plus la négation du premier, négation déterminée. Le scepticisme, c'est l'ἄπειρον d'une négativité qui n'est la négation de rien parce qu'elle est la négation de tout, et qui ne sait pas non plus se nier elle-même. Le sérieux sceptique finit en bavardage – en « dispute de jeunes gens entêtés » [1] –, ne pouvant tenir ensemble son dire et son faire. La négativité dialectique est tout au contraire celle d'un Soi qui accomplit *sur soi* l'œuvre du Soi en tant que Soi, la négation, par conséquent, comme abnégation, précisément en tant qu'elle procède de l'affirmation et continue en elle-même de lui appartenir. L'essence du sacrifice est ainsi dans l'affirmation de soi telle qu'elle se pose comme la négation de soi, et par là – par l'autre comme rapport et rapport à soi – comme l'unité dialectique de soi et de *son* autre. Le sacrifice, c'est l'affirmation de soi, du Soi lui-même, comme position de soi en tant qu'autre que soi, où le Soi est gardé, par conséquent, dans cet autre en lequel il se supprime : il est celui qui s'est supprimé en lui, l'avoir-été, *das Gewesensein*, dont il provient. Le sacrifice n'est par conséquent négation que parce qu'*il y a* l'affirmation première qui se nie, se garde dans son autre

1. *Ph.G.*, p. 143 ; *Ph.E.*, p. 220.

comme rapport à elle-même. C'est en conséquence le sacrifice où rien n'*est* sacrifié, où tout est gardé, parce qu'il est l'acte de *se sacrifier*, de *se poser* comme autre que soi. Ceci est son sens majeur : c'est parce qu'il est l'acte d'un Soi, un sacrifice *de soi*, que rien n'*est* sacrifié. Sans doute, dans l'*Aufhebung*, le sens *négatif* est premier, et la négativité est absolument sérieuse, mais c'est bien la *conservation* qui est, justement, dans la négation, le sens *ultime*. La dialectique est ainsi le chemin par lequel le Soi, allant à son sacrifice, va à son accomplissement, dans une intensification de soi. Sur ce chemin, rien n'est laissé en arrière, précise Hegel, rien n'est perdu en chemin, le chemin lui-même est l'acte d'une condensation ou d'une intensifica-tion qui a le sens d'une *subjectivation* (« Le plus riche est par conséquent le plus concret et le plus subjectif, et ce qui se reprend dans la profondeur la plus simple est le plus puissant et ce qui a la plus large influence »[1]). Le sacrifice est l'acte d'un sujet qui en lui devient plus intensément sujet, le sujet le plus intensif, le sujet absolu. Un tel sacrifice est par conséquent le chemin de l'absolutisation. Le savoir absolu est cet Acte par lequel le sujet fini, qui dans son être est toujours une conscience, s'infinitise, s'absolutise, bref s'intensifie comme sujet. Il n'est pas de sujet, dit Hegel, qui n'ait en lui, comme sa provenance, comme le chemin de sa subjectivation, un tel sacrifice.

Mais le sacrifice n'est pourtant libérateur, dans le hégélia-nisme, que parce qu'il est d'abord le chemin de l'absolu lui-même. La dialectique n'est pas seulement l'activité d'un Soi fini s'intensifiant en elle jusqu'à l'infinitisation de soi. La dialectique est le chemin par lequel l'absolu lui-même s'accomplit comme Personnalité pure. Si le sujet fini ne

1. *W.L.*, *Die Lehre vom Begriff*, p. 302-303 ; *S.L.*, p. 388-389.

s'accomplit jamais en ce qu'il est déjà en soi qu'à travers
l'abstraction de soi qui est le sens de son affirmation d'abord
finie de soi, le Sujet infini, précisément en son absoluité, est
l'acte du sacrifice absolu de soi. Un tel acte est celui que *représente*, d'abord, la religion manifeste. Considérons un moment
une telle représentation. En son concept, la religion manifeste
est celle où le secret de l'essence absolue est *par elle-même*
entièrement dissipé, comme secret d'elle-même pour une
conscience qui posait d'abord l'essence comme un Autre, un
Étranger pour elle, un Dieu Jaloux qui se réserve, et ne la savait
pas comme étant elle-même[1]. Le caractère manifeste de la
religion a dès lors le même sens que le savoir, par la conscience,
de l'absolu comme *esprit*, le sens de l'effectuation spirituelle
de soi : l'essence absolue est le Soi-même, mais non plus, pour
la conscience qui la sait, comme un autre : « Il est le concept
pur, le pur penser ou *être-pour-soi* qui est immédiatement *être*
et, par là, *être-pour-autre-chose*, et qui, en tant que cet *être-
pour-autre-chose*, est immédiatement retourné en soi, et
auprès de soi-même ; il est donc ce qui est véritablement et seul
manifeste »[2]. Être soi-même, être manifeste, être le manifeste
en tant que Soi-même, voilà, écrit Hegel, la vraie figure de
l'esprit : il est le Manifeste, il est, plus exactement encore, la
Manifestation même. C'est précisément le sens qui advient
dans la *Menschwerdung des göttlichen Wesens*[3] par laquelle
l'essence absolue existe comme conscience de soi. Dans le
devenir homme de l'essence absolue c'est précisément son
sens *absolu* qui s'est accompli : la descente (*Herabsteigen*) est

1. *Ph.G.*, VII, « Die Religion », p. 494 ; *Ph.E.*, p. 620.
2. *Ph.G.*, p. 495 ; *Ph.E.*, p. 621.
3. *Ph.G.*, p. 494 ; *Ph.E.*, p. 620.

en vérité son accomplissement en tant qu'elle est le plus haut (*das Höchste*)[1]. (*Herabsteigen* : au passage, c'est le mot de Fichte en 1804, qui pourrait traduire aussi la redescente platonicienne à partir de l'ἀνυπόθετον. Mais la descente dialectique hégélienne est d'abord ce mouvement de l'esprit absolu lui-même). L'accomplissement du concept de l'essence absolue consiste pour elle à se faire être, à être vue et entendue, à être conscience de soi, en laquelle « l'essence est *là* aussi immédiatement qu'elle est essence »[2]. Le savoir de cette unité dans le Dieu manifeste est déjà le « savoir spéculatif » de la religion manifeste, qui « sait Dieu comme *pensée* ou pure essence, et il sait cette pensée comme être et comme être-là, et l'être-là comme la négativité de soi-même, et par là comme un Soi, Soi qui est *ce* Soi-*ci* et Soi universel »[3]. Cependant, l'accomplissement de l'esprit exige la disparition de l'immédiat, le passage du *Sein* dans le *Gewesensein* : la conscience qui a vu et entendu le dieu ne devient elle-même esprit que si l'être immédiatement présent du dieu accomplit le mouvement de tout être sensible, qui est de passer dans le néant. Lorsque « l'immédiat reçoit son moment négatif », selon la très belle expression hégélienne, le sujet – mais seulement « au-dessus » de cette mort (comme l'esprit se produit lui-même au jour « au-dessus de » la mort de la nature dans la singularité vivante qui meurt *aus sich selbst*) – s'accomplit lui-même comme esprit, « conscience de soi universelle de la communauté » en laquelle l'essence absolue se pose comme Sujet absolu. L'esprit ne vit que de ce mouvement par lequel il

1. *Ph.G.*, p. 496 ; *Ph.E.*, p. 621.
2. *Ph.G.*, p. 496 ; *Ph.E.*, p. 622.
3. *Ph.G.*, p. 496-497 ; *Ph.E.*, p. 623.

se réfléchit en soi-même et se pose comme Sujet, Soi-même ou le concept : l'esprit est la différenciation de soi, par laquelle, dans la représentation, il « s'engendre un autre », et revient, par la différence comme différence *en soi-même*, en tant qu'unité avec soi. Quel est alors le sens de l'être-autre dans l'esprit absolu ? L'être-autre n'est pas posé en tant que tel, écrit Hegel, « il est la différence telle que, dans la pensée pure, elle n'est immédiatement *aucune différence*; [c'est là] une reconnaissance de l'*amour* dans laquelle les deux membres de la relation ne s'*opposeraient* pas quant à leur essence »[1]. Pourtant cet être-autre, qui est d'abord un moment de l'essence absolue comme pensée pure (comme l'être-autre en lequel se pose l'Idée logique, lorsqu'elle se sacrifie en se posant elle-même comme son autre, comme nature, est d'abord un moment d'elle-même), celle-ci la pose hors de soi, dans le développement de soi représenté comme « création » de l'être-autre et « incarnation » de Soi dans l'autre, *Menschwerdung Gottes*.

Sans doute la représentation pose l'activité de l'essence absolue – qui n'est pas celle de la seule conscience malheureuse ou de la conscience croyante (qui sont bien deux figures de la conscience, mais non pas de la religion au sens hégélien, comme conscience de soi de l'essence absolue elle-même) – comme activité *volontaire*. Mais une telle volonté est elle-même la figure de la nécessité du concept, autrement dit du développement, du devenir autre à soi-même de l'essence absolue, par lequel elle s'accomplit comme une conscience de soi effective, qui a une existence immédiate, et devenir-autre à soi-même de cet être-autre, par lequel l'existence immédiate de l'effectivité est rentrée dans l'essence qui s'est elle-même

1. *Ph.G.*, p. 502; *Ph.E.*, p. 629.

par là réalisée comme esprit. Le mouvement représenté par
la religion manifeste est alors celui d'un *double sacrifice* :
le retour à l'essence dans la mort est un « nouveau sacrifice »,
écrit Hegel, qui n'a pas le sens de la mort de la seule existence
immédiate, car c'est bien Dieu lui-même qui est mort : la mort
est essentiellement celle de « l'abstraction de l'essence divine,
essence qui n'est pas posée comme un Soi »[1]. Seul le *savoir*
d'une telle mort comme mort de l'essence divine elle-même
est l'achèvement de la réconciliation, l'achèvement de l'esprit.
Autrement dit : la mort advient comme fin, « résultat immédiat », du mouvement, en tant que mort seulement naturelle.
La mort n'aura un autre sens, un sens d'esprit, qu'au-delà
d'elle-même comme « négativité abstraite », comme mort du
côté naturel de l'homme divin, mort absurde, parce qu'elle est
la mort elle-même sans signification de l'autre du sens. La
mort doit être la mort du dieu lorsqu'elle est la mort de l'être-là
en lequel le dieu s'est posé comme un autre. Ou bien encore : *la
mort doit devenir son propre concept*, écrit Hegel[2]. Le non-
être de la conscience de soi en son existence immédiate n'est
l'être de la singularité universelle de l'esprit que si la mort elle-
même est « transfigurée » (*verklärt*). Le devenir-homme du
dieu ne s'accomplit qu'avec la mort comme ce qui en résulte.
Mais cette mort n'est pas la mort du seul homme en lui. La
pensée centrale du christianisme est : *daß Gott selbst gestorben
ist*[3]. C'est parce que la mort s'accomplit comme négation du
dieu que le dieu reprend en lui la mort et tout être-autre, et que

1. *Ph.G.*, p. 512 ; *Ph.E.*, p. 640.
2. *Ph.G.*, p. 511 ; *Ph.E.*, p. 639.
3. *Ph.G.*, p. 512 ; *Ph.E.*, p. 640.

son affirmation dans le sacrifice de soi a le sens de la mort de la mort, de l'affirmation de Soi-même comme esprit.

Une telle affirmation spirituelle est désormais le « savoir qui se conserve dans son *être-autre* », c'est-à-dire exactement *esprit*, réalisé dans la communauté, en laquelle, écrit bien Hegel, l'esprit vit, « chaque jour meurt et ressuscite »[1]. L'esprit n'est pas la communauté qui résulterait seulement du sacrifice, il est la communauté du sacrifice, la communauté dialectique elle-même. Dans cet esprit c'est l'élément même de la représentation qui s'est supprimé pour accomplir, à travers la mort du *Mittler*, qui veut dire la mort de l'essence divine abstraite elle-même, la subjectivité de la substance. Le Dieu est alors le Savoir de soi dans l'être-autre, esprit effectif, qui est une vie, la vie qui « parcourt les trois éléments de sa nature ; ce mouvement à travers lui-même constitue son effectivité », écrit Hegel[2].

Le savoir absolu hégélien est l'achèvement de la conscience de soi de cette communauté, qui a encore l'esprit absolu pour objet de sa conscience. Le savoir absolu est le savoir rationnel comme « savoir du faire du Soi dans lui-même comme savoir de toute essentialité et de tout être-là »[3]. L'esprit apparaît alors à la conscience dans l'élément du concept, et cette apparition est l'apparition de la Science elle-même. Cette Science est la science dialectique, le pur être-pour-soi de la conscience de soi, la négativité pure comme scission de soi. Cette négativité pure qui est le *Ich* universel est concept au

---

1. *Ph.G.*, p. 511 ; *Ph.E.*, p. 639.
2. *Ph.G.*, p. 513 ; *Ph.E.*, p. 641.
3. *Ph.G.*, p. 522 ; *Ph.E.*, p. 652.

sens où « le *Ich* est, dans son être-autre, auprès de lui-même » [1].
La science est elle-même « l'esprit qui se parcourt lui-même »
(l'*Encyclopédie* s'achèvera sur ces mots d'Aristote : Τοῦτο
γὰρ ὁ θεὸς), le tout de son propre mouvement, « le cercle
revenant en lui-même, qui présuppose son commencement et
l'atteint seulement en son terme », écrit Hegel dès 1807 [2].

Or ce cercle est le cercle du sacrifice. Dans le savoir absolu
aussi l'esprit vivra, mourra chaque jour et renaîtra de ses
cendres. Le savoir n'accomplit son absoluité que dans le sacrifice de soi par lequel il restitue, à sa pointe la plus avancée, la
conscience à elle-même, se restitue lui-même comme cet
autre, son autre, le savoir fini, le sujet fini. Son acte le plus haut
est celui d'une *Entäußerung* en laquelle il se supprime lui-
même, révoquant la forme du concept pur ou « la forme de son
soi-même » : il accomplit son identité immédiate avec soi
comme différence d'avec soi, en se posant comme un autre,
comme conscience – « le commencement dont nous sommes
partis », écrit Hegel à la fin. La fin se sacrifie à chaque fois
dans le commencement qu'elle libère : c'est là le sens dialectique du système hégélien. Son absoluité, il l'accomplit ainsi
phénoménologiquement dans cet acte, *dieses Entlassen seiner*,
cette révocation de soi hors de la forme du concept, qui est « la
suprême liberté et assurance de son savoir de soi » [3]. La liberté
absolue s'accomplit toujours comme *libéralité*, comme un
laisser libre, en lequel au fond c'est la raison hégélienne,
comme « certitude d'être toute réalité », comme *confiance* en
la raison, telle qu'elle vit en tout sujet fini, qui se décide pour

1. *Ph.G.*, p. 523 ; *Ph.E.*, p. 653.
2. *Ph.G.*, p. 525 ; *Ph.E.*, p. 656.
3. *Ph.G.*, p. 529 ; *Ph.E.*, p. 660.

elle, qui se découvre elle-même en son sens le plus haut, le sens d'une *Gelassenheit*, d'une «sérénité», libre et libératrice, comme certitude de la réconciliation. Mais à vrai dire le savoir absolu va plus loin encore dans son sacrifice. Se posant comme conscience, l'«esprit sans esprit», le savoir absolu sacrifie là sans doute l'absoluité de son Soi. Mais son sacrifice, en tant que *savoir* absolu, est *total* : par conséquent il se sacrifie non seulement comme absolu, mais aussi comme savoir. Il se supprime pour laisser aller hors de soi son pur Soi-même comme temps, comme contingence et événement, et son être comme espace. Il se sacrifie comme nature, premier côté de son devenir-esprit, et comme histoire, seconde manifestation de lui-même, aliénation qui s'aliènera à elle-même lorsqu'elle entrera en soi dans le *savoir* de ce qu'elle *est*. Le sacrifice dialectique s'accomplit comme sacrifice du savoir, qui est le sens, cette fois-ci, le plus haut, le plus intense, de son absoluité : «Le savoir ne connaît pas seulement lui-même, mais aussi le négatif de lui-même, ou sa limite. Savoir sa limite, cela signifie savoir se sacrifier »[1].

1. *Ph.G.*, p. 529 ; *Ph.E.*, p. 660.

Lorsque, en 1955, il tente de discerner les contours de ce qui est à venir, de ce qui peut-être en nous saura, dans un rapport désormais essentiel, devenir une réponse au « règne » de la technique, Heidegger découvre une étrange « attitude », *Haltung*, une attitude qui vaudrait, si nous parvenions à la faire nôtre, à la fois comme un « oui » et comme un « non ». L'« attitude » qui dit « oui » tout en gardant le « non » en elle est destinée à faire advenir une libération que la seule négation qui se retire n'a déjà plus, aujourd'hui, le pouvoir de porter, pas davantage que ne l'aurait la pure affirmation qui accompagnerait sans réserve l'événement du *Gestell*, du Dispositif, c'est-à-dire l'essence de la technique – puisque notre rapport à la technique n'est pas encore libre, puisqu'il s'agit avant tout, dans la pensée qui en méditera l'essence, de contribuer à cet autre événement, celui d'une réponse, celui d'un rapport libre de l'homme à ce qui de part en part le domine, sans qu'il s'agisse, à aucun moment, d'une volonté *sienne*, ni dans ce qui advient, ni dans ce qui lui répond. La question demeure par conséquent indécise de savoir en quel sens il s'agit bien là d'une « attitude », dans ce « dire oui » qui se tient dans le règne de la technique tout en le laissant à lui-même, « laissant » les objets techniques « reposer sur eux-mêmes, comme quelque chose qui ne nous concerne pas dans l'intime et le propre »[1]. Dire oui à ce que pourtant nous laissons à lui-même : pour ce oui et ce non dits ensemble, écrit Heidegger, « un mot ancien » s'offre à nous, *Gelassenheit*. Le « délaissement » en effet n'est ni dans le refus d'un « non », ni davantage dans le « oui » que nous disons *aussi* en lui au monde de la technique, mais bien plutôt dans « cette attitude du oui et du non en même temps » (*diese Haltung des gleichzeitigen Ja und Nein*), dans le laisser libérateur qui, disant « oui » à un usage, nie pour autant la domination lors même qu'il laisse se déployer le règne de ce qui maîtrise, découvrant par là la liberté plus haute dont la pensée, peut-être, est encore aujourd'hui capable : encore faudrait-il préciser qu'il ne s'agit justement plus là d'un pouvoir. Une telle liberté s'accomplissant comme *Gelassenheit* est sans doute en un sens une lucidité plus grande : « Nous devenons clairvoyants », *wir werden hellsichtig*. Mais la clarté aura bien en elle, avant tout, le sens du discernement de ce qui se dérobe, et se dérobant se laisse pourtant entrevoir : autrement dit le sens d'un « secret ». Le sens qui advient se voile, voilà ce que désormais nous voyons plus clairement. La lucidité de la pensée ainsi « sereine » ou « détachée » nous fait entrer « dans le domaine de ce qui se cèle à nous, et, à vrai dire, se cèle en tant qu'il nous revient », *im Bereich dessen, was sich uns verbirgt und zwar verbirgt, indem es auf uns zukommt*, et la lucidité du délaissement est « l'ouverture au secret », écrit Heidegger[2].

---

1. *Gelassenheit*, 30 octobre 1955, *Gesamtausgabe*, Bd. 16, p. 527 : « *Aber wir können diese Gegenstände zugleich auf sich beruhen lassen als etwas, was uns nicht im Innersten und Eigentlichen angeht* »; trad. fr. A. Préau dans *Questions III*, Paris, Gallimard, 1966, p. 177.

2. *Gelassenheit*, *op. cit.*, p. 528; *Questions III*, p. 178-179.

Mais la pensée est à entendre en un sens qui est lui-même à rejoindre, comme l'est aussi celui de l'agir, et c'est en tant que *neue Bodenständigkeit* qu'elle accomplit son œuvre essentielle. La pensée ouvre une nouvelle façon de se tenir dans le monde technique. Une tenue nouvelle, c'est-à-dire, comme la *Lettre sur l'humanisme* le traduisait en grec, l'ἦθος ou l'agir du penseur[1], est l'œuvre d'une pensée qui n'est en son originaire constitution ni θεωρία, ni πρᾶξις, mais « se produit avant cette distinction ». Le propre d'une telle pensée est qu'« elle laisse l'Être – être »[2], poursuivait alors Heidegger. En ce « oui et non en même temps » qui est l'essence du délaissement, s'agit-il *encore* d'une affirmation, plus haute que le oui qui irait à l'encontre du non, ou bien *encore* d'une négation, elle-même supérieure au non coupant du refus ? La *Lettre* de 1947 tentait bien déjà de penser un « non » plus originaire que la négation, qui remonterait à un « ne pas » provenant lui-même de la « reconnaissance », et même, plus exactement, de « l'affirmation » qui se tient dans la reconnaissance : *Jede Bejahung beruht im Anerkennen*, notait en effet Heidegger. Cette affirmation qui repose dans un « reconnaître » est déjà pensée comme un laisser-être, ou plutôt un « laisser venir à soi ce dont il y va ». C'est donc bien par-delà ou en-deçà de l'opposition du dire-oui et du dire-non que se tient le *nicht*, le *Nichten*, le « néantir » qui s'accomplit comme laisser-être dans la pensée, à partir de son affirmation essentielle. Qu'il ne s'agisse pas d'une attitude de la subjectivité, et particulière-

---

1. *Brief über den « Humanismus »* (1947), *Wegmarken*, Francfort, Klostermann, rééd. 1996, p. 356 ; trad. fr. R. Munier dans *Questions III*, p. 140-141 (sur Héraclite).

2. *Wegmarken*, p. 358 ; *Questions III*, p. 144. « *Sie lässt das Sein – sein* ».

ment qu'il ne soit plus question, en cette affirmation comme en cette négation, de la volonté, celle-ci donnant justement tout le sens du règne de la technique, c'est bien ce qui aura conduit Heidegger, sur le chemin de Maître Eckhart – qui cherchait déjà à dire une telle « œuvre » s'accomplissant ou advenant par-delà toute œuvre, qu'elle fût de la volonté ou de l'intellect –, jusqu'au nom de *Gelassenheit*. C'est aussi ce qui, en 1947, l'éloigne de l'idéalisme : « C'est pourquoi, dans l'idéalisme absolu, chez Hegel et Schelling, le ne-pas apparaît comme la négativité de la négation dans l'essence de l'être. Mais celui-ci est alors pensé au sens de l'effectivité absolue en tant que volonté inconditionnée qui se veut elle-même, et qui se veut comme volonté du savoir et de l'amour. Dans cette volonté se cèle encore l'être en tant que volonté de puissance »[1]. La néga-tivité dialectique est ainsi, selon Heidegger, le voilement du *Nichten* plus originaire, déploiement de l'essence de l'Être, tout comme l'effectivité, la *Wirklichkeit* qui est à chaque fois l'aboutissement d'une efficace, d'un *wirken*, et à travers elle la subjectivité absolue, seraient le voilement idéaliste de l'Être lui-même.

Il ne s'agira pas ici de répondre à cette affirmation heideggerienne. Il conviendrait avant tout, si pareille tentative devait être conduite, d'en mesurer, avec une autre rigueur, la portée. Il ne s'agira que de faire valoir, pour le savoir absolu et la subjectivité absolue, autrement dit l'esprit absolu et la liberté hégélienne qui s'y accomplit à son intensité la plus haute, un sens de la *Gelassenheit*, qui l'éloignerait peut-être résolument, par contrecoup, de la volonté de puissance, et avec celle-ci de toute figure de la maîtrise : cela, bien que la pensée

1. *Wegmarken*, p. 360 ; *Questions III*, p. 147-148 (légèrement modifiée).

nietzschéenne, visée par là, ne soit pas elle-même étrangère, tant s'en faut, à la sérénité, laquelle en forme tout au contraire la pointe la plus élevée[1].

Comment celui qui est une conscience, autrement dit déjà *esprit*, mais qui, en tant même qu'il est conscience, demeure *fini* en son être, serait-il *heureux*, autrement dit, pour Hegel, réconcilié avec soi, un avec soi et avec tout ce qui est, auprès de soi dans un autre qui est, alors seulement, *son* autre : comment, autrement dit, serait-il pleinement *esprit*? La réponse hégélienne, en son principe, reste grecque : le bonheur, comme réconciliation, est une activité. La conscience *est* la scission elle-même, l'éloignement de ce que, en sa vérité de conscience de soi, elle posera alors elle-même comme elle-même, son essence, et pourtant, elle qui reste une conscience, comme autre que soi, loin de soi : l'*Entzweiung* dit le dédoublement de ce qui se scinde d'avec soi, se supprime soi-même dans un autre qui sans doute est pour elle, n'est même que pour elle, et qui s'avèrera comme n'étant rien d'autre qu'elle-même : mais cet autre pour elle est d'abord elle-même, mais posée *comme un autre*, autrement dit elle est elle-même extatiquement projetée hors de soi, loin de soi, séparée de soi dans un autre. La vérité de toute conscience, pour autant qu'elle en reste à elle-même, est la conscience malheureuse, posant son essence, qu'elle doit en tant que telle par vocation rejoindre, comme inaccessible, à la mesure de sa propre indignité à se joindre à elle. Davantage : c'est moins, pour Hegel, la conscience qui est

---

1. Comme il serait possible de l'établir à partir des fragments du retour. L'enseignement nietzschéen de la « pensée des pensées » est bien aussi celui d'une nouvelle « sérénité ».

malheureuse que bien plutôt le malheur qui est essentiellement celui de la conscience en tant que conscience. Telle est
l'*Unheimlichkeit*, l'« inquiétante étrangeté » qui s'empare du
monde pour une conscience ainsi isolée et de soi-même, et de
l'être, et qui ne saurait être elle-même sans affirmer, confirmer
une telle aliénation dans l'acte même par lequel elle se pose et,
en cette position, cette affirmation de soi, tente de la surmonter.
La *Phénoménologie de l'esprit* est le livre de cette inquiétude
en acte, l'étrangeté ou l'« étrangement » devenu un chemin,
décidément le livre du désespoir, moins subi pourtant que
tenu, comme son acte, par une conscience résolue à se penser
elle-même, en quelque façon le désespoir comme « méthode »,
en laquelle cependant celle-là se risquera tout entière, et le plus
sérieusement. Si le savoir absolu s'accomplit lui-même (et non
pas plus haut que lui-même, dans une « sagesse » qui le dépas-
serait, puisqu'en lui la philosophie s'est elle-même dépassée et
accomplie comme savoir effectif[1]) comme *Gelassenheit*, le
chemin du « détachement », de la « sérénité », dont il conviendra
d'éclaircir le sens, est d'abord, en tout état de cause, celui du
désespoir : le chemin de la réconciliation sera le même que
celui de l'aliénation, et, pour celui qui est une conscience, il
n'en est aucun autre. Le chemin du salut est celui sur lequel je
dois d'abord consentir à sombrer. Le livre du désespoir est le
même que le livre de la sérénité.

C'est alors, s'il faut faire valoir une sérénité hégélienne,
une telle aliénation qui sera à surmonter, elle-même demeurant pourtant la voie, la *seule* voie, de son propre dépassement :

---

1. *Cf.* B. Bourgeois, *Les Actes de l'esprit*, *op. cit.*, chap. XXI, « Sagesse,
culture, philosophie ».

toute *Überwindung* est en vérité *Selbstüberwindung*[1]. Si l'*Entzweiung* disait, dès 1801, le sens de la culture, de la modernité elle-même, du règne de la manifestation isolée de l'absolu dont elle est pourtant la manifestation, le dédoublement, ainsi, du monde de la manifestation, en lequel nous vivons, et du monde de la réconciliation, en lequel nous pensons, en sorte que celle-ci n'est jamais, par principe, la réconciliation de celle-là, mais, tout au contraire, l'extrême de la scission, l'intensification d'une Puissance maîtresse, « la puissance de la manifestation », qui la domine ainsi de son hégémonie conscientielle et culturelle[2] : si l'*Entzweiung* laisse bien entendre cet « éclatement en deux »[3], l'*Entfremdung* dit de son côté ce devenir-étranger à soi-même, plus radical peut-être que l'*Entäußerung* d'une extériorisation en laquelle la conscience laisse aller hors de soi ce qui reste hors d'elle le même que soi[4] : un devenir-étranger en lequel, dès lors, la conscience tout entière devient autre à soi-même, le chemin même par lequel la reconnaissance s'accomplit, toujours seulement à travers sa propre négation, le chemin de la négativité qui nécessairement devance l'affirmation vraiment réconciliatrice. Qu'une telle *Entfremdung* soit, comme le remarque Bernard Bourgeois, celle, par excellence, de l'esprit, puisque lui seul a la force de *se nier soi-même*, aura ici le même

---

1. Dépassement de soi par soi-même : tel sera aussi, d'autre part, le sens que Nietzsche donnera à la volonté de puissance.

2. *Differenzschrift*, trad. fr. M. Méry dans *Premières publications*, Paris, Vrin, 1952, p. 86 *sq.*

3. Heidegger, « Séminaire du Thor », 1968, Protocoles rassemblés dans *Questions IV*, *op. cit.*, p. 217.

4. B. Bourgeois, *Le Vocabulaire de Hegel*, Paris, Ellipses, 2000, p. 6-7, qui relève cependant que la distinction est loin d'être immuable.

sens que la récapitulation des figures de la conscience dans l'unique effectivité spirituelle, au moment où la *Phénoménologie* de 1807 prend en quelque façon ce qui est pour elle un second départ, au commencement de «L'esprit», dans la répétition spirituelle totale des moments de son analyse de soi, telle qu'elle fut achevée selon les trois moments précédents. Alors l'aliénation de la conscience apparaît en sa vérité d'aliénation spirituelle, puisqu'il n'est pas de conscience qui ne tienne son effectivité de l'esprit : le malheur de la conscience est *dans* l'esprit lorsque celui-ci en reste à une figure finie de lui-même. L'esprit est réconciliation, mais il est d'abord lui-même le chemin de l'aliénation de son être, et même de la libre aliénation de soi, du sacrifice de soi. C'est ce que confirmera avec éclat l'achèvement du moment culturel de lui-même, avec cette irritation la plus aiguë de la scission qu'est le mal, et l'acte de la réconciliation, qui est d'abord un mot, « le mot de la réconciliation », le mot du pardon [1]. Si l'esprit est l'unité, il l'est à travers l'*Entfremdung* de lui-même. Toute sérénité, qui est de l'esprit, est l'accomplissement de la manifestation – parfois tragique, mais jamais *seulement* tragique – qu'il est lui-même.

Or seule la philosophie accomplit parfaitement, selon Hegel, une telle unité spirituelle, comme savoir absolu, absolument *savoir*, absolument libre, en lequel la conscience, ne se résolvant pas à son malheur conscientiel, se pose elle-même, par le travail du concept, qui est aussi, d'abord, le chemin de son désespoir, comme conscience *sereine*. Il n'est pas de séré-

---

1. *Ph.G.*, p. 441 ; *Ph.E.*, p. 557. Alors la reconnaissance est accomplie : « La parole de la réconciliation est l'esprit *étant-là*, qui intuitionne le pur savoir de soi-même comme essence *universelle* dans son contraire, dans le pur savoir de soi-même comme de la *singularité* qui est absolument dans elle-même – reconnaissance réciproque qui est l'esprit *absolu* ».

nité qui n'ait enduré un tel désespoir, enseigne Hegel. C'est dans l'acte soutenu d'une conscience finie s'adonnant à la pensée, se décidant pour le concept, que la sérénité elle-même sera donnée, ou plutôt atteinte, elle qui aura, alors seulement, surmonté l'étrangeté des objets, de tout ce qui se présente, dès lors que la pensée en effet, loin de tout renfermement sur elle-même comme de toute domination de l'être-autre (qui sont au fond le même), *laissera être* l'être-autre qu'elle pense, et qu'elle pose ainsi comme le *sien* dans son sens, en son unité spirituelle avec elle-même. Concernant la sérénité philosophique, telle sera alors l'affirmation fondamentale de Hegel :

> La philosophie peut être considérée aussi comme la science de la *liberté*; parce qu'en elle disparaît le caractère étranger des ob-jets, et par là la finitude de la conscience, c'est uniquement en elle que se dissipent la contingence, la nécessité naturelle et le rapport à une extériorité en général, et par là la dépendance, la nostalgie et la crainte; c'est seulement dans la philosophie que la raison est absolument *auprès d'elle-même* [1].

Hegel en effet aura osé affirmer que la philosophie avait la puissance – qui est, déjà, toute sa sagesse – de penser tout ce qui est, tout ce qui arrive, et qu'une telle pensée pouvait rendre heureux celui qui, en elle, c'est-à-dire lorsqu'en son activité il en devient le *sujet*, se réconcilie avec toute effectivité, la raison se posant alors, selon le principe même de l'absoluité de l'esprit, dans la singularité d'une conscience philosophante. Être heureux, ainsi, est, pour le philosophe, une activité, l'activité de penser qui, dans son ἐνεργεία infinie, se saisit de tout être, de tout être-là, de toute manifestation, non pour l'appauvrir et la reconduire à des déterminations abstraites d'elle-

1. *E.*, *S.L.*, 1817, « Introduction », § 5, p. 156.

même, mais, tout au contraire, pour l'exposer selon son plus riche développement, le déploiement total de son sens, autrement dit comme être, enfin, pleinement *concret* : la préoccupation de la pensée est ainsi de faire droit au moindre moment du sens, à chaque moment de l'être, comme il en va déjà dans l'histoire, où le temps rend toujours cette justice, selon cette lenteur, cette indolence propre, selon Hegel, à ce qui s'appelle *Geschichte*. La sérénité n'a de sens que pour autant qu'il aura été fait droit à toute existence, à toute inquiétude, à toute contradiction : aucune n'aura été méprisée, aucune n'aura été violentée ni brimée. Sans doute la pensée est-elle aussi – particulièrement, dans la logique, lorsqu'elle se pense elle-même en sa pureté idéale, et se tient ainsi au plus près d'elle-même, chez elle-même – une telle abstraction, qui n'est pas la vie même, dont, elle qui toujours est grise, elle ne rendra jamais les couleurs. Le bonheur n'est-il pas alors, bien plutôt, celui d'une telle vie en son immanence richement colorée, celui de la certitude sensible, de la perception, bref, de la conscience en la riche multiplicité de ses rencontres ? Celui, ainsi, de l'homme *historique*, dans la famille, la société, l'État ? Oui. Mais aussi le philosophe ne sacrifiera aucune d'entre ces communautés, bien plutôt accomplira-t-il en son sens toute rencontre qui adviendra en ces différents cercles de toute vie humaine. Dans la philosophie en effet, c'est la vie elle-même qui se tient au plus près de soi, puisque c'est elle qui vient à se savoir soi-même, et ainsi, en ce savoir de soi, est déjà devenue *une autre vie*, plus intense, ou la même, la seule vie, mais réconciliée avec soi. Le concept ne pense la vie que pour autant qu'en lui la vie se pensant elle-même s'intensifie comme vie pensante : une vie qui est alors pleinement ce qu'elle était, pleinement *esprit*. Penser un tel être-là, d'une pensée qui en dépasse l'adversité conscientielle, la résistance au sens – nous ne souffrons jamais, en effet, que de ce que nous ne comprenons pas, ou de ce qui reste fixé en son être-autre –, c'est, nécessairement, se penser soi-même le pensant, dans une pensée intégralement consciente, et de soi, et de l'être. Une telle conscience de soi totale, qui pense l'intelligibilité ou plutôt la rationalité de tout ce qui est et de tout ce qui arrive, plus loin même que l'absurdité qui en marque parfois aussi l'événement, plus loin que la contingence, la fragilité en laquelle celui-ci se donne, ou bien plutôt en son unité spirituelle avec elle, cette présence accomplie de la pensée à soi-même et à l'être, à soi-même dans l'être, en laquelle se dissipent toute nostalgie et toute crainte, est ce que Hegel appelle *concept*. Or cette activité du concept présuppose, en celui qui s'en fait librement le sujet pensant, une *décision*. La décision pour la pensée est celle qui accomplit, à son intensité la plus haute, la volonté d'être heureux : non pas l'homme séparé de lui-même, mais *l'homme total* que veut être l'homme hégélien lorsqu'il se décide pour la pensée [1]. Mais si le penser est bien, comme le bonheur lui-même, une activité, à quoi au juste se résout-il, celui qui se décide pour la pensée ? Il se décide pour la réconciliation la plus haute, pour l'affirmation absolue, il se décide pour la raison. Une telle décision est en son fond décision pour la sérénité. Cette décision, qui prend pourtant son assise dans un désir lui-même inquiet, n'en demeure pas moins, elle qui accomplit toute inquiétude, la portant même jusqu'à l'absolu, une décision déjà sereine.

---

1. Cet homme total n'est pas le dépassement, mais l'*accomplissement* spirituel de la finitude, s'il est vrai que « *l'homme est la passion de l'esprit*, il est l'esprit en tant qu'il s'éprouve en tout ce qu'il est, mais aussi en tant qu'*il n'est rien d'autre que ce qui est posé par la seule épreuve et expérience de lui-même* » (B. Bourgeois, « L'homme hégélien », dans *Études hégéliennes, op. cit.*, p. 188).

Pour le comprendre, il conviendra de revenir à ce qui
apparaît à la fin comme la vérité de toute conscience, fût-elle,
justement, conscience de soi, le malheur en lequel elle
s'abîme, dont elle est tout entière l'expérience, lorsque son
rapport à l'être-autre n'est pas encore *raison*, savoir certain,
dans le Soi, de son identité avec le monde. Le malheur,
enseigne Hegel, est dans la contradiction qui, à la différence
de la joyeuse contradiction sceptique (inconsciente de soi, ou
qui se fuit soi-même), se sait soi-même, l'intériorisation du
redoublement (*Verdoppelung*), ou le redoublement cependant encore séparé de son unité, par là même posée au-delà
de lui – une telle unité, en effet, n'est autre que l'esprit : « La
conscience malheureuse », écrit Hegel, « est la conscience
d'elle-même comme de l'essence doublée seulement contradictoire » (*das Bewußtsein seiner als des gedoppelten nur
widersprechenden Wesens*)[1]. Le malheur de la conscience est
dans le non-repos qui l'expulse à chaque fois d'elle-même, ou,
elle qui est double, la précipite à chaque fois d'un côté d'elle-
même dans l'autre : dès qu'elle est une, elle est autre, dans l'une
des consciences il y a l'autre, puisqu'elle est double – elle n'est
même rien d'autre que la conscience de cette dualité. Elle pose
l'unité essentielle sans pouvoir l'être encore, sans pouvoir
faire exister celle-ci en elle, et son retour en soi, sa réconciliation sera bien la raison qui est, autrement dit l'esprit : « Elle-
même *est* le regard d'une conscience de soi dans une autre, et
elle-même *est* les deux consciences de soi, et l'unité des deux
est à ses yeux aussi l'essence ; mais elle-même, *pour soi*, n'est
pas encore à ses yeux cette essence même, pas encore l'unité

---

1. *Ph.G.*, p. 144 ; *Ph.E.*, p. 220.

des deux »[1]. Ce qu'elle pose comme l'essence, elle échoue à l'être pour soi, se posant elle-même comme l'autre côté, celui de l'inessentiel. Tout ce qu'elle touche elle le brise, tout ce qu'elle approche elle le souille : la conscience malheureuse est la conscience qui fera son propre malheur, et veut ainsi se libérer d'elle-même, mais tout autant s'interdit une telle libération, puisqu'elle-même est la contradiction des deux côtés d'elle-même, l'immuable essentiel et le multiple inessentiel, elle est « le mouvement contradictoire dans lequel le contraire ne parvient pas au repos dans son contraire, mais, en lui, ne fait que s'engendrer à nouveau comme contraire »[2]. Que le contraire parvienne au repos dans son contraire, qu'ils se tiennent l'un et l'autre dans l'unité, l'identité dont ils sont, dès lors, la vie, l'existence, la *manifestation* : telle sera la voie de l'esprit, mais d'abord, en effet, l'*expérience* même, douloureuse, d'une telle conscience, comme expérience de soi. Car la conscience malheureuse est cette oscillation, ce déplacement en elle-même, que le bavardage sceptique – dont elle est la vérité, c'est-à-dire déjà la toute première réunification, inachevée encore, ou la réconciliation posée au-delà d'elle-même, non réconciliée avec la non-réconciliation qu'elle est – oubliait à chaque changement de lui-même, de la certitude du Soi à la vanité de toute certitude et de toute vérité. La conscience en son malheur est cet affrontement de soi-même à soi-même où il n'y a jamais de repos, puisqu'en un tel combat de soi-même avec soi-même il n'y a jamais non plus de vainqueur : la conscience de soi est désormais cette pure conscience de la pure contradiction qu'elle est, et l'expérience

---

1. *Ph.G.*, p. 144 ; *Ph.E.*, p. 220-221.
2. *Ph.G.*, p. 144 ; *Ph.E.*, p. 221-222.

de soi sera, nécessairement, l'expérience de son sacrifice. Radicalement en effet, non seulement une telle conscience est malheureuse, non seulement le malheur est toujours celui de la conscience en tant que conscience : mais une telle conscience de soi est *tout entière le malheur*, la vie prend en elle conscience de soi comme *vie malheureuse*. «La conscience de la vie», écrit en effet Hegel, « de son être-là et de son agir, est seulement la douleur ressentie au sujet de cet être-là et de cet agir, car elle n'y a que la conscience de son contraire comme de l'essence, et de son propre propre caractère de néant à elle »[1]. *Nur der Schmerz über dieses Dasein und Tun* : toute la conscience est cette douleur, c'est la vie même qui se sait comme malheur, scission, contradiction non résolue, entre soi-même comme n'étant *rien*, ou étant nulle, et l'essence, qui est pourtant bien *son* essence, comme le contraire de soi. L'immuable, ou l'essence, sera pourtant « touché par la singularité » dans le mouvement même qui fera toute l'expérience par la conscience de son propre malheur, et cette expérience du malheur qui la sépare de l'essence d'abord étrangère sera tout autant le chemin de la réconciliation achevée par laquelle l'immuable aura repris en soi la singularité, et l'aura par là même rachetée, jusqu'au devenir esprit de celle-ci. Mais l'esprit, dès lors, sera, par-delà le désespoir de la conscience, *la joie de la réconciliation* : la conscience singulière, à la fin de son expérience, qui est tout autant la fin de la conscience en son isolement, « a la joie de se trouver elle-même en lui et devient consciente de ce que sa singularité est réconciliée avec l'universel »[2]. La joie finale de l'esprit ne serait pas sans le

---

1. *Ph.G.*, p. 144; *Ph.E.*, p. 222.
2. *Ph.G.*, p. 144; *Ph.E.*, p. 223.

malheur enduré jusqu'au bout de la conscience, et la fin de la conscience est en vérité la reprise de celle-ci dans l'esprit, sa réunification avec soi comme avec tout ce qui est. La conscience n'est pas laissée en arrière, elle est rachetée, elle est *dans* la réconciliation, elle est *dans* la raison, elle est *dans* l'esprit. La joie de la réconciliation a repris en elle la scission comme la vie de la manifestation qu'elle est, en tant qu'elle est esprit.

La décision pour le concept émanera toujours d'une telle conscience, autrement dit d'un sujet fini en son être, qui répond par elle, donc en son acte, à la décision de l'immuable se laissant lui-même toucher par la singularité. Lorsque la conscience s'adonne à la pensée, elle se laisse elle-même atteindre par la requête de l'esprit. Elle se laisse elle-même toucher par l'immuable, mais c'est dans l'acte de sa résolution qu'elle se libère d'elle-même en son besoin, en son désir, en sa demande, elle-même d'abord non réconciliée, de la réconciliation : la demande du bonheur est d'abord elle-même une demande malheureuse, et aura par conséquent, pourvu qu'elle soit sincère, à se libérer de soi-même en tant que demande. Mais si le désir est inquiet, l'acte est serein. La « douleur sur cet être-là » qu'est la vie de la conscience saura, dans l'acte d'une telle décision, *se guérir de soi*. Se guérir de soi, voilà qui n'est pas, sans doute, se libérer de toute inquiétude, dont la sérénité ne sera précisément plus le contraire, mais bien plutôt se tenir pleinement dans une inquiétude qui sait se recueillir en une affirmation, et peut-être en *volonté* du sens, le dernier degré de la volonté d'être heureux, où l'inquiétude et la confiance sont devenus le même. L'affirmation de la philosophie, qui irait alors en effet jusqu'au bout du désir d'être heureux, est la volonté d'un sens qui ne soit plus l'autre du non-sens, mais l'unité sensée de celui-ci et de celui-là. En quel sens pourtant

s'agit-il là encore, comme Heidegger l'affirme, d'une *volonté*?
Non pas, sans doute, au seul sens de la subjectivité finie considérée dans l'abstraction de son vouloir, ni même de l'esprit se
donnant à soi-même une existence éthique, où le sujet, la
communauté éthique-politique, reste fini en son œuvre de soi.
Sans doute ces deux sens de la volonté, comme tout le développement éthique du concept de celle-ci, sont-ils présupposés
dans une telle volonté, qui est toujours aussi celle d'un sujet
singulier qui « veut se décider à philosopher »[1] et, à travers lui,
l'autodétermination d'une époque s'élevant en lui à la pensée
de soi. C'est toujours un sujet fini, tel qu'il vit dans un monde,
une configuration éthique déterminée se ressaisissant en lui,
qui se décide pour la pensée pure, et se retire alors dans l'étude,
l'activité silencieuse de penser, ou s'adonne, en son métier, sa
vocation à l'universel, à l'enseignement. Mais la « volonté »
du sens, dans la philosophie, est d'abord celle d'un tout autre
Sujet, celui qu'est l'Idée absolue, le Sens pur, en son affirmation de soi, en sa décision de soi, culminant dans la position de
l'autre que soi, ou de soi-même comme cet autre du sens qu'est
la nature[2]. Si la volonté singulière est, lorsqu'elle s'actualise
comme volonté libre, la négation de soi de la particularité, par
là « réfléchie au-dedans de soi », toute volonté est la relation à
soi d'une négativité à travers laquelle le même, qui se supprime
dans l'autre, devient, dans la négation de soi de celui-ci, le
même que celui qui est désormais son autre. Cette unité est ce
que Hegel pense comme Singularité vraie, « réflexion en soi

---

1. *E.*, *S.L.*, 1827-1830, « Introduction », § 17, p. 183.
2. *E.*, *S.L.*, 1827-1830, § 244, p. 463. On se reportera à B. Bourgeois,
« Dialectique et structure dans la philosophie de Hegel », dans *Études
hégéliennes*, *op. cit.*

des déterminités de l'universalité et de la particularité », ou le concept dans la totalité de ses moments, le concept concret se produisant soi-même en son identité négative avec soi[1]. Plus haute, en un sens, que toute volonté, c'est-à-dire l'acte de produire du dedans de soi les déterminations de son être-là, la pensée est pourtant bien l'affirmation de soi, et même l'affirmation absolument libre, libérée de tout être irréductiblement autre, lorsque, loin de toute domination, et par là de toute volonté de puissance, dont l'essence est bien un tel vouloir-être-maître, elle laisse libéralement celui-ci aller hors de soi et pense son unité supérieure avec lui, l'identité de leur différence : lorsqu'elle est, ainsi, réconciliation absolue. Une telle réconciliation absolue n'est autre que l'activation absolue de cette inquiétude qu'était déjà en elle-même la conscience, et la philosophie est le « Oui » d'une conscience de soi qui se veut elle-même dans une clarté totale. À une conscience aliénée par l'étranger qu'elle ne sait pas encore comme le Soi lui-même, elle opposera, avant de dépasser cette opposition elle-même, le savoir de soi qui est réconciliation avec cet être-autre, autrement dit elle déploiera, dans le λόγος, le sens total de cette étrangeté en elle, en lequel de son propre mouvement celle-ci se supprime en familiarité, l'être-autre devenant monde, son monde, ou devenant, dans l'unité avec le Soi qui le sait et se sait en lui, esprit s'intériorisant dans l'acte absolu de son savoir. L'affirmation philosophique est un tel « Oui » à l'esprit, un « Oui » de l'esprit à lui-même, par lequel, à même la scission, et toujours, ainsi, dans la singularité d'une conscience, il s'affirme lui-même dans la décision du sujet fini qui s'inquiète

1. *P.Ph.D.*, « Introduction », § 7, Rem., p. 104, et surtout *E.*, *S.L.*, 1827-1830, § 163, Rem., p. 409-410.

de soi et de l'être en son sens, en leur sens *un*. La philosophie est donc la même inquiétude que celle qui dans la scission s'inquiétait déjà de l'Un, elle est même la résolution d'en penser l'expérience totale, elle séjournera dans l'étranger, ce que nous appelons le « réel », autrement dit dans la non-réconciliation absolue, accédant en elle, par elle seulement, à l'affirmation la plus haute, l'affirmation de la raison.

Or c'est tout un, pour Hegel, de penser la décision pour la sérénité, c'est-à-dire aussi pour une telle inquiétude *absolue*, et de penser l'affirmation de la philosophie en tant que *système* ou *savoir absolu*. Le savoir absolu en effet n'est rien d'autre que cette inquiétude même élevée à l'absoluité de son acte, un acte tel que le sujet fini le réaffirme sans repos comme le sien. *Le système hégélien est le système de la sérénité.* Système est le nom pour cette énergie d'une pensée qui n'est plus séparée de sa puissance, qui est devenue, selon la double nécessité, intérieure, de son concept, et extérieure, de l'époque, pensée effective, savoir effectif. L'inquiétude philosophique s'est résolue, accomplie dans la sérénité du savoir. Mais certes une telle effectivité de la pensée n'est pas son immobilité finale, comme si, celle-ci achevée, toute inquiétude apaisée, la pensée avait par là conquis une bien étrange immutabilité, qui contre-dirait à sa nature, pas davantage que la fin de l'histoire ne veut dire, de son côté, que la sphère même de l'historique, en sa contingence, serait close, ou que l'histoire serait étrange-ment sortie d'elle-même dans une autre figure que le temps[1]. L'effectivité du savoir absolu aura bien le sens de l'ἐνεργεία d'une pensée désormais pleinement pensante, autrement dit

---

1. *Cf.* B. Bourgeois, « La fin de l'histoire universelle », dans *Les Actes de l'esprit*, *op. cit.*, chap. IX.

parfaitement présente à soi dans tous ses actes, d'une pensée rassemblée comme totalité et désormais, en son *Er-Innerung*, son intériorisation qui se souvient, parvenue auprès de soi, d'une pensée libre qui est bien elle-même, dans les deux sens du génitif, « science de la liberté ». C'est cette pensée, à la fois d'une lucidité totale et d'une sérénité totale, en laquelle s'accomplit vraiment l'inquiétude absolue, que la « Préface » de la *Phénoménologie de l'esprit* nomme *das Wahre* : « Le vrai est ainsi le délire bachique », écrit Hegel, « dans lequel il n'y a aucun membre qui ne soit ivre, et, puisque chaque membre, en tant qu'il se sépare, se dissout aussi bien immédiatement, ce délire est aussi bien le repos transparent et simple »[1]. La sérénité du tout est tout autant l'inquiétude absolue des moments, et la pensée est le rappel en et à soi-même de chaque moment singulier dans son mouvement total. L'inquiétude n'est plus alors seulement celle d'un sujet fini pour la vérité, devant laquelle il serait appelé au sacrifice de sa singularité, mais d'abord, fondamentalement, l'inquiétude de la vérité elle-même, comme savoir de soi, comme esprit, qui n'est que dans l'effectivité de sa manifestation, ou n'est rien d'autre que le mouvement total de celle-ci. Le sacrifice initial du sujet fini en ses particularités seulement subjectives n'a de sens que si le vrai lui-même est, non pas un être, mais le mouvement d'une vie en laquelle le sujet pensant vient lui-même, en son acte, vivre d'une vie plus haute, dans l'intensification, l'absolutisation de soi. Le vrai est cet acte absolu que le sujet a à reprendre sur soi, car il le rencontre d'abord comme un autre, trouvant alors sa propre béatitude comme séparée de sa vie, lorsqu'il se le représente comme l'acte d'un Autre, dans la religion et le

---

1. *Ph.G.*, « Vorrede », p. 35 ; *Ph.E.*, « Préface », p. 90.

recueillement en lequel la pensée s'enveloppe. L'acte absolu
est alors pensé comme l'acte de l'absolu lui-même. La béatitude est alors celle qui est promise, et attendue, dans la fidélité
de l'*Andacht*, d'une « ferveur » où le penser, non développé,
concentré sur soi, est la mémoire d'une réconciliation qui *a déjà
eu lieu* : la réconciliation est bien dans le cœur de l'homme,
mais il ne vit pas en elle, qui reste « scindée d'avec sa
conscience », en sorte que « son effectivité est encore brisée »[1].
Dans la philosophie, ce qui restait encore, pour la communauté
croyante, séparé de l'acte divin, un acte qui accomplissait déjà
en soi la réconciliation avec soi de tout autre, celle-ci demeurant pourtant une représentation de la conscience « comme un
lointain » – tout ce qui, ainsi, restait autre, lointain, étranger,
disparaît, se supprime en son adversité, et l'inquiétude du fini
s'est alors elle-même élevée à l'inquiétude infinie qui a pour
sens la réconciliation absolue. La décision par laquelle le sujet
fini se résout à la philosophie, se résout à la raison, est alors la
reprise, pour lui-même, de cet acte absolu par lequel l'absolu
s'est lui-même décidé pour le sacrifice de soi, pour la « déchirure absolue ». Comment comprendre une telle reprise ? Elle
demeure toujours l'acte d'un sujet qui vit dans le royaume de
la manifestation, et elle n'existera jamais sans la puissance
d'une telle volonté singulière. Mais en cet acte c'est à chaque
fois l'absolu lui-même qui se décide pour lui-même, pour la
manifestation de soi, et, dans la philosophie, pour son être-là
dans le savoir absolu, ou plutôt pour l'être-là du savoir absolu
qui est l'absolu même, comme esprit absolu, dans une langue
pensante, une pensée singulière en laquelle l'esprit est à chaque
fois, par la magie énergique de l'acte, absolument auprès de

---

1. *Ph.G.*, « Die Religion », p. 514 ; *Ph.E.*, p. 642.

soi. La reprise par le sujet fini de l'acte même de l'absolu n'est pas seulement le mouvement d'une participation, ni même, comme le voulait Fichte, celui d'une image, l'acte vivant de sa ressemblance ou de son devenir-image, mais l'intériorisation énergique de l'absolu à lui-même dans la pensée, l'acte même de sa liberté, de son absoluité, sa conscience de soi totale dans le sujet pensant. *Il est là* dans la figure la plus libre, la plus vraie. Son inquiétude absolue est dès lors aussi « le repos transparent et simple », car il est le mouvement total, ou qui a tout repris en soi, qui est la manifestation de soi, il n'a plus d'autre que soi qui ne soit, en son être-autre laissé libre, *libéré*, réconcilié avec lui, et la philosophie est bien en ce sens le dépassement de toute aliénation, l'accomplissement de la reconnaissance. La dernière séparation est tombée, qui scindait encore la réconciliation, en l'éloignant de la vie finie en sa simple conscience, de son autre, et ce qui s'accomplit dans le savoir absolu, comme système de la sérénité, est la réconciliation de la réconciliation et de la non-réconciliation, la conscience de soi absolue, une avec sa conscience, la *raison* absolue.

Le moment est venu de tenter de donner un sens à la *Gelassenheit* que nous avons d'abord rencontrée, sous les auspices de Heidegger, beaucoup moins comme l'acte d'une volonté, d'une subjectivité, que comme l'« attitude » d'une pensée en sa réticence essentiellement affirmative devant le règne même de la volonté, l'avènement du *Gestell*. *Gelassenheit* dit le détachement qui laisse être, et ainsi la sérénité que jamais l'être-autre ne vient troubler. Or c'est très précisément une telle « sérénité » qui est la vie même du savoir absolu. Celui-ci, comme on sait, n'a pas d'autre contenu que la conscience même, la substance même qui s'en donne comme l'ob-jet : le concept est la conscience qui a parcouru la tota-

lité de son contenu, celui-ci demeurant d'abord en elle non
conçu : le concept est initialement le concept seulement *intui-
tionné*, avant qu'il ne s'appréhende lui-même comme « intui-
tionner conçu et concevant » (*begriffnes und begreifendes
Anschauen*) [1]. Il n'y aura pas de sagesse hégélienne qui serait
l'ouverture, en quelque sorte elle-même réservée, à ce qui se
dérobe comme un secret. Il n'y a de sagesse, au fond, que
l'expérience elle-même, lorsque celle-ci vient à la claire
conscience de soi, et se veut en son sens : « Rien n'est *su* qui ne
soit pas dans l'*expérience* », rappelle fortement Hegel. Telle
est l'affirmation hégélienne décisive : tout doit nécessairement commencer par nous être en quelque façon *donné*, par
nous venir de l'extérieur, autrement dit par être, dans la langue
de Hegel, « substance » qui en tant que telle se présente à une
conscience [2]. Un tel venir au-devant de nous du vrai comme
être est sans doute ce qui d'abord en son être-*autre* nous
inquiète. Ce qui est inquiétant, *unheimlich*, est bien par excellence la substance. Et une telle étrangeté aura toujours le sens
de l'étrangeté à soi-même de l'esprit, puisque la substance est
ce que l'esprit lui-même est en-soi, lui qui est le seul à être, à
être, ainsi, le tout, puisqu'il *a* en lui la nature. Mais *en soi* il
n'est pas lui-même, car « esprit » il ne l'est vraiment que pour
autant qu'il est « un tel devenir se réfléchissant en lui-même »,
que pour autant qu'il est *pour soi*, non pas substance, mais
« tout autant », *eben so sehr*, sujet, et qu'il s'atteint lui-même
en ce sens, « cercle revenant en lui-même ». Un tel cercle, le
cercle de la sérénité, est le savoir absolu lui-même. Mais alors
comment ne pas apercevoir qu'il n'enferme en lui rien qui ne

1. *Ph.G.*, p. 524-525 ; *Ph.E.*, p. 655.
2. *Ph.G.*, p. 524-525 ; *Ph.E.*, p. 655.

consente de lui-même par lui-même à venir s'y recueillir, rien
qui n'entre de soi-même dans le cercle du savoir? Lui qui est le
tout qui se sait soi-même, est absolument sans domination, sans
violence, car tout, selon sa loi et son rythme propres – la loi et le
rythme du temps en lequel l'esprit nécessairement s'accomplit avant de pouvoir «appréhender son pur concept» –, *tout*
s'est déjà accompli lorsqu'il accède à un tel savoir de soi,
dans l'esprit absolu, la religion d'abord, puis la philosophie.
Car l'étranger ne peut être supprimé sur un mode étranger,
extérieur[1], écrit Hegel de la conscience religieuse en son
passage au savoir absolu, qu'elle précède nécessairement, et il
faudra par conséquent à la conscience religieuse abandonner
cet espoir, pour accomplir l'unité absolue, philosophique, de
l'existence et de la pensée, de l'être-là et du Soi.

Une telle unité est dès lors en vérité le *retour* dans l'unité
de tout ce qui de son côté « se meut en lui-même », comme le
relève Hegel[2]. Toute différence, tout être-autre, se meut en
lui-même, *an ihm selbst*, et le savoir se tient devant celui-là,
lorsqu'il le considère, dans une «apparente inactivité» (*Untä-
tigkeit*), qui est l'un des noms de son essentiel *laisser être*, de
son *laisser libre*, de son *laisser aller hors de lui-même*. C'est
bien avec un tel « laisser libre » que la *Phénoménologie* avait
déjà commencé : avec l'essentielle maîtrise de soi du concept
se tenant lui-même à l'écart et regardant seulement ce qui se
passe à même la conscience[3]. La volonté la plus haute, la plus
libre, s'il s'agit bien encore d'une volonté, est la volonté de
laisser libre, la volonté de *libérer* : c'est le contenu même du

1. *Ph.G.*, p. 526; *Ph.E.*, p. 656.
2. *Ph.G.*, p. 528; *Ph.E.*, p. 659.
3. *Ph.G.*, p. 69; *Ph.E.*, p. 131.

savoir qui toujours a en lui l'inquiétude, la négativité ou nécessité dialectique, identique à la liberté du Soi-même, puisque
dans le savoir absolu tout moment est un moment de la vérité
objective en même temps que du savoir de soi de celle-ci. Tout
ce qui s'est accompli dans l'existence de l'esprit revient en lui
se savoir en son sens pur et libre du temps. Tout vient en lui
se recueillir de soi-même, se tenir auprès de soi, non dans
l'immobilité de ce qui a fini d'être, en aurait fini avec l'être,
toute nature, toute histoire, mais plutôt dans la vie absolue du
sens. Le repos total est le mouvement infini, infiniment vivant
des moments dans le cercle de leur plénitude qui s'atteint elle-
même. Mais si tout revient dans le savoir absolu, s'il n'a rien
laissé en arrière de soi, c'est qu'il est lui-même le laisser aller
hors de soi de tout *savoir*, de toute conscience, comme de tout
être, de toute nature et de toute histoire. C'est là, en cet Acte
ultime et premier, que s'accomplit finalement le sens même de
l'absoluité du savoir absolu hégélien, en ces dernières pages
de la *Phénoménologie de l'esprit*, qui en délivrent comme le
secret. Un tel secret, qui n'en fut pourtant jamais un, puisque
jamais il ne s'est dérobé, mais s'est au contraire résolument
avancé jusqu'à sa vérité, était déjà le *mot* du commencement,
qui fut donc *créateur*. L'absoluité n'a pas d'autre sens que la
sérénité absolue avec laquelle, en sa certitude de soi, selon « la
suprême liberté et assurance de son savoir de soi »[1], le savoir
absolu se laisse lui-même aller hors de soi, dans le sacrifice de
soi, comme *savoir non-absolu*, comme conscience, et d'abord
certitude sensible, et comme *non-savoir*, comme être, d'abord
comme nature, puis comme histoire, d'abord comme éternelle

---

1. *Ph.G.*, p. 529 ; *Ph.E.*, p. 660.

aliénation de soi, puis comme aliénation de son aliénation, puisque dans une telle histoire il rentre en soi-même.

Est serein celui-là qui, le plus ferme ou le plus fragile, laisse aller l'être-autre, se laisse lui-même aller hors de soi, autre que soi. Est serein celui-là qui, dans la certitude de son infinité ou le savoir de ses propres limites, sait se sacrifier. Il se rassemble alors dans l'absolument Simple. Allant à son sacrifice, il va à la Simplicité.

SOURCE DES TEXTES

On trouvera ici, pour chacune des contributions qui composent ce livre, la référence de la version originale. Nous remercions les différents éditeurs concernés d'avoir autorisé la publication nouvelle des textes déjà parus.

1. SIMPLICITÉ : « Le livre de la Simplicité » (Clermont, 2009), à paraître dans un recueil d'études sur la *Phénoménologie de l'esprit*, J. Cohen (dir.).

2. APPARITION : « Apparitions » (Rennes, 2010), colloque « Les esthétiques de Kant », sous la responsabilité de F. Calori, M. Foessel et D. Pradelle, Dijon-Paris-Rennes.

3. NATURE : « Le *logos* du non-être » (Bordeaux, 2004), paru dans *Hegel et la philosophie de la nature*, Ch. Bouton et J.-L. Vieillard-Baron (dir.), Paris, Vrin, 2009.

4. VIE : « L'idéalisme et la vie » (Toulouse, 2004), paru dans *Hegel-Jahrbuch*, *Das Leben denken*, Zweiter Teil, A. Arndt, P. Cruysberghs und A. Przylebski (Hrsg.), Berlin, Akademie Verlag, 2007.

5. LANGUE : « La langue de l'esprit » (Clermont, 2004), paru dans *Hegel*, M. Caron (dir.), Paris, Le Cerf, 2007.

6. ART : « La mort de l'art. Art et *Gelassenheit* selon Hegel » (Clermont, 2007), à paraître dans un recueil rassemblant les actes d'un

colloque « Esthétique et logique » tenu à Clermont-Ferrand en octobre 2007, Ch. Coulombeau (dir.).

7. MYSTIQUE : « Mystique et spéculation » (Clermont, 2007), [« Mystik und Spekulation » (Munich, 2007)], à paraître dans un recueil d'études sur la philosophie grecque dans la philosophie allemande, rassemblant les actes des travaux comparatistes du Centre *Philosophies et Rationalités* de l'Université Blaise Pascal (2000-2007), E. Cattin et E. Schwartz (dir.).

8. GRÈCE : « Hegel : ce qui est grec » (Lyon, 2005), paru dans *Cahiers philosophiques de Strasbourg*, II/2007, n° 22, « Philosophie allemande et philosophie antique », M. Lequan (dir.).

9. EXPÉRIENCE : « Le philosophe et l'expérience » (Paris, 2006), paru dans *Bulletin de la Société Française de Philosophie*, numéro spécial, *Hegel. Bicentenaire de la Phénoménologie de l'esprit*, B. Bourgeois (dir.), Paris, Vrin, 2008.

10. PERSONNALITÉ : « La personnalité pure » (Clermont, 2006), inédit en français, paru en portugais du Brésil (« A personalidade pura ») dans *Dois Pontos*, numéro spécial, « Estrutura, sistema, subjetividade », vol. 5, n° 1, avril 2008, L. Jaffro (dir.), traduction M. Suzuki.

11. SACRIFICE : « Le sacrifice dialectique » (Clermont, 2004), à paraître dans un recueil d'études sur la philosophie allemande et la philosophie grecque, rassemblant les actes des travaux comparatistes du Centre *Philosophies et Rationalités* de l'Université Blaise Pascal (2000-2007), E. Cattin et E. Schwartz (dir.).

12. SÉRÉNITÉ : « Savoir absolu et sérénité » (2006), paru dans *Le bonheur*, A. Schnell (dir.), Paris, Vrin, 2005.

TABLE DES MATIÈRES

Imprimerie de la Manutention à Mayenne (France) – Juin 2010 – N° 167-10
Dépôt légal : 2ᵉ trimestre 2010